新世纪高等学校教材

普通高等教育"十一五"国家级规划教材

影视学基础课系列教材

黄会林 总主编

艺术理论
教程 （第4版）

张同道 著

YISHU
LILUN
JIAOCHENG

北京师范大学出版集团
BEIJING NORMAL UNIVERSITY PUBLISHING GROUP
北京师范大学出版社

图书在版编目（CIP）数据

艺术理论教程/张同道著. —4 版. —北京：北京师范大学出版
社，2015.8（2023.8 重印）
ISBN 978-7-303-19193-2

Ⅰ. ①艺…　Ⅱ. ①张…　Ⅲ. ①艺术理论一高等学校一教材
Ⅳ. ①J0

中国版本图书馆 CIP 数据核字（2015）第 153120 号

图书意见反馈：gaozhifk@bnupg.com　010-58805079
营销中心电话：010-58807651
北师大出版社高等教育分社微信公众号　新外大街拾玖号

YISHU LILUN JIAOCHENG
出版发行：北京师范大学出版社　www.bnup.com
　　　　　北京市西城区新街口外大街 12-3 号
　　　　　邮政编码：100088
印　　刷：北京虎彩文化传播有限公司
经　　销：全国新华书店
开　　本：730 mm×980 mm　1/16
印　　张：15.75
插　　页：16
字　　数：270 千字
版　　次：2015 年 8 月第 4 版
印　　次：2023 年 8 月第 25 次印刷
定　　价：39.80 元

策划编辑：傅德林　周　粟　　责任编辑：周　粟
美术编辑：陈　涛　焦　丽　　装帧设计：陈　涛　焦　丽
责任校对：陈　民　　　　　　责任印制：马　洁

教育部哲学社会科学重大课题攻关项目

中国艺术学科体系建设研究

前　言

21世纪艺术样式中发展最快的，大约要数电影和电视，即人们通常所说的影视艺术。与影视艺术迅猛发展相适应，影视教育成为艺术教育的重要内容。本套"影视学基础课系列教材"正是北京师范大学为影视专业教学设计的一套系统教材。

艺术陪伴人类度过最初的荒蛮岁月，成为人类的精神家园和灵魂栖所。它是人们美的理想的凝聚与自由的象征。艺术属于大众，属于社会的每一个人。艺术来自民间，也生长在民间，它的最高使命在于为大众服务。

影视艺术是最年轻的艺术样式，它凭借现代科学技术成为传播最广泛的一种现代艺术媒介。没有电的发明，没有光波、声波技术的发展，影视艺术也就无从谈起。同时，影视艺术也是现代工业的产物，它的发展离不开工业体制的运转。因此，它是一种不同于任何古老艺术样式的新型艺术。学习影视艺术，必须从它的本性出发，了解其基本特征，掌握其基本规律，这样才可能真正认识影视艺术，从事影视艺术研究、教学和创作。

电影电视是科技和工业的产物；但是，影视艺术的生成过程却不仅仅是现代科技发展的历史，也是人类艺术发展积累的结晶。中国古代就有灯影、皮影、木偶戏等艺术样式，反映了人们对活动影像的追求愿望。中国古典戏剧、诗词、绘画等艺术作品也常常运用特写、远景、中景等画面和画面组接的技巧，这为影视艺术诞生和发展提供了美学的启示。当然，限于社会形态和科技水平，以农业文明为基础的封建社会不可能产生影视艺术。

　　电影诞生之后很快就传入中国，1895 年卢米埃尔兄弟放映《火车进站》，十年后，中国就拍出了戏曲片《定军山》。20 世纪三四十年代，中国电影迎来了第一个高潮，80 年代以后，中国电影又焕发出新的生机，赢得世界电影界的注目。从 1905 年诞生一直到今天，中国电影走过了一条艰难而又辉煌的世纪之路。

　　1958 年，北京电视台（即现在的中央电视台）成立，这标志着中国电视的创生。从那时起尤其自改革开放以来，中国电视逐渐步入辉煌。发展至今，中国电视台数量、电视机拥有量，特别是电视观众覆盖面等数据显示，中国确已成为名副其实的电视第一大国。中国生产的电视剧、专题片、纪录片、综艺节目与新闻节目取得了引人注目的成就，出现了大量脍炙人口的作品。现在，电视已经成为大众重要的信息传播和娱乐形式。

　　中国影视发展的历史表明：影视虽然属于典型的舶来品，但是，中国影视并不是欧美影视的翻译版，而是具有鲜明的中国文化特征。因为，影视不仅仅是科技工业，也是美学与艺术；科技手段固然没有民族和国家的界限，然而美学与艺术却有明确的民族性格。因此，影视艺术输入中国的历史，也是它逐步本土化的过程。中国影视能否在世界上拥有它应当具有的地位，关键在于中国影视是否生成了具有民族特征的艺术风格。

　　中国文化源远流长，博大精深，有着健壮的生命力与宽厚的包容性。中国文化的发展历程，就是一部不断吸收异域文化、不断创造新文化的历史。吸收是为了创造，而不是取代我们固有的文化，所以，如何吸收就成为一个原则性的问题。我们认为，吸收必须以本民族的审美心理为支点，寻求异域文化与本土文化的交融，通过异域文化激活本土文化，使其焕发更为灿烂的生机。

　　影视艺术是一种世界性艺术样式，同时又以美学特征和文化性格区分了不同民族与国家的艺术风格。如电影在发展中形成了苏联学派、法国学派、美国学派和日本学派等艺术流派。一个多世纪的历史发展中，中国影视艺术积累了不少成功的经验，也有不少失败的教训。而其中的核心问题正是中国影视艺术的民族特征。20 世纪 30—40 年代、50—60 年代、80—90 年代，我们曾经出现了一大批具有中国民族风格的优秀作品，如《神女》《十字街头》《小城之春》《乌鸦与麻雀》《一江春水向东流》《祝福》《早春二月》《林家铺子》《林则徐》《聂耳》《甲午风云》《董存瑞》《平原游击队》《小兵张嘎》；如《天云山传奇》《巴山夜雨》《城南旧事》《骆驼祥子》《黑炮事件》《芙蓉镇》《黄土地》《红高粱》，等等，为世界电影中国学派的创立打下了基础。但是，也有不少作品对西方电影生搬硬套，缺乏民族特征。在影视理论界，这种狂热西化现象就更为突出。影视美学中国文化特征模糊的现状，导致了中国影视艺术理论的严重滞后，影视艺术理论的滞后，就必然会限制中国影视艺术实践的健康发展。无可否认，中国电影和中国电视积累了相当丰富的创作实践；但是，理论界对本土创作缺乏全面的、系统的、本质的、富有理论高度的研究和总结，更没有以中国影视实践为支点，提出具有中国文化特征的影视理论。虽然有志于此者不乏其人，但由于种种原因，这一梦想至今未能实现。一个不善于研究和总结本土艺术和文化的民族，不可能独立于世界之林，甚至不能很好地吸收其他民族的艺术和文化经验，因为它缺少立足的根基。面对争奇斗艳的西方影视理论，作为一个文化大国，我们总不免有些尴尬。鉴于此，我们愿意和影视界的艺术家和理论家一道，在影视领域里摸索一条具有民族文化特征的中国之路。影视艺术中国学派的诞生，需要影视艺术家的努力，也需要影视理论家和研究者的深入研究。只有影视艺术的创作实践和理论研究都达到相当高度，才有可能创造出富有中国作风、中国气派的影视艺术作品。

艺术是一个民族的美学纪念碑。影视艺术也是如此，它是特定民族和时代的形象表达，既是个人的，又是民族的、时代的。正如法国艺术理论家丹纳所说："要了解一件艺术品，一个艺术家，一群艺术家，必须正确地设想他们所属的时代的精神和风俗概况。这是艺术品最后的解释，也是决定一切的基本原因。"① 深入时代、深入人民、深入民族，是一切伟大艺术的共同特征。

本套教材旨在以中国美学为支点，观照中国影视艺术的发展，总结其成功的经验和失败的教训，为建立中国影视美学体系做出努力。

影视艺术是最年轻、也最有发展前途的艺术形式，希望同学们通过学习认识影视本性，掌握影视语言，了解影视发展历程，分析影视艺术作品，以中国美学的独特视点去研究影视艺术现象。既吸收世界影视艺术的精华，又坚持中国文化的民族特征，实现中国美学与西方美学在中国当代影视艺术实践中的汇融。只有这样，我们才能创造出具有现代意识与民族风格的影视作品，建立影视艺术的中国学派。

新的世纪已经到来，未来属于中国青年一代。

黄会林

北京师范大学资深教授、中国文化国际传播研究院院长

---

① ［法］丹纳：《艺术哲学》，傅雷译，北京，人民文学出版社，1994。

引　言

　　艺术与美形影不离。在生活中，人们往往称赞一位成功的政治家懂得领导艺术，一名优秀的足球运动员创造了足球艺术，甚至常常说谈判艺术、经营艺术、烹调艺术。那么，究竟什么是艺术？

　　面对一幅画、一座雕塑，人们说这是艺术。而当人们面对画中描绘过的真实山水、雕塑里刻画过的真实人物，是否还有人称这些山水和人物为艺术？为什么画上的山水是艺术，而生活中自然山水就不是艺术？这个问题带领我们探讨艺术的内涵。

一、艺术的词源由来

　　中国古代的"艺"字在甲骨文中写做"埶"，汉代学者许慎的《说文解字》解作"种也，埶持种之。"埶，清代学者段玉裁注道，"埶尤树也，树种义同。唐人树埶字作蓺。六埶字作藝。说见经典释文。然蓺藝字皆不见于说文。周时六藝盖亦作埶，儒者之于礼、乐、射、御、书、数犹农者之树埶也。"（段玉裁《说文解字注》）在古代，一片自然野生状态中，种植的树木和庄稼就是混乱中的整齐——大概这就是最初的美学观。当时，艺是和体力劳动在一起的，主要是种植的技艺。今天的园艺就是最初意义上的艺，后来发展为一切技艺。到春秋时期，艺就更多地倾向于精神范畴的含义。如孔子曾表示"志于道，据于德，依于仁，游于艺"（《论语·述而》）。"术"，许慎解做"邑中道也"，本是城市的道路，段玉裁注为"引申为技术"。因此，艺术合起来是指种植的方法，它在古代是精神与肉体的合一，并没有离析出一个职业艺术家阶层——孔子的六艺不仅有精神范畴的礼、乐、书、数，也有肉体范畴的射、御。职业艺术家的出现应在战国以后。

英语的艺术 ART 源于拉丁语 ARS，意思同样是技艺。英国艺术理论家科林伍德认为，它"指的是诸如木工、铁工、外科手术之类的技艺或专门形式的技能。……文艺复兴时期的艺术家，就像古代的艺术家一样，确实把自己看作是工匠"①。这证明，直到 16 世纪，欧洲艺术家仍然以工匠自居，艺术存在于普遍的生活中。

在历史发展中，艺术逐渐由技能向纯粹精神范畴迁移。它不再属于体脑并用的人，而是更多地属于精神的人，独立艺术家阶层开始形成。但是，艺术包含的内容比较繁杂，并不是今天所谓艺术的内涵。现代意义上的艺术在西方是 19 世纪，在中国是 20 世纪才最终确立。

二、艺术的界定

在现代社会，艺术已经被最大限度地广泛运用。抛开"领导艺术""足球艺术""谈判艺术"之类的比喻性用法，关于艺术的定义至少有上百种不同的学说，以至于人们常常无法界定艺术的范畴。从古代的陶罐到现代的火箭，从中国的毛笔书法到美国的电脑动画，从毕加索的《阿威尼翁姑娘》到陕北农民的剪纸，甚至烟斗、台灯、易拉罐都被称为艺术品。因为这些无论精神的还是实用的物品都蕴涵了作者的审美情感。有人以实用还是单纯审美来区分艺术，实验证明，这并不是一个有效的方法。试看半坡新石器时代的陶罐（见图1），优美的花纹和神秘的生命符号向我们昭示了中华民族先民的审美情趣和生命渴望。抛开作为古董的历史价值，只以艺术价值而论，它仍不失为一件艺术杰作。然而，6000 年以前，这实在不过是最普通的家用容具，装水或粮食。我们承认一座建筑是艺术，一尊塑像是艺术，那么，一架新式飞机的模型是不是艺术？一只竹编斗笠是不是艺术？有人执意要把工艺品排斥于艺术圣殿之外②，也有的艺术博物馆陈列着古代的生产工具和生活用具。③ 事实上，古代的实用工具往往成为我们视为

---

① ［英］科林伍德：《艺术原理》，6～7 页，北京，中国社会科学出版社，1985。
② ［美］苏珊·朗格在《艺术原则与艺术创造法则》中提出，"我主张在艺术品中排除一切工艺品"，见《艺术问题》，107 页，北京，中国社会科学出版社，1983。
③ 荷兰的阿姆斯特丹艺术博物馆在大厅里陈列着每个时代的生产工具和生活用具。

珍宝的艺术品，如古代的陶罐、瓷器等。因此，与其缩小艺术的范畴，把大量艺术品拒之门外，不如扩大它的内涵，把这些内容都收进艺术的范畴。

所谓艺术是指人类创造的具有审美情感和形象特征的精神产品。

艺术是人类创造的，是人类独有的情感表达方式，是任何其他动植物所没有的。它是自然界中从未有过的新的创造。动物与植物也常常形成一些美丽的奇观，如蜜蜂的巢、挺拔的松等，但这些不是艺术。譬如云南大理蝴蝶泉有一种自然奇观，春天里千万只蝴蝶飞到蝴蝶泉，集在一起，翩翩飞舞，宛如一轮锦绣缤纷的彩团。不少文人墨客见到这一景象便兴致勃发，挥笔吟诗作画。但是，蝴蝶本身并不是艺术，它们集在蝴蝶泉完全是一种生物活动，并没有审美情感。将蝴蝶比作情人——正如人们通常把鸳鸯比为恩爱夫妻一样，这并不是蝴蝶和鸳鸯本身的情感，而是人类赋予它们的情感。最重要的是，这些奇观不是人类的创造。马克思曾经论述过动物与人类创造的区别：

> 蜘蛛的活动同织工的活动相似，蜜蜂建筑蜂房的本领使人间的许多建筑师感到惭愧。但是，最蹩脚的建筑师从一开始就比最灵巧的蜜蜂高明的地方，是他在用蜂蜡建筑蜂房以前，已经在自己的头脑中把它建成了。劳动过程结束时得到的结果，在这个过程开始时就已经在劳动者的表象中存在着，即已经观念地存在着。①

同样，尽管自然的高山大川、夕阳朝日都能给人以美感，但它们不是艺术。因为这些都是非人工创造的自然形态。山水是中国诗歌和绘画的主要题材，山水本身也凝聚了自然美感，"采菊东篱下，悠然见南山"（陶渊明《饮酒》）。然而，山水依然不是艺术，因为它并非人类的创造，而是自然的造化。如果说山水是艺术——比喻地说——的话，那么，作者不是人类，而是自然本身。创造意味着对旧有秩序的质的增加，而不是量的扩充。譬如，一位工程师设计了一种新产品，他无愧于艺术家的称号。可是，按照设计批量生产的商品却不能称作艺术品，因为这只是重复性的机械劳动。正如绘画的原作是艺术品，而印刷的复制品只能称作商品。

审美情感不同于其他情感，如亲情、爱情，它是一种以美为目的的情

---

① 《马克思恩格斯全集》，第 23 卷，202 页，北京，人民出版社，1975。

感。审美情感不排除实际功用，但是，只有实际功用而没有审美情感的精神产品不能称作艺术品。一般来说，科学报告、政治公文、商业文稿之类不属于艺术品，因为它们缺乏审美情感。不过，这也有例外，郦道元的《水经注》和法布尔的《昆虫记》既是科学著作，又是文学精品，他们的作品蕴涵着饱满的审美情感。试比较法布尔的《大孔雀蛾的晚会》与蔡邦华的"蝶蛾类"：

> 我们手擎着一支蜡烛，钻进工作间的房门。眼前出现的情景，真可以说终生难忘。一群大孔雀蛾轻拍着翅膀，围着钟形笼飞舞，而后停在笼子上，片刻飞离开去，过一会儿又飞回来，接着蹿上天花板，然后再一头扎下来。它们扑向蜡烛，翅膀一下子把烛火拍灭了；随后突然落在我们的肩头，抓挂在我们的衣服上，擦掠着我们的脸。于是，这里成了有成群蝙蝠盘旋，供巫师招魂时用的阴暗秘洞。为了壮胆子，小保尔抓住我的手，比以往哪一次都抓得紧。

> 这些夜蛾有多少只？大约二十只。再加上失散在厨房、孩子居室和其他房间里的，闯进我家的夜蛾肯定得有四十来只。我称这是一次难忘的晚会，是大孔雀蛾的晚会。大夜蛾们从四面八方赶来，真不知是怎么得到的通知。它们实际上是四十位恋人，在迫不及待地向一位姑娘致意。那姑娘是今天上午在我工作间的神秘氛围中诞生的；可刚一出世就进入了育龄期。

> 成虫体肢满盖鳞毛，翅两对，膜质，横脉较少；口器一般为吸收式，主要部分称口吻，由下颚外叶发达变成，上颚退化或消失；幼虫俗称蛹，有胸足三对，腹足及尾足不超过五对；蛹除部分原始种类为离蛹外，一般都为被蛹，常吐丝筑茧或土室，以资保护。变态完全。（蝶蛾类）①

两篇关于昆虫的文章有同等的科学价值，但艺术价值却大大不同。前者文风生动、活泼，情趣昂然，饱含审美情感；后者行文谨严，词语准确，

---

① 分别见于 ［法］若盎-昂利·法布尔：《昆虫记》，14 页，北京，作家出版社，1992；蔡邦华：《昆虫分类学》，中册，154～155 页，北京，科学出版社，1973。

科学性强，情感倾向近于零度。从这里可以看出，形象性是艺术的特征，没有形象就没有艺术。前者叙述夜蛾从四面八方飞来向一位刚刚出生的"姑娘"献礼，绘声绘色，形象性突出，我们仿佛看见了那场盛会；后者以科学语言介绍昆虫的生理特征，完全是抽象的。

艺术定义也不是一成不变的。随着艺术发展，它也不断扩展它的内涵，如传统艺术样式中就没有电影，这是 20 世纪艺术的一个新品种。现代艺术种类的增加将势必为艺术研究提供更广阔的视野与更新颖的视角。

三、艺术理论的形成

艺术是人类的精神家园，守护人类越过历史的漫漫长夜。艺术诞生已经数万年，而艺术学的建立却只有一百年左右，德国美学家康拉德·费德勒最早提出艺术学与美学分离的构想。此后，随着 20 世纪艺术研究的发达，艺术史与艺术批评取得了重大成果，艺术理论也开始独立发展，推动了艺术学体系的建立与完善。

在艺术学的三个组成部分中，艺术批评产生最早。一位原始人唱了一首歌，另外一位说"真臭！"或"好听！"这就是最早的艺术批评，这另一位可以称得上印象批评的鼻祖。孔子、孟子和庄子的艺术思想对中国艺术理论发展具有深远的影响，战国时期的《乐记》以儒家艺术思想为指导，系统地论述了音乐的本源、作用和美感。南朝齐梁时代的画家、美学家谢赫的《古画品录》是中国第一部美术批评专著。柏拉图的《理想国》和亚里士多德的《诗学》对诗歌和戏剧作了相当深刻的论述，对西方艺术理论影响甚大。艺术史出现相对较晚。中国最早的艺术史应该是唐朝张彦远的《历代名画记》，论述了 3500 年间中国绘画艺术的发展。艺术史研究的重要成果主要出现在 20 世纪。

艺术理论创立以来发展迅速，尤其西方艺术理论界异常活跃。黑格尔、康德、席勒的美学思想和艺术思想是艺术理论研究的重要成果，泰纳、贝尔、科林伍德、苏珊·朗格等艺术理论家相继提出一系列重要观念，推进了艺术理论研究的深度与广度。马克思主义艺术理论的创立与发展为艺术理论研究开辟了广阔的前景。20 世纪以来，人类学、考古学、语言学、心理学的迅速发展为艺术理论研究提供了新视角与新思路。

艺术理论是艺术实践的理论总结。它以艺术的基本规律和基本原理为研究对象，如艺术的界定、艺术本质和艺术起源，艺术的表现与再现，艺术作品与艺术创作，艺术风格，艺术流派，艺术美学思潮，艺术接受以及艺术教育等问题。学习艺术理论的目的，是为了掌握艺术的基本规律和基本原理，了解艺术的发生和发展，认识艺术创作过程和心理机制，按照艺术的特殊规律进行艺术创作和艺术鉴赏。

中国文明与两河流域的巴比伦文明、尼罗河流域的古埃及文明和恒河流域的印度文明一起创造了人类最初的辉煌，是人类最早产生的四大文明之一。从目前的考古发现获知，中国艺术从距今 25000 年的北京山顶洞人的骨器和装饰品就开始了它的光辉旅程，涌现了一代又一代伟大的艺术家，创造了独具风采的中国艺术，如中国画、书法、雕塑、音乐、诗歌、戏剧、建筑等。

与这些伟大的艺术活动相伴，中国古代的艺术理论也非常发达。孔子曾说"绘事后素"，他的"兴观群怨"① 说对中国艺术理论影响深远。中国艺术理论在历史发展中创立了独特的体系，如气韵、空灵、充实、意境等理论范畴是中国艺术实践的总结，它建构于中国哲学与美学之上。20 世纪以来，西方文化大量涌进中国，西方艺术也对中国艺术发生了重大影响，如油画、电影的引进，透视法的应用等。但是，中国艺术在借鉴西方艺术的同时依然保持了中国的独特品质。因此，中国现代艺术理论是中国的，也是现代的，是中国古典艺术理论现代化与西方艺术理论本土化在现代中国艺术实践中的撞击与融汇。

党的十九大报告中明确指出，习近平文艺思想是 21 世纪中国共产党人在继承毛泽东文艺思想基础上，与时俱进地把马克思主义文艺观中国化、时代化、大众化的最新成果。习近平总书记在文艺工作座谈会上深刻指出："文艺是时代前进的号角，最能代表一个时代的风貌，最能引领一个时代的风气。"党的二十大报告指出："增强中华文明传播力影响力。坚守中华文化立场，提炼展示中华文明的精神标识和文化精髓，加快构建中国话语和中国叙事体系，讲好中国故事、传播好中国声音，展现可信、可爱、可敬的中国形象。加强国际传播能力建设，全面提升国际传播效能，形成同我国综合国力和国际地位相匹配的国际话语权。深化文明交流互鉴，推动中华文化更好走向世界。"我国正从电影大国向电影强国迈进，在这个过程中要坚定文化自信，坚持以人为本，以满足人民的精神文化生活为方向，用中国的影像故事呈现中国特色社会主义、纪录中华民族伟大复兴中国梦，从而提升中国电影的国际影响力。

---

① 孔子曾说："诗，可以兴，可以观，可以群，可以怨。迩之事父，远之事君。多识于鸟兽草木之名。"见《论语·阳货》。

目　录

第九章 艺术功能与艺术教育/211

图 录/225

参考书目/228

初版后记/230

第 4 版后记/231

第一章 艺术的发生与发展

艺术诞生于文字之前，作为最古老的文明陪伴人类越过最初的荒蛮岁月。然而，艺术是如何发生的，史前艺术是一种什么样的艺术，艺术是怎样发展的，这些疑问构成了艺术理论的重要问题。

第一节　艺术的发生

今天，我们无法想象停电之后，都市里文明的人们如何生活。我们无法想象远离工业产品人们如何生存，从交通、学习、生产到娱乐，我们几乎被工业文明重重包裹。我们栖息的草坪是人工种植的，而不是自然生长的野草；我们看到的所谓野兽早已不再是真正的野兽，而是关在动物园里供儿童娱乐的驯兽。假如一只驯兽奔跑在大街上，文明的我们也将会惊慌失措，夺路而逃。

但是，人类诞生之初，大地一派洪荒。手无寸铁、身无丝缕甚至连语言都没有的原始人又如何对付野兽、雷电、暴雨、狂风与数不胜数的自然袭击呢？他们无从逃避，因为要生存，就必须和野兽搏斗，吃野兽还是被野兽吃，这两种可能同时存在。在这样一种恶劣的生存环境里，被今天有些艺术理论家视为最纯粹的艺术——原始艺术居然产生了。为什么？这可以说是艺术史上第一个争论不休的问题。这里介绍关于艺术起源的几种主要学说。

一、模仿说

关于艺术起源，最早产生的是模仿说。它认为，艺术起源于人类对世界的模仿。

中国的《周易·系辞下》认为八卦起源于模仿，远取诸物，近取诸身，以天地、鸟兽、草木、人体为参照。

古希腊哲学家德谟克利特认为艺术是对自然的模仿。从燕子那里人类学会了建筑，从天鹅和黄莺那里人类学会了唱歌。亚里士多德认为模仿是人类的本能，艺术就是模仿。他根据模仿所用的媒介把艺术分为不同种类，模仿是亚里士多德艺术理论的基础。

无论在西方还是在中国，模仿说都在艺术史上产生了巨大的影响。它确实从某些方面阐释了人类早期的一些艺术作品，如属于史前洞穴艺术的雷·空巴莱尔洞穴有数百个绘画形象，其中包括：马 116 匹、野牛 37 头、熊 19 头、驯鹿 14 只、猛犸 13 匹、羊 9 只、牛的头部 7 个、狼 4 只、鹿

5只、狐狸1只以及39具人体。① 这些动物正是原始人日常生活中常常见到的，也是人类生活的食物来源和生命威胁。从这种意义上说，模仿说是有一定道理的。

然而，人类为什么要模仿这些动物呢？据考古学家的发掘报告，这些有壁画的洞穴并不是原始人居住的地方，有的洞穴离居住地还有相当远的距离。许多洞穴阴暗低矮，原始人到这里来作画并不是一件愉快的事。何况，当时人类处于一种艰难的生活状态下，原始人并没有今日艺术家的闲暇与悠然。这与中国西安半坡出土的彩陶（见图1）上双鱼一样，把它解释为生活的模仿仅仅看到了艺术的表象，而没有深入到艺术的本质，更无法对艺术起源作出有力的阐释。正如鲁迅所说的："画在西班牙的亚勒泰米拉（Altamira）洞里的野牛，是有名的原始人的遗迹，许多艺术史家说，这正是'为艺术而艺术'，原始人画着玩玩的。但这解释未免过于'摩登'，因为原始人没有19世纪的文艺家那么有闲，他的画一只牛，是有缘故的，为的是关于野牛，或者是猎取野牛，禁咒野牛的事。"② 因此，所谓艺术起源的模仿说注重的是艺术的表层形象，缺乏对艺术根本性质与社会功能的考察，只能在一定层次上对原始艺术进行阐释。

二、表现说

表现说也是关于艺术起源的古老学说。它认为，艺术是艺术家情感的表现。

古希腊柏拉图的迷狂说，中国的"诗言志"，都主张艺术是情感的表现。这也构成了艺术史上一个重要学说。

19世纪以来，表现说成为艺术起源的重要观点。在康德美学影响下，克罗齐提出了直觉——表现说。他认为，艺术就是直觉，直觉就是表现。艺术本质是艺术家情感的表现，它拒绝任何功利目的。英国艺术理论家科林伍德把这一理论发挥到极端状态。他认为，一切用来激发情感的艺术如宗教的、爱国的、法西斯的等，都是巫术艺术。而巫术艺术是一种再现艺术，"它出于预定的目的唤起某些情感而不唤起另外一些情感，为的是把唤

---

① 据法国考古学家布吕叶（1877—1961）统计。王小明：《原始艺术》，7页，北京，学林出版社，1992。

② 鲁迅：《鲁迅全集》，第6卷，87页，北京，人民文学出版社，1981。

起的情感释放到实际生活中去"①。由此他认为真正的艺术是表现情感的，原始艺术就是这种真正的艺术。

俄国作家列夫·托尔斯泰关于艺术曾经说过一段著名的话。他认为艺术是用来传达感情的："艺术起源于一个人为了要把自己体验过的感情传达给别人，于是在自己心里重新唤起这种感情，并用某种外在的标志把它表达出来。"②他反对把美作为艺术的目的。

表现说的合理之处在于它突出了艺术家的主体精神，这是艺术理论的一个重大问题。即使在原始艺术里，情感表现也是不可忽视的。因为艺术创作是由艺术家来完成的，它不可能不印有艺术家的情感痕迹，虽然原始时代并没有职业艺术家，原始艺术情感也大多是集体情感。随着社会发展，艺术家成为一个独立社会阶层，个性更为鲜明，情感也越来越趋于个人化。20世纪表现主义艺术在德国兴起正说明表现说从某些方面把握了艺术的本质。当然，如果说艺术就是起源于情感表现或原始艺术仅仅是情感表现，也未免太天真了。这是用今天的思维去阐释原始时代的艺术，忽视了当时的社会环境。在一个基本生活材料都不具备的时代，生存是生活中心，离开这个生活基础就无法解释艺术起源的真正动因。

三、游戏说

游戏说认为，艺术起源于人类的游戏冲动。人类的过剩精力通过艺术得以发泄，呈现为一种无目的、无功利的游戏特征。

比起模仿说与表现说，游戏说产生较晚。虽然德谟克利特说过"大的快乐来自对美的作品的瞻仰"。③可是，这只是从受众接受心理来谈的，还没有涉及艺术的本质问题。康德区分艺术与手工艺，他认为前者是自由的游戏，后者追求利润，艺术是一种非功利的自由活动。

德国诗人席勒继承了康德的观点，提出艺术起源于游戏的主张。他认为，人在现实生活中是不自由的，要受到自然力量和理性法则的双重约束。只有逃离这些约束，人类才能获得自由，唯一的路就是游戏。"只有当人在

---

① [英]科林伍德：《艺术原理》，70页，北京，中国社会科学出版社，1985。
② [俄]托尔斯泰：《艺术论》，46页，北京，人民文学出版社，1958。
③ [古希腊]德谟克利特：《西方文论选》，上册，5页，上海，上海译文出版社，1979。

充分意义上是人的时候，他才游戏；只有当人游戏的时候，他才是完整的人。"①这个命题说明，游戏是人类的自由状态，人类只有在游戏中才能摆脱各种外在的压迫，回到灵魂的故乡。艺术是人类自由的象征，因此，游戏冲动构成了艺术创作的动机。他举例说，希腊奥林匹克运动会是一种游戏，是一种高尚竞技，人们可以在这里找到美的理想。而罗马的角斗士却以决死角斗为荣，就失去了美感。

英国哲学家斯宾塞对席勒的观点进行补充与完善。他认为，低级动物的主要力量都消耗在为保持生命机能所必需的食物上，而人类则常常有一种没有消耗掉的剩余精力。于是，他们往往在游戏中模拟生活的能力，在游戏中获得快感。他举例说，男孩的追赶、格斗与抓俘虏在某种程度上满足了他们凶猛的本能，如同下棋，这能给人带来胜利的快感。作为一种审美活动，艺术的性质与游戏相同，它"是一种从某些能力为了练习本身而进行的练习中产生的冲动，它不依赖于任何最终的利益"②。根据斯宾塞的理论，艺术产生于人类的游戏冲动，是一种没有任何功利目的的精神活动。

德国美学家谷鲁斯反对斯宾塞的"精神过剩"说。他认为，剩余精力还不足以解释人在游戏中的忘我精神，游戏并不是绝对没有目的，而是将目的隐含在游戏之中。他解释说，女孩子喜爱洋娃娃，是因为练习将来做母亲，男孩子玩枪是为了练习打仗。他还借鉴模仿说，认为艺术是一种"内模仿"的心理活动，本质上与游戏一样。他说："例如一个人看跑马，这时真正的模仿当然不能实现，他不愿意放弃座位，而且还有许多其他理由不能去跟着马跑，所以他只心领神会地模仿马的跑动，享受这种'内模仿'的快感。这就是一种最简单、最基本也最纯粹的审美欣赏了。"③

综上所述，游戏说的主要观点是艺术起源于游戏，源于人类的游戏冲动。艺术的主要特征是没有现实的功利目的，是一种为了自身的练习活动。

游戏说的主要价值在于它侧重从艺术的本性去研究艺术的起源，发现了艺术的重要特性，即艺术是一种精神生产，它不以直接的现实目的为旨归，而以人类的精神满足为目标，为人类创造一个灵魂的家园。同时，它提出一个艺术创作的重要现象：一般来说，艺术需要在人的基本生活满足

---

① ［德］席勒：《美育书简》，90页，北京，中国文联出版公司，1984。

② ［英］斯宾塞：《心理学原理》，转引自马奇主编：《西方美学史资料选编》，下册，657页，上海，上海人民出版社，1987。

③ 转引自朱光潜：《西方美学史》，下卷，616页，北京，人民文学出版社，1979。

之后才可以进行；如果连生存都无法保证的情况下，艺术创作是很难进行下去的。

自然，游戏说也有一些无法回避的问题。原始艺术产生于物质生产极度落后的旧石器时代，人们常常会面临生存危机。但是，艺术就在那时生成了。以游戏说的观念是不能解释这一现象的，而这恰恰是原始社会的最基本情况。因此，如果作为关于艺术特性的学说，也许游戏说的合理成分要更多一些。

四、巫术说

巫术说产生最晚，直到 19 世纪、20 世纪原始艺术遗迹大量发现、原始文化深入研究之后才出现。但是，它却很快成为关于艺术起源的重要学说，在现代西方学术界发生了广泛的影响，在关于艺术起源诸多学说里最受欢迎。

巫术说认为，艺术起源于人类的巫术活动，其哲学基础是原始社会的万物有灵观念。

英国人类学家爱德华·泰勒在他的《原始文化》一书中最早提出艺术起源于巫术的理论。他认为，原始人信奉万物有灵的哲学，他们不明白人类与周围世界的关系，把世界看作一个神秘的领域，世上一切生物都有灵魂，山川草木、鸟兽虫鱼，都可以与人类进行灵魂交感。

英国人类学家詹·弗雷泽的《金枝》也是探讨原始文化的巨著。他把巫术原理归结为两个原则：

> 第一是"同类相生"或果必同因；第二是"物体一经互相接触，在中断实体接触后还会继续远距离的互相作用"。前者可称之为"相似律"，后者可称之为"接触律"或"触染律"。巫师根据第一原则即"相似律"引申出，他能够仅仅通过模仿就实现任何他想做的事；从第二个原则出发，他断定，他能通过一个物体对一个人施加影响，只要该物体曾被那个人接触过，不论该物体是否为该人体之一部分。[1]

---

[1] ［英］詹·乔·弗雷泽：《金枝》，上册，19 页，北京，中国民间文艺出版社，1987。

由这两种原则产生了模拟巫术和接触巫术，这是原始人企图掌握世界的巫术思维方式。他们面对自然界的风雨雷电、花木鸟兽处于一种陌生的神秘状态，只能通过巫术方式达到对世界的征服。原始艺术正是人类征服自然的历史见证。

弗雷泽考察了围绕森林女神狄安娜的一个神话：按习惯，这座神庙的祭司向来是由一名逃亡的奴隶来担任。他做了祭司之后就免于追究，并成为森林之王。不过，他须日夜守护神庙门前的一棵圣树，一旦另外的奴隶折了圣树的一个树枝，就获得了同他决斗的权利。如果他被杀死，那么，这另外的奴隶就成为新的森林之王。这树枝就是所谓的金枝。从这个神话他发现了原始文化中的图腾崇拜和禁忌，金枝就是树神，祭司就是帝王，人的生死与植物的生死密切相关。因此，帝王就是植物神的化身。

通过巫术仪式研究，人们找到了艺术的最早源头。对于原始人而言，重要的不是艺术——他们还不知道什么是艺术，而是生存。面对散乱无章的自然界，他们无法像现代人一样用科学的态度去归纳推理，只能以他们当时的思维方式实现征服世界的梦想，艺术无疑是最合适的选择。

对于现存的原始艺术，人们有过种种不同的阐释。影响广泛的一种解释是劳动之余的娱乐。现在，这种解释受到了挑战。欧洲洞穴艺术大部分并非画在原始人居住的洞穴，而是在远离生活地，且大多阴暗潮湿，有的矮小到人体无法直立的岩洞。他们在这里画画需要照明，需要专门运输绘画材料，这绝非劳动之余的娱乐。李泽厚对中国的原始艺术解释道：

> 这种原始的审美意识和艺术创作并不是观照或静观，不像后世美学家论美之本性所认为的那样。相反，它们是一种狂烈的活动过程。之所以说"龙飞凤舞"，正因为它们作为图腾所标记、所代表的，是一种狂热的巫术礼仪活动。后世的歌、舞、剧、画、神话、咒语……在远古是完全糅合在这个未分化的巫术礼仪活动的混沌一体之中的，如火如汤，如醉如狂，虔诚而蛮野，热烈而谨严。你不能藐视那已成陈迹的、僵硬了的图像轮廓，你不要以为那只是荒诞不经的神话故事，你不要小看那似乎非常冷静的阴阳八卦……想当年，它们都是火一般炽热虔信的巫术礼仪的组成部分或符号标记。它们是具有神力魔法的舞蹈、歌唱、咒语的凝练化了的代表。它们浓缩着、积淀着原始人们强烈的情感、思想、

信仰和期望。①

他认为，把青海出土的原始彩陶的图像（见图2）说成是"先民们劳动之暇，在大树下小湖边或草地上正在欢乐地手拉手集体跳舞和唱歌"②，"似乎太单纯了。它们仍然是图腾活动的表现，具有严重的巫术作用或祈祷功能"③。

画家、民俗学者靳之林通过对中国民间艺术和民间风俗的研究，发现彩陶上的图像就是流传在黄土高原民间剪纸中的抓髻娃娃（见图3）——中华民族的保护神与繁衍之神。他写道：

> 西安半坡出土的原始彩陶盆"双鱼人面"和"鱼网"符号，并不是所谓"反映渔猎生活"，而是一组崇拜生命之神，祈求生命永生和子孙繁衍的巫术器物。它就是现在仍然流行的民间原始艺术遗存中的"阴阳鱼""八卦鱼""双鱼娃娃""龙传人"和"二龙戏珠"的原型；青海出土的彩陶"舞人纹"，也并非"劳动之余的舞蹈"而是招魂辟邪的巫术器物，它就是至今仍然作为招魂辟邪而流传于民间的"拉手娃娃""五道娃娃"的原型。④

巫术的基本功能是通过某种巫术仪式掌握世界。艺术正是产生于巫术活动的需要。在原始人的思维里，现实世界和它的图像之间有着神秘的应合，只要掌握了图像就可以掌握现实世界。因此，洞穴里的动物图像正是原始人企图捕获的动物。他们认为，只要把动物的图像画下来就可以把它们猎获。而抓髻娃娃则像其他图腾一样，作为一种偶像，成为人类的保护神。他们坚信图腾就像它所代表的实体生命一样，随时能够为他们提供保护。

这种图像与现实世界的应合关系在现代社会中也没有完全消除。20世纪50年代老舍的《龙须沟》里四大妈害怕照一次相丢一次魂儿，《大红灯笼高高挂》里雁儿诅咒颂莲也是在写有颂莲生辰八字的布人上扎针。欧洲画家

---

① 李泽厚：《美的历程》，11页，北京，中国社会科学出版社，1989。
② 李泽厚：《青海大通县孙家寨出土的舞蹈纹彩陶盆》，载《文物》，1978(3)。
③ 李泽厚：《美的历程》，14页，北京，中国社会科学出版社，1989。
④ 靳之林：《抓髻娃娃》，2页，北京，中国社会科学出版社，1989。

在非洲画牛归去之时，村里居民忧伤地说："你把它们带走了，叫我们靠什么过活呢？"①了解了原始时代的万物有灵观和现实世界与图像概念的应合关系，从这个意义上去理解原始艺术，我们就易于进入原始艺术的深层精神世界。

巫术仪式作为原始人类掌握世界的方式，在相当长的历史时期发挥着它的作用，也许是几万年，也许是几十万年。总之，它是人类艺术的最早源头之一，对人类艺术的生成与发展产生了巨大影响。自然，如果把巫术看作是艺术的唯一源泉，也许失之偏颇；反之，如果否认巫术在艺术起源过程中的作用，则会陷入更为巨大的深渊。

五、劳动实践说

劳动实践说源于马克思主义创始人恩格斯的著名观点："劳动创造了人本身。"②它认为，艺术起源于人类的劳动实践。

艺术是由人类创造的，因而，有了人类才有艺术的生成。根据达尔文的进化论学说，人是由猿猴转变而来的。而在从猿向人的转变过程中，劳动起了决定性作用。劳动解放了人的上肢，成为灵活的双手，人由爬行过渡为两腿站立。同时，人的大脑也在劳动中逐渐复杂起来，开始思考。出于劳动的需要，人们必须交流，这样就产生了语言。人类自身的发育完善是艺术产生的基础，而在人类进化的每一步路途中，劳动都起了重要的作用。

劳动产生了艺术的需要，也培育了人类的审美意识。人类在对自身的自觉意识逐渐萌生之后，就开始有意识地从事生产活动，开始学习运用和制造工具。起初，他们拣拾自然界里现成的石头或棍棒。后来，他们就慢慢制造粗陋的工具，如北京周口店山洞的猿人遗址发现了大量的粗糙石器。再往后，他们渐渐可以制作比较精美的工具，甚至装饰品。新石器时代的工具已经注重对称、均匀、方圆等，这就是人类最早审美意识的萌动。而此后装饰品的出现则明确呈示了审美意识的觉醒，如两万五千年前北京周口店山顶洞人的装饰品磨制光滑，还加了染色，成为名副其实的艺术品。考古学家贾兰坡在考察报告中写了如下文字。

---

① [英]冈布里奇：《艺术的历程》，3页，西安，陕西人民美术出版社，1987。

② [德]恩格斯：《劳动在从猿到人转变过程中的作用》，见《马克思恩格斯选集》，第3卷，508页，北京，人民出版社，1972。

装饰品中有钻孔的小砾石、钻孔的石珠，穿孔的狐或獾或鹿的犬齿、刻沟的骨管、穿孔的海蚶壳和钻孔的青鱼眼上骨等，所有的装饰品都相当精致，小砾石的装饰品是用微绿色的火成岩从两面对钻成的，选择的砾石很周正，颇像现代妇女胸前佩戴的鸡心。小石珠是用白色小石灰岩块磨成的，中间钻有小孔。穿孔的牙齿是由齿根的两侧对挖穿通齿腔而成的。所有的装饰品的穿孔，几乎都是红色，好像是它们的穿带都用赤铁矿染过。①

这种红色的偏嗜同样表现在他们把红粉撒在同伴的尸体旁。当然，装饰品以及红色的喜好还不能简单地归结为审美意识。但我们可以说，这里包含了审美意识。对于原始人来说，重要的是生存。因此，这些装饰品和色彩与巫术仪式的关系更为密切。这也表明，原始人已经把制造工具的物质生产和制造为巫术仪式而用的精神生产区分开来。不过，不管物质生产还是精神生产，都是在劳动中形成的。

鲁迅曾经在文章中写道："我们的祖先的原始人，原是连话也不会说的，为了共同劳作，必需发表意见，才渐渐地练出复杂的声音来。假如那时大家抬木头，都觉得吃力了，却想不到发表，其中一个叫道'杭育杭育'，那么，这就是创作；大家也要佩服，应用的，这就等于出版；倘用什么记号留存了下来，这就是文学；他当然就是作家，也是文学家，是'杭育杭育派'。"②这从某一方面说明艺术产生于劳动的需要。在集体劳动中，协调是一个重要问题。为了协调，就创造了许多艺术形式，如诗歌、音乐、舞蹈等。今天还在流传的《川江号子》《采茶舞曲》《黄河船夫曲》《采槟榔》等大量民歌都产生于劳动过程之中。

艺术是劳动的需要，所以它的题材也大多取之于劳动的场景。这在早期艺术中尤其明显。洞穴艺术描绘的是原始人生活中常见的狩猎场面，《吴越春秋》记录的《弹歌》也反映了原始人的日常生活："断竹，续竹，飞土，逐肉"，这是一个从制作工具到打猎的完整过程。《诗经》中也有大量民歌是劳动场面的记录，如《伐檀》《十亩之间》等。

劳动实践说揭示了艺术与人类劳动实践的关系，从人类最基本的物质

---

① 贾兰坡：《北京人的故居》，41 页，北京，北京出版社，1958。
② 鲁迅：《鲁迅全集》，第 6 卷，94 页，北京，人民文学出版社，1981。

生产来寻找艺术起源，这无疑发现了艺术起源的重要支点。艺术产生于人类的劳动实践，以人类的劳动实践活动作为艺术的重要表达内容，又随着劳动实践的发展而变迁。因而，在诸多关于艺术起源的学说中，劳动实践说可以说是非常重要的一种学说。

六、艺术起源的思考

除了上述几种学说以外，关于艺术起源还有宗教起源说、弗洛伊德的潜意识说、荣格的集体无意识说等。在这众多的学说之中，人们不禁要问：究竟哪一种学说是正确的呢？

艺术起源是一个复杂的问题，它所涉猎的学科早已超过艺术学的范畴。这个问题几乎和人类起源一样古老而复杂。今天的我们，无论怎样克制现代思维方式，企图重新用原始人的原始思维去推测艺术起源问题，也仍然不可能真正回复原始思维去探讨问题。我们的研究只能根据考古发现、文献记载，或者观察儿童的艺术行为去推理。因此，现代关于艺术起源的各种学说，都是根据今天看到的地上地下的古迹和历史资料来研究艺术起源问题，总不免带上几分现代思维的特征。这与人类历史上真正的艺术起源也许还会有一段不短的距离。

对于艺术起源问题，应该说，上述学说都从某一方面揭示了艺术起源，又在另外方面留下缺憾，我们很难说其中哪一个学说能令人信服地解决了艺术起源之谜。如模仿说，在一定程度上，它揭示艺术与现实世界之间的关系，有些艺术确实始于对自然的模仿。但是，对于模仿的原因和目的，它却无法提供充分的阐释，这阻止了艺术起源的最终揭示。同样，游戏说对艺术的特质有了新的理解，但对原始时代的生活状况和思维特征又了解不够。巫术说和劳动实践说是较为合理的学说。但是，巫术说远离了构成社会主体的劳动实践，这就把巫术与劳动实践割裂开来，成为一种孤立的学说。劳动实践说虽然在根本上阐明了艺术起源的性质，却又忽视了原始时代的思维方式，对于艺术作为巫术仪式这样一种人类普遍的社会状况关注不够。因此，我们无法武断地说，艺术就是按照某种方式起源的。艺术起源于原始文化和原始宗教的特定语境下，原始人根本不是为了艺术甚至都不是为了审美而创作的，原始艺术绝不像有些现代理论家所说的单纯的"形式的创造"①。他们创作的原始艺术是一种地地道道的实用艺术。他们

---

① [英]克莱夫·贝尔：《艺术》，16页，北京，中国文联出版公司，1984。

为了生命而创作，生存和繁衍构成了原始艺术的基本主题。至于审美意识，那是与实用功能混杂在一起的一种特征，或者说，它的审美意识更多的是由现代人发现的。那么，对于这个问题，多元选择应该是明智的态度。

第二节　史前艺术

　　每一个民族都有自己的艺术家，他们的名字像珍珠一样高悬在历史的星空。同样，在这些伟大的名字之前，每个民族还有无数默默无闻的艺术家，他们留下了辉煌的艺术杰作，却带走了他们卑微的或者不曾拥有的名字。这就是史前艺术。

　　史前艺术产生于文字之前的历史混沌之中，它以艺术形象记录了人类祖先的生活和情感，记载了那远隔数万年时间长河的生命之光。从某种意义上说，史前艺术构成了原始人类的心灵史。

　　人们是怎样发现史前艺术的，它主要分布在哪些地区，它的主要内涵是什么，它到底是不是艺术，等等，这是关于史前艺术的重要问题。

一、史前艺术的发现与分布

　　1879 年夏的一天，一名 5 岁的小女孩玛利亚在西班牙的阿尔塔米拉洞穴玩耍。洞穴很暗，她点燃了一支蜡烛，举着四处观望。突然，她抬头看到洞穴的天井上绘制着一头巨大的野牛。玛利亚非常好奇，急忙去找她的爸爸——西班牙贵族马塞利诺·蒂·索特乌拉。索特乌拉仔细观看了壁画之后，确认这是一幅古老的作品。第二年，在里斯本召开的史前人类考古学会议上，专家们认证了索特乌拉的发现。从此，阿尔塔米拉洞穴（见图4）成为史前艺术的代表。

　　以法国西南部的多尔多涅地区及比利牛斯山脉为中心的法国南部、西班牙的北部等统称为法兰西·坎塔布连地区，人们在这里相继发现80多个激动人心的史前艺术洞穴。其中以 1879 年发现的阿尔塔米拉洞穴和 1940 年发现的拉斯科洞穴（见图5）最为著名。不少人认为，这两座洞穴的壁画是史前艺术的高峰。

　　史前艺术，是指史前时代即没有文字记载的历史时期的艺术。一般来说，这些作品大多创作于旧石器时代和新石器时代。法兰西·坎塔布连洞穴群属于旧石器时代后期，即公元前四万年到前一万年之间。

　　其实，早在 1721 年，人们就在非洲的莫桑比克发现了岩画，撒哈拉沙漠中发现的岩画也有一万多件。从北部的摩洛哥、突尼斯、阿尔及利亚到南部的班图族、布西门族和霍屯族居住区，人们相继发现了数以万计的遗迹和绘画。世界的其他地区也分布着大量的史前艺术，如美洲的南部墨西哥、尤卡坦半岛的玛雅人艺术、印第安人艺术和爱斯基摩人艺术、澳洲的南澳大利亚艺术和中国的大量史前艺术遗迹。几乎每一个民族都有自己的史前艺术。

二、史前艺术种类

从现在发现的史前艺术来看，主要艺术样式集中在雕塑、绘画、彩陶、音乐、舞蹈、诗歌和神话等。

雕塑、绘画和彩陶是造型艺术中发展较早的艺术样式。如尼日利亚头雕、拉斯科洞穴岩画、宁夏贺兰山岩画、青海陶盆等。造型艺术是现在可以看到的原始艺术中最为丰富的艺术品，世界上大部分地区都存在不同时期的原始美术。其中雕塑和壁画集中在欧洲、非洲和美洲，而彩陶则集中在东方的黄河流域和两河流域。当时这些作品大多是出于巫术目的而创作的，主要用于祭祀或者庆典。有的实用价值更大一些，如彩陶，在当时只是装水或粮食的工具。陶罐上的图案也是出于巫术目的绘制的。

音乐、舞蹈和诗歌在原始时代是三位一体的艺术。据美术理论家常任侠考证，舞与巫同源。"舞的初文是巫。在甲骨文中，舞、巫两字都写做夾或爽，因此知道巫与舞原是同一个字。"[1]这就意味着，舞蹈和巫术仪式有着密切的关系。中国古代的文献里也大量记载了原始歌舞的场景：

> 击石拊石，百兽率舞。（《尚书·益稷》）
>
> 若国大旱，则帅巫舞雩。（《周官·司巫》）
>
> 帝俊有子八人，是始为歌舞。（《山海经·海内经》）
>
> 昔葛天氏之乐，三人操牛尾，投足以歌八阕：一曰《载民》，二曰《玄鸟》，三曰《遂草木》，四曰《奋五谷》，五曰《敬天常》，六曰《建帝功》，七曰《依地德》，八曰《总禽兽之极》。（《吕氏春秋·古乐》）
>
> 伏羲作琴，伏羲作瑟，神农作琴，神农作瑟，女娲作笙簧。（《世本》）

---

① 常任侠：《中国舞蹈史话》，12页，上海，上海文艺出版社，1983。

从这些史料看来，原始歌舞是和巫术仪式紧密相关的。并且，诗歌、音乐和舞蹈是三位一体的。正如《乐记·乐象篇》所记载的："诗，言其志也，歌，咏其声也，舞，动其容也，三者本乎心，然后乐气从之。"这在原始美术——原始壁画、雕塑和彩陶之中可以得到证实。如 1973 年青海孙家寨出土的新石器时期的彩陶盆的纹饰中可以看出，舞蹈图案所描绘的正是原始歌舞场景："五人一组，手拉手，面向一致，头侧各有一斜道，似为发弁。每组外侧两人，一臂画为两道，似反映空着的两臂舞蹈动作较大而频繁之意，人下体三道，接地面的两竖道，为两腿无疑。而下腹体侧的一道，似为饰物。"①

这正是靳之林所说的拉手娃娃和五道娃娃，现在仍然作为一个生动的艺术形象活跃在黄土高原的剪纸和民间画中，它的作用主要是辟邪禳灾——依旧继承了它在原始社会作为巫术仪式的功能。同样的原始歌舞也存在于世界各地，且大多与祈祷祭礼或图腾崇拜有关。许多原始部落都有在狩猎之前或之后举行舞蹈祭祀的风俗。《原始美术》一书中记录了这么一个故事：

> 根据伏罗贝尼乌斯 1905 年在非洲的调查报告，有时，作为向导的俾格米人，由于用完了备用的食物，而去射杀斑羚，原是件极简单的事。可是，他们却令人惊奇地说："今天不行，要等到明天早晨。"第二天黎明前，他们慎重地选择了场地，在小山丘的空地上，用手平整出一小块四方形的地面，在上面由一个男人边朗诵着咒语边用手指描绘着斑羚的形象。等太阳从地平线上冉冉升起时，一个男子对着那幅画放箭，然后他们才出猎。②

原始歌舞中，诗歌、音乐、舞蹈各司其职，又融为一体，共同构成了巫术仪式的主要内涵。三者分化已是后来的事了，而且三种艺术样式之间仍然相互渗透。

神话是民族的史诗，每一个民族都有自己的创世神话。这些神话所反映的大多是有关民族起源、世界创生、人和自然的冲突。可以说，神话是

---

① 李泽厚：《青海大通县孙家寨出土的舞蹈纹彩陶盆》，载《文物》，1978(3)。

② 王小明：《原始美术》，17 页，北京，学林出版社，1992。

原始时代人们对于世界和自身的认识。原始人对自然充满畏惧与神秘，他们把解释不了的事情统统归之于神，如中国神话里盘古开天辟地、女娲抟土造人是原始人对世界与人类由来的思考。同时，神话也寄托了原始人朴素的愿望，如女娲炼石补天的故事可能产生于洪水时代，而后羿射日则大约产生于大旱时代。

三、史前艺术的题材与主题

史前艺术所描绘的题材主要是原始人自身和与原始人生活中息息相关的动物。以法兰西·坎塔布连洞穴群的壁画为例，画的都是当时欧洲草原上的野生动物，如马、野牛、猛犸、熊、狮子、狐狸、驯鹿、牛、山羊、鹿、狼、犀牛等。而雕塑的对象则主要是裸体女性，如一大批被称作维纳斯的雕塑在欧洲、非洲和美洲出土。

为什么史前艺术的题材集中于动物与女性？这需要探讨史前艺术的生成语境。

动物是原始人生活的最基本元素——食物的主要来源。人们为了生存，必须每天同动物打交道。因此，他们对动物的感情是深厚而复杂的：既是危险、恐怖、搏斗——死亡的路径，又是勇敢、胜利、享受——生命的光辉。总之，动物构成了原始人生活里最为重大的主题。所以，原始壁画中描绘的动物栩栩如生。即使在阴暗的岩洞里，没有模特，原始艺术家们也可以熟练地描绘这些在他们的心灵中沉淀了漫长岁月的生命伙伴。

女性是人类得以延续的母体，是生育和繁衍的象征。在那些原始裸体女性雕塑中，一般来说，乳房、臀部和耻骨都被极度夸张，凸显出女性的特征。如《维林多夫的维纳斯》（见图6）几乎像一个纺锤形，曲线优美，体态丰满。

从上面的分析可以看出，史前艺术不是个体艺术，而是集体艺术。它是原始时代集体生活的产物。尽管我们不否定在这些艺术品中表现了一定的艺术个性，但是，最为重要的却是它的集体意识。因此，几乎所有史前艺术的题材和主题都是相通的，这是人类的共同意识。

由此可以得出这样的结论：生存与繁衍是史前艺术的基本主题。此后人类艺术的发展始终围绕这两个主题进行。正如靳之林在《生命之树》中写到的："生存与繁衍是宇宙万物中一切生物的本能，生命永生与生命繁衍意识是人类的基本意识。它贯穿于由原始社会（开始）的人类历史发展的始终。

只是人类文化历史发展的各个不同阶段，有着时代文化的变体内涵而已。"①

四、史前艺术的美学特征

史前艺术是不是艺术，如果是艺术，又是一种什么样的艺术？人们在这些问题上还存在争议。原因是对原始人是否具有审美意识意见不一。有人认为原始人的创作纯粹出于实用目的，没有审美意识；有人认为原始艺术家已经具备了审美意识，他们的作品是纯粹的艺术创作。

其实，谈论原始艺术家的审美意识并不重要，重要的是在现代人看来是不是艺术，因为我们是在今天谈论原始艺术。对于原始人来说，他们的创作绝不是为了艺术，而是为了巫术目的——他们没有关于艺术的概念。因此，史前艺术是不是艺术，要服从今天的审美标准；原始艺术家是否具有审美意识，唯一的证据应该是他们的作品，而不是他们的创作动机。

原始艺术是一种实用艺术，这是无疑的。但是，实用艺术是否可以同时具有审美意识？这需要从艺术品的审美特征和艺术品中透示的艺术家的审美意识来考察。首先，作为一种艺术品，原始艺术的审美特征已经为艺术界所公认，有人甚至把它尊崇为最纯粹的艺术。其次，原始艺术家是否具有审美意识，这也可以从原始艺术品中发现。有人认为，阿尔塔米拉和拉斯科洞穴艺术的均衡、协调不过是原始艺术家的偶尔之作，并非有意识的艺术行为。那么，大量的维纳斯雕像又如何解释呢？还以《莱斯标克的维纳斯》为例，可以说，它已经具备了审美意识。"从整体看，它全部以曲线为主调，不仅从纵向看它是左右对称的，而且上下看也是对称的几何形，因此可以称它是双重对称的结构。创作者把它做成中心部位鼓起的一种纺锤形。这种造型清晰地展现出人类在旧石器时代就开始运用几何学的原理，理智地表现客观对象了，并且达到了绝顶的程度。"②

从原始艺术的后期作品来看，抽象化现象日趋明显。原始艺术家已经不满足于简单地模仿客观事物，而是企图概括事物的主要特征，进而提炼出具有象征意义的艺术符号。以中国原始艺术为例，动物的图案经过了从写实到抽象化、符号化的美学历程。李泽厚认为："仰韶、马家窑的某些几何纹样已比较清晰地表明，它们是由动物形象的写实而逐渐变为抽象化、

---

① 靳之林：《生命之树》，485 页，北京，中国社会科学出版社，1994。

② 王小明：《原始美术》，22 页，北京，学林出版社，1992。

符号化的。由再现（模拟）到表现（抽象化），由写实到符号化，这正是一个由内容到形式的积淀过程，也正是美作为'有意味的形式'的原始形成过程。即是说，在后世看来似乎只是'美观''装饰'而并无具体含义和内容的抽象几何纹样，其实在当年却是有着非常重要的内容和含义，即具有严重的原始巫术礼仪的图腾含义的。"①试看鸟纹和蛙纹的变化轨迹便一目了然。（见下图）

	蛙 纹	鸟 纹
半坡期		
庙底沟期		
马家窑期		
	拟蛙纹	拟日纹
半山期		
马厂期		
齐家文化 马坝文化		

---

① 李泽厚：《美的历程》，17 页，北京，中国社会科学出版社，1989。

从这些史前艺术来看，原始艺术家的审美意识已经觉醒，他们意识到要以艺术为工具去征服世界，于是人们创造了、培育了美的形式和审美的形式感，逐渐掌握了节奏、韵律、对称、均衡、重复、变化等形式规律。因此，史前艺术既是实用艺术，又饱含审美意识，处于"审美与非审美因素的混合状态"[①]。

史前艺术是一种什么样的风格呢？美国学者简·布洛克通过对非洲史前雕塑的研究，提出史前艺术具有如下风格特征：

其一，正面性。史前艺术品大多是正面的，身体僵直地向上，四肢固定在从头部伸展出来的平面上。常常是雕塑的正面完成了，而背面却草草收工，高低不匀。"这一形象通常不'做'什么，只是一味地凝视我们——或者以一种恍惚的目光扫视我们，似乎并不注意我们的存在。"[②]

其二，对称性。许多史前艺术品尤其人的塑像、画像或者面具都是左右对称，一边是另外一边的映象。这就赋予史前艺术一种静止状态和永恒理想。

其三，构图的外形原则。人体是由身体的各个部分按照一定的程式累加而成的，每一个部分都拥有独立的功能。

当然，这还不是史前艺术的全部特征，而是人像雕塑的风格特征。但是，它也揭示了史前艺术的一些普遍特性，如对称、均衡的构图观念贯彻在大量的作品中。

总之，史前艺术是人类早期的艺术创造，具有高度的审美价值，只是它们的审美因素和非审美因素是混合在一起的。史前艺术已经形成了独立的美学风格，成为人类艺术的光辉起点。史前艺术是人类在生产力水平非常低下的社会状态里创造出来的。但是，这并不意味着它是一种粗糙的艺术。相反，它在某些方面已成为人类艺术不可企及的典范，因为它提供了人类童年的记忆，拥有无可取代的永恒价值和艺术魅力。

第三节　艺术发展规律

从刀耕火种的旧石器时代，到声光化电的今天，艺术与人类一起走过了几万年的长路。艺术在发展过程中形成了自身的发展规律。我们通过对

---

① ［美］简·布洛克：《原始艺术哲学》，160页，上海，上海人民出版社，1991。

② 同上书，83页。

艺术发展与社会发展、艺术传统、艺术的形式美学和艺术发展的文化语境的考察，发现艺术已经形成了独特的发展规律。概括来说，它主要包括平衡与不平衡、继承与革新和多元文化融合等几个方面。

一、平衡与不平衡

粗略地检视艺术史就会发现一个有趣的现象，艺术总是和社会发展存在某种对应：吃不了野兽便成为兽食的原始人，在艺术作品里反复描绘着野兽；基督教统治的中世纪欧洲，艺术在基督与圣母的怀抱里延续自己的生命；大唐帝国万邦来朝的风姿呈现在艺术的豪放与雄迈里；而南宋退守江南的瘦小也和艳词小令依稀仿佛。尽管艺术发展与社会发展未必同步，可艺术毕竟是特定社会的产物，因而，它不可避免地要与社会发展纠缠在一起。

人们早就注意到艺术与社会的关系。中国古代音乐理论著作《乐记·乐本篇》写道："凡音者，生人心者也。情动于中，故形于声；声成文谓之音。是故治世之音安以乐，其政和；乱世之音怨以怒，其政乖；亡国之音哀以思，其民困。声音之道，与政通矣。"它论述了音乐与政治——也是社会——的关系。刘勰在《文心雕龙·时序》里指出文学发展是"时运交移、质文代变"。他考察了从唐尧虞舜的"日出而作，日落而息，帝力于我何加焉"到建安文学和他生活的时代，发现"歌谣文理，与世推移，风动于上，而波震于下者"。王国维考察了中国文学发展之后指出，一个时代有一个时代的文学。法国艺术理论家丹纳在《艺术哲学》里提出，时代、种族与环境是影响艺术的重要因素。他说："要了解一件艺术品，一个艺术家，一群艺术家，必须正确地设想他们所属的时代的精神和风俗概况。这是艺术品最后的解释，也是决定一切的基本原因。"①从以上的论述可以看出，艺术发展与社会发展密切相连。这是二者之间的平衡关系。

社会发展是制约艺术发展的重要因素。这主要体现在如下几个方面。

其一，社会发展为艺术提供了新的艺术主题和艺术题材。每一个时代都展示了新的社会风貌，构成与前代不同的时代精神。这些势必会在艺术创作里得到反映。因此，新的艺术题材和艺术主题使艺术呈现出新的艺术特征。这在艺术史的发展中极为明显。以中国唐宋两代社会发展与艺术变化来说，唐代艺术建功立业的远大抱负和追求自由的游侠精神被宋代卿卿

---

① ［法］丹纳：《艺术哲学》，7 页，北京，人民文学出版社，1994。

我我的情爱恩怨和报国无门的感慨哀叹所取替，艺术题材在唐代是开疆拓土、游侠行义，而在宋代却是抗击异族侵略、醉入花丛柳榭。宋代国势颓弱，边疆危机四起，北宋已有预兆，南宋更是四面楚歌。这种形势下不可能产生李白的飘逸、王维的禅趣、王昌龄"将军百战穿金甲，不斩楼兰誓不还"的气概，只能是陆游的梦里北征与临终遗愿："王师北定中原日，家祭毋忘告乃翁"、辛弃疾的"却将万字平戎策，换作东家种树书"与姜夔的"二十四桥仍在，波心荡，冷月无声"。马远画上的一角山水（见图7，《寒江独钓图》）有意无意之间总和南宋的残山剩水有着某种无以言喻的精神沟通。

其二，社会发展为艺术带来新的艺术观念。从艺术史可以看出，艺术观念始终处于演进之中。而艺术观念的演进又与社会发展联系在一起。史前艺术与原始社会的经济状况相适应，艺术仅仅作为一种实用的精神武器，并没有把艺术当作审美活动。到了20世纪，有人提出"为艺术而艺术"的主张，这显然与20世纪社会经济的发达与艺术本体的觉醒相应合。尽管一种新的艺术观念常常是由一个或几个富有创新意识的艺术家最先提出的，然而，艺术观念总是带有浓郁的时代特征。如意大利新现实主义电影的出现和二战之后意大利的社会状况密切相关。当时，艺术家找不到拍摄所需的经费，只好把摄影机扛到街头，不要布景，按照现实生活的本来面目记录时代的容颜。伴随这种拍摄方式而诞生的是一种新的艺术观念：新现实主义。

其三，社会发展为艺术提供新的艺术形式。艺术形式一般是和社会发展联系在一起的。首先，艺术必须依托于某种特定的物质形式，即完成艺术作品的物质材料。从艺术发展史来看，任何艺术形式的生成都建立于艺术所需求的物质材料的发展之上。笔墨纸砚的出现是中国画成熟的先决条件，有了电和声波、光波的发现才有电影和电视的发明。现在，随着电脑的普及与发展，一些依凭电脑的艺术形式也相继诞生。因此，新材料的发现直接促成了新的艺术形式。同时艺术材料的改进与发展也使原有的艺术形式发生变化，呈现出新的艺术风貌。譬如建筑艺术，传统建筑以木、石为材料，而现代建筑以钢筋水泥为材料，从而使建筑艺术在形式和内涵上都发生了质的变化。其次，艺术形式的生成与衰落也和社会发展息息相关。说书是中国传统艺术样式，曾经拥有广泛的影响。可是，它的听众越来越少，几乎濒于灭绝。清代以来，京剧在中国极为盛行，现在却门前冷落，列入重点保护的传统艺术形式。相反，电视虽然只有几十年的历史，是否称得上艺术也还在争议之中，但是，它的发展简直是突飞猛进。说书和京剧之所以失去了往日的荣耀，因为现代社会带来了现代节奏和现代生活方式，人们对那种与农业时代节奏相符的艺术形式失去了兴趣。电视适应了现代生活的要求，成为影响广泛的一种现代艺术形式。

由此可见，社会发展总是制约着艺术发展，它为艺术发展提供新的主题和题材、新的艺术观念以及新的艺术形式，深刻地影响着艺术的发展。不过，这并不意味着社会发展决定艺术发展，艺术是社会亦步亦趋的模仿，因为艺术有其自身的发展规律。美国艺术理论家布洛克说："具有讽刺意味的是，艺术随社会而发展并非事实，而艺术不进化的原因恰是因为社会进化了。……艺术并不与文明的一般进程取得同步的发展，艺术甚至是在下跌。……艺术不同于科学、哲学、技术甚至宗教，它似乎并不拥有一个世代相袭的庞大的累积过程，而是像维纳斯的诞生那样，在人类历史的初始即已成形。这或许是因为艺术是最基本的人类需求的表现，是因为那些需求并不全是理智的、概念的或观念的，艺术冲动的有些最高的表现方式来自社会最原始的那部分。"[①]从漫长的艺术史来看，艺术发展与社会发展也有不平衡的一面，即马克思所说的"不平衡关系"。

不平衡关系主要表现在两个方面，一是有些艺术样式只出现在人类社会早期，随着生产力的发展而消亡；二是艺术发展与社会发展并不总是呈正比例。

一些曾经在人类艺术史上发生过巨大影响的艺术样式逐渐衰落乃至灭绝，虽然这些作品直至今天依然是不可企及的典范。马克思曾经谈到古希腊神话的永久魅力，因为它记录了人类的童年。现代艺术家已经不可能再创作神话了，这种艺术样式是和人类早期对自然现象无知与恐惧的蒙昧状态联系在一起的。在太空飞船登上月球的今天，我们已不好意思再编造吴刚、嫦娥一类的故事。这表明艺术并不总是受制于社会发展，有些艺术样式的繁荣恰恰发生在生产力水平十分低下的原始社会。同样，一个国家或时代的经济发达也并不与艺术发达呈正比。有时，艺术繁荣正好发生在贫穷落后的国家或时代，这在艺术史上也是屡见不鲜。19世纪的俄国在政治、经济上都很落后，但在艺术上却出现了灿若星群的艺术大师：普希金、果戈理、契诃夫、陀思妥耶夫斯基、托尔斯泰、别林斯基、列宾、柴可夫斯基与恺撒·居伊、巴拉基列夫、鲍罗廷、穆索尔斯基和里姆斯基-科萨科

---

① ［美］简·布洛克：《原始艺术哲学》，62～64页，上海，上海人民出版社，1991。

夫组成的音乐强力集团，等等。中国的魏晋时代是一个政治上黑暗、经济上落后、军事上腐败的历史时期，但在艺术上却产生了竹林七贤的诗歌和音乐、王羲之父子的书法、三曹父子的诗歌、顾恺之的绘画以及龙门石窟、云冈石窟这些光照千秋的艺术杰作。

艺术发展与社会发展之间是十分复杂的关系，不能简单化地把艺术发展置于社会发展之下。社会发展制约着艺术发展，但是，艺术发展又有自己的特殊规律。二者既有平衡的一面，又有不平衡的一面，正是这种平衡与不平衡的关系构成了艺术发展与社会发展的真实关系。

二、继承与创新

人类艺术史是一部艺术连续发展的历史，宛如一条奔腾不息的河流。它记录了人类心灵探索的历程。在艺术史上，我们可以发现，每一代艺术家都创造了独特的艺术风格。对于前代艺术传统，它既是继承，更是超越。一个时代的艺术总是以叛逆者的身份，在对前代艺术的反抗中完成自己的创造——新的创造里又总是蕴涵着传统。这就是艺术发展的继承与创新规律。

继承是艺术发展的内在需求与本体规律。无论个体艺术家还是一个时代的艺术，都不可能凭空诞生，都是在前代艺术传统之上生成的。英国现代诗人艾略特指出："假如我们研究一个诗人，撇开了他的偏见，我们却常常会看出：他的作品中，不仅最好的部分，就是最个人的部分也是他前辈诗人最有力地表明他们不朽的地方。我并非指易受影响的青年时期，乃指完全成熟的时期。"[①]艺术发展必须继承前代的艺术遗产。那么，继承前代艺术的哪些东西呢？

艺术继承主要包括如下几个方面。

其一，艺术里的民族精神。艺术记录了一个民族的精神历程，继承艺术传统首先是继承艺术里的民族精神。任何一个民族都有自己的民族精神，这种精神往往体现在艺术的深层意蕴里，这是一种民族艺术区别于另一种民族艺术的精神实质。以人和自然的关系来考察，中国哲学主张天人合一，人和自然相和谐，这是中国艺术的基本精神。所以，庄子要返归自然，陶渊明的桃花源更是成为中国文化一个高尚的精神故乡。山水诗、山水画的

---

① ［英］T. S. 艾略特：《传统与个人才能》，见《二十世纪文学评论》，上册，129页，上海，上海译文出版社，1987。

发达直接导源于这一精神。丰子恺的画(见图8)典型地表达了中国哲学"天人合一"的精神,画上的题诗是"依松而筑,生气满屋"。这样的民族精神在欧洲艺术里是找不到的。当然,民族精神也不是一成不变的,它也会跟随时代的步履而迁移。但是,民族精神是一个民族在漫长的历史里沉淀、凝聚而成的,是一个民族的精神基石,它不会戏剧性地突然消失或转移。否则,这个民族的特性也将不复存在。因此,继承一个民族的艺术,最根本的是继承艺术里呈现的民族精神。

其二,艺术传统。艺术传统是指前代艺术家在艺术实践中积累的艺术经验,有的带有鲜明的民族特征,有的则是世界共通的,这些艺术经验构成了人类艺术史的珍贵财富。它主要包括艺术风格、创作方法、主题与题材以及艺术形式等方面的内涵。从艺术家成长的角度看,中国书画非常强调临摹大师的作品,临摹过程就是向大师学习的过程。京剧大多师徒相传,也正是通过继承学习艺术。从艺术主题与题材发展的角度看,继承也是一项重要的艺术创造过程。欧洲绘画史上基督教绘画源远流长,从东罗马帝国直至今天,绵延不绝。而每一代绘画的艺术风格与美学追求却迥然不同。中世纪画家扬·凡·爱克的《屋中的圣母》中圣母像枯瘦干涩,面部表情麻木不仁,仿佛一具木乃伊;而文艺复兴时期拉斐尔的《西斯廷圣母》上的圣母像则肌肤丰满,神情动人,看上去不是不食人间烟火的神仙,而是世上美丽的少妇。(见图9、图10)同样的题材却表达了几乎相反的艺术主题,前者压抑人的欲望,贬斥生命的尊严;后者张扬人的力量,歌颂生命的光辉。在悠久的发展过程中,中国画从具体的笔法、墨法到艺术题材再到艺术主题,都建构了一个完整的艺术体系。如松兰竹菊已经成为中国画稳固的主题和题材,因为它们寄托了中国文人的人格理想。这里继承的已不是单纯的艺术经验,而是艺术经验与民族精神的汇融。

如上所述,继承是艺术发展中的一个重大问题。那么,艺术应该按照什么原则来继承前代的艺术遗产呢?艺术遗产应该批判性地继承,把富有生命活力和永恒价值的民族精神和艺术经验进行现代转化,成为现代艺术的元素。继承的是创造精神,是艺术不死的灵魂,而不是复制与抄袭。在艺术继承问题上有两种危险倾向:一是复古主义;二是虚无主义。复古主义是桎梏艺术发展的锁链,曾经长期在中国艺术史上发生影响,窒息了中国艺术的发展。如明代以李梦阳和王世贞为代表的"前七子"和"后七子",宣称"文必秦汉,诗必盛唐",画家董其昌也明确地说,"如柳则赵千里,松则马和之,枯树则李成,此千古不易,虽复变之不离本源,岂有舍古法而独创乎?"(《画禅室随笔》卷二,《画诀》第七条)照董其昌的理论,古代绘画已经达到了无法逾越的高峰。那么,绘画还要不要发展?其实,明代艺术成就最高的恰恰不是这些复古主义者,而是大胆叛逆的艺术勇士徐渭。他无视条条框框,以泼洒笔墨,写胸中块垒,随兴所至,信手拈来,跌宕跳荡,脱略形似。自称"从来不见梅花谱,信手拈来自有神"[1]。他的画大刀阔斧,纵横捭阖,笔势奔放流动,墨气滋润淋漓,有时居然倾倒水墨,随意点染,开创了水墨大写意画法,别立"青藤画派"(见图11),对石涛、八大山人、扬州八怪和吴昌硕、齐白石等后世画家产生了巨大影响。董其昌的画虽然功力深厚,笔法婉转,终究缺乏造化之妙与惊心动魄的灵魂力量。与复古主义相对的是历史虚无主义,否定艺术遗产,自然也拒绝继承。如崛起于20世纪之初的未来主义,公然宣称要捣毁博物馆,把莎士比亚和托尔斯泰从现代轮船上丢下去。这种做法的结果很明显,莎士比亚和托尔斯泰依然屹立在艺术史上,而未来主义的作品却只能在各类艺术研究资料里安眠。

我们既要继承艺术传统,又不是全盘照搬,而是有选择地吸收,转化为现代艺术的营养,继承的目的是为了创造。正如毛泽东所指出的:"我们决不可拒绝继承和借鉴古人和外国人,哪怕是封建阶级和资产阶级的东西。但是继承和借鉴决不可以变成替代自己创造,这是决不能替代的。文学艺术中对于古人和外国人的毫无批判的硬搬和模仿,乃是最没有出息的最害人的文学教条主义和艺术教条主义。"[2]

继承固然是艺术发展的重大问题,而创新却是艺术发展的关键,继承是为了更好地创新。创新是艺术发展的质的飞跃,没有创新就没有艺术的发展。每当一种艺术风格或题材、主题乃至创作方法达到高峰状态时,新的艺术潮流就在孕育,这是艺术发展的新陈代谢规律。人类艺术史正是艺术潮流不断更替、艺术风格不断创造的历史。艺术的创新者总是以叛逆者形象出现在艺术史上,他们要创造新的艺术,就必须超越前代艺术藩篱,寻找新的支点。这种明目张胆的冒犯往往会激起怀抱陈旧观念的艺术家的强烈反对,形成两种艺术风格或艺术潮流的对抗。这在艺术史上已经被反

---

① 杨伯达主编:《中国古代美术》,第12卷(明一),18页,北京,人民美术出版社,1985。

② 毛泽东:《在延安文艺座谈会上的讲话》,见《毛泽东选集》,第三卷,860页,北京,人民出版社,1991。

复验证。法国古典派和浪漫派的斗争堪称经典篇章。1830年，雨果的《欧那尼》在法兰西剧院上演的场面惊心动魄，一面是古典派的嘲笑与轻蔑，一面是浪漫派的狂呼和激动。最后，演出大获成功，古典派一蹶不振，浪漫派成为时尚。中国新文学运动也是在激烈论战中启动了新文学之帆。当时，以林纾、严复为代表的复古派与以胡适、陈独秀为代表的改良派进行了艰苦的论辩。尽管林纾"拼残年以卫道"，还是无法抵挡叛逆者的进攻，很快，新文学运动就在全国范围展开。当然，并不是所有艺术创新都这样充满喧哗，也有一些所谓艺术上的绿色革命，静悄悄地完成了艺术转换的步履。发生在中国20世纪80年代中期的文学、美术、音乐、电影等各个门类的大面积艺术革新就是这样一场艺术上的绿色革命。

这些艺术上的叛逆者为什么要离经叛道、标新立异呢？理由非常简单：一代人有一代人的艺术，他们要用自己的声音发言，用自己的姿态走路。对于他们来说，复制就是取消自己。一个时代区别于另一个时代，一代人区别于另一代人，一个人区别于另一个人，关键在于独特的生命特质。艺术亦然。同时，任何艺术风格、艺术潮流都有自己的发生、发展、高峰、衰落的周期，不可能长盛不衰。因此，艺术创新既是一代人在艺术史上寻找坐标的艺术实践，又是艺术发展本体规律的内在驱动。

先锋艺术（或称前卫艺术、探索艺术等）往往是艺术革新的先声。艺术革新是一件探险的事业，先锋艺术家大多是艺术探险者。艺术要想发展，就必须进行艺术革新；艺术要革新，就必须进行艺术探险。因此，先锋艺术是艺术发展不可缺少的重要力量。正如美国艺术理论家鲁卫士所说的："艺术是依着两条对立的道路，经过各个阶段，向前推动。这两条道路中，有一条是建设的路，另外的一条是革命的路，或者说，一条是建设者的路，其他的一条是探险者和前驱者的路。"①对于古典诗，胡适就是先锋；对于胡适，闻一多就是先锋；对于闻一多，穆旦就是先锋。艺术总是这样一浪推一浪地向前发展。以目前中国艺术而论，美术界的行为艺术是一种先锋艺术。当然，先锋艺术的目标不是先锋，而是为艺术发展寻找道路。为先锋而先锋，恰恰是先锋的误区。如果一种艺术没有深入民族心灵，就永远不会成为伟大的艺术，也不会为他所属的民族接受。先锋艺术应该以民族精神为内核，寻找民族深层心理最有力的表达方式。

---

① ［美］J.L.鲁卫士：《诗中的因袭与革命》，见《现代诗论》，上海，商务印书馆，1946。

艺术创新的一个重要策略是陌生化。陌生化（ostranenie）是俄国形式主义理论家什克洛夫斯基提出的，德国戏剧家布莱希特也使用了这个概念。"根据什克洛夫斯基的观点，诗歌艺术的基本功能是对受日常生活的感觉方式支持的习惯化过程起反作用。我们很自然地就不再'看到'我们生活于其中的世界，对它独特的性质视而不见。诗歌的目的就是要颠倒习惯化的过程，使我们如此熟悉的东西'陌生化'，'创造性地损坏'习以为常的、标准的东西，以便把一种新的、童稚的、生气昂然的前景灌输给我们。因此，诗人意在瓦解'常备的反应'，创造一种升华了的意识：重新构造我们对'现实'的普通感觉，以便我们最终看到世界而不是糊里糊涂承认它，或者至少我们最终设计出'新'的现实以代替我们已经继承的而且习惯了的（并非不是虚构的）现实。"①陌生化的基本内涵就是通过对常规艺术形式的创造性颠覆，将熟悉的东西变得陌生，重新唤起人们对现实的富有生气的新鲜感觉，从而创造一种新奇强烈的艺术效果。任何艺术形式都有从发生、发展、高潮到衰落的过程。这个过程或长或短，但不可逃避，艺术形式也处于新陈代谢之中。一种艺术形式在开始时充满生气，富有活力，一旦完成了它的运行周期，也将走向没落，成为新的艺术形式陌生化的对象。古典派没落之后，浪漫派取而代之。浪漫派经过发展连雨果也"迷失在预言式的宏词和无穷尽的呼唤声中"。② 波德莱尔发起了象征派运动，对浪漫派诗学进行陌生化，创造了象征派诗学。因此，艺术形式陌生化永无止境，艺术史也正是一部艺术形式不断陌生化的历史。

艺术史经验告诉我们，宽容是艺术发展的温床，应该允许艺术探索，允许多元艺术共存。那些当时不被承认的探索艺术往往成为艺术发展的重要力量。艺术的生命在于创造，继承与创新是完成艺术创造的双翼。没有继承，创新无从谈起；没有创新，继承就失去了目的。归根结底，继承是为了创新。只有新的创造才能推动艺术的发展。

三、民族艺术的融合

每个成熟的民族都形成了自己稳定的艺术传统，创造了独特的民族艺

① ［英］特伦斯·霍克斯：《结构主义和符号学》，61～62页，上海，上海译文出版社，1987。

② ［法］瓦雷里：《波德莱尔的位置》，见《戴望舒译诗集》，109页，长沙，湖南人民出版社，1983。

术，民族艺术发展的支点是民族精神，它凝聚了一个民族的哲学、性格、文化与心理积淀。与此同时，民族艺术也不应是封闭的小国寡民状态，而应该在不同民族艺术的汇融中获取营养，创造新的艺术。

艺术的民族性和一个民族的生活习惯、风土人情、文化传统、心理积淀以及历史变迁等特点密切相连。民族的精神气质是在漫长的历史发展中形成的，不会轻易改变。丹纳认为决定艺术的三种要素是时代、环境和种族。他说民族性是相对稳定的："你们不妨把一些大的民族，从他们出现到现在，逐一考察；他们必有某些本能某些才具，非革命，衰落，文明所能影响。这些本能与才具是在血里，和血统一同传下来的；要这些本能和才具变质，除非使血变质，就是要有异族的侵入，彻底的征服，种族的杂交，至少也得改变地理环境，移植他乡，受新的水土慢慢的感染；总之要精神的气质与肉体的结构一齐改变才行。倘若住在同一个地方，血统大致纯粹的话，那么在最初的祖先身上显露的心情与精神本质，在最后的子孙身上照样出现。"[1]因此，他认为："越是伟大的艺术家，越是把他本民族的气质表现得深刻；像诗人一样，他不知不觉的给历史提供内容最丰富的材料；他提炼出肉体生活的要素，加以扩大，正如诗人勾勒出精神生活的要素，加以扩大；历史学家在图画中辨识出一个民族的肉体的结构与本能，正如在文学中辨别出一种文化的结构与精神倾向。"[2]也就是说，艺术家首先属于他的民族，艺术品呈现的首先是、最根本上也是它所隶属的民族的精神。中外艺术史提供了大量的例证。比如，西洋画和中国画与民族精神的关系一目了然：西洋画是征服自然的无限追求，中国画则在一丘一壑里发现了无限，表现人与自然的天人合一。

民族精神是艺术的根本特质，这并不意味着一个民族的艺术只能在封闭的小圈子里发展，因为各民族艺术的交融会促进民族艺术的发展和民族精神的凝聚。异质文化的交融是民族艺术发展的重要元素。这是已经为艺术史所普遍证明的艺术规律。

民族艺术在多元艺术的撞击与汇融中会变得更加丰富多彩。这不仅指艺术内涵上的丰富性，也表现于艺术样式的多样性。唐朝艺术的发达得益于多民族艺术的交融。当时，首都长安是一座国际性城市，云集着来自波斯、印度、日本、西域的旅客、高僧、商人、留学生与使节，他们带来了

---

[1]　[法]丹纳：《艺术哲学》，353～354页，北京，人民文学出版社，1994。

[2]　同上书，372～373页。

不同民族的艺术形式，唐代的音乐、绘画、诗歌、舞蹈、雕塑等艺术形式都达到了空前繁盛的局面。舞蹈中的胡旋舞、剑舞等形式来自西域，雕塑受到印度的影响，而音乐则大面积吸收了少数民族和外国音乐的特征，创造了辉煌的盛唐音乐，这就是著名的十部乐：燕乐、清商乐、西凉乐、天竺乐、高丽乐、龟兹乐、安国乐、疏勒乐、康国乐、高昌乐。其中只有清商乐和燕乐是汉族音乐，其余均来自少数民族或其他国家。各民族音乐的汇融是唐代音乐发达的重要原因。唐诗中的大量作品描绘了音乐演奏的场面，如李白的《听胡人吹笛》、李贺的《申胡子筚篥歌》、李颀的《听安万善吹筚篥歌》、韩愈的《听颖师弹琴》、白居易的《琵琶行》等作品。这些民族艺术的引进丰富了中国的艺术样式和表现手法，促进了唐代艺术的繁荣。

对于民族艺术之间的交流与融合，我们也要反对两种极端倾向：拒绝吸收与全盘吸收。前者是故步自封，后者是自我沦丧，这些都不利于民族艺术的发展。中国艺术发展需要学习、借鉴其他民族的优秀艺术，但不是盲目地唯洋是从，而是把外国艺术进行本土化改造，与中国艺术融合在一起，成为中国艺术的一种新类型。20世纪以来，中国从西方引进了电影、电视、油画、西洋音乐、现代小说、话剧、歌剧等艺术形式，极大地丰富了中国艺术的体裁，提高了中国艺术的表现力。这些艺术形式既有国际共通的一面，又有鲜明的民族特色，成为中国现代艺术的重要组成部分。

现在，交通与通信的发达把世界变成了一个地球村。歌德提出世界文学的观念之后，世界艺术的概念正在形成。随着电脑技术的突进和国际互联网的普及，各民族艺术的交流与融合越来越密切。现代艺术潮流几乎都是国际性的，如电影、电视、音乐、绘画等艺术样式的资源在网络上大多是国际共享，为现代艺术的发展提供了良好的语境。但是，我们必须警惕另一个危险的倾向：民族特征的淡化。这在许多领域里已经呈现，如建筑，地域特色和民族特色消融于国际化潮流。建筑材料、建筑技术的通用和建筑美学的流行导致了一场全球性美学流行病。这种所谓的现代性是以牺牲民族艺术的丰富性为代价的，其后果十分值得忧虑。

在交往频繁、资讯发达的今日世界，任何闭关自守的想法都是荒唐的，民族艺术之间的汇融已是不可阻挡的潮流。这将为中国艺术的发展提供一个良好的机会。同时，我们在民族艺术交往中也应以民族精神为支点，通过学习、借鉴其他民族艺术的成功经验来促进中国艺术的发展，创造中国艺术新的辉煌。

一部艺术史正如一条不可逆转的河流，拥有自身的规律。每个时代、每个民族都创造了属于自己的艺术，不能简单地把艺术发展比作自然科学的进步，不能粗暴地认定今天的艺术一定比昨天进步，因为每个时代、每个民族的艺术都具有不可重复的价值。在艺术发展中，变化是永恒的，价值判断是相对的。

[基本概念]

史前艺术　巫术说　表现说　模仿说　游戏说　劳动说

[思考题]

1. 关于艺术起源有几种学说，你同意哪一种，为什么？
2. 史前艺术有哪些主要主题？它的重要艺术特征是什么？
3. 艺术发展的基本规律有哪些具体内涵？请结合具体艺术家和艺术作品说明。

第二章
艺术种类

艺术门类众多,形式多样。从最古老的绘画、雕塑到最新颖的三维动画,艺术样式不断交叉融合,发展变化,一些样式消失,一些样式兴起。本章主要就艺术分类进行探讨,研究艺术样式之间的关系,以便于更好地认识不同艺术样式的特性及相互关系,了解艺术样式的发生和变迁。同时,也介绍一些目前比较重要的艺术种类,了解这些艺术样式在生活中的形态和功能。

第一节 艺术分类与艺术样式的演变

一、艺术分类

艺术起源于旧石器时代,最初的艺术似乎没有分类问题。当时的艺术类型也确实简单,一种是绘画、雕塑等美术作品,一种是舞蹈、音乐、诗歌的合体。随着人类社会发展,文明程度越来越高,艺术逐渐从普通劳动中离析出来,成为专门的精神生产。于是,艺术分类也慢慢开始。诗歌、音乐、舞蹈开始独立为三种艺术形式,建筑也在人类审美意识发育的过程中从完全实用的生活产品转化为实用艺术。同时,新的艺术样式也在生成,如戏剧。古希腊早在公元前5世纪就产生了成熟的戏剧,中国也在元代迎来了戏剧的第一个高峰期。

艺术样式越来越多,区分越来越细。中国西晋文学家、书法家陆机在他的《文赋》中详细区分了文学不同文体的差异:"诗缘情而绮靡,赋体物而浏亮,碑披文以相质,诔缠绵而凄怆,铭博约而温润,箴顿挫而清壮,颂优游以彬蔚,论精微而朗畅,奏平彻以闲雅,说炜晔而谲诳。"近代学者开始对艺术类型进行关注,黑格尔就根据艺术发展的历史时期,把艺术分为象征艺术、古典艺术和浪漫艺术,并在这三种类型下又分出五种样式:建筑、雕刻、绘画、音乐和诗。法国艺术理论家丹纳沿用了黑格尔的分法,称为五大艺术。后来,随着科学技术的进步,电影在1895年问世,这是唯一一门人们知道诞生日期的艺术,它被排在建筑、雕刻、绘画、音乐、诗、舞蹈、戏剧之后,被称作第八艺术。事实上,一些新的艺术样式仍然在生成,如电脑艺术,等等。

艺术分类是艺术学的一个重要问题。但是,如何对艺术进行分类却是众说纷纭。有人认为艺术不可分,如意大利美学家克罗齐曾说"讨论艺术分类与系统的书籍若是完全付之一炬，那也绝对不是什么损失"。① 不过，艺术分类还是有它的意义。人们根据不同的观照角度提出不同的分类标准，归结起来大致有几种主要学说：

①根据艺术形象存在的方式，艺术可以分为时间艺术、空间艺术和时空艺术。时间艺术主要指音乐、文学等；空间艺术主要指雕塑、绘画、建筑等；时空艺术主要指舞蹈、戏剧、影视等。

②根据艺术形象的感知方式，艺术可以分为视觉艺术、听觉艺术、视听艺术和想象艺术。视觉艺术主要指雕塑、绘画、建筑等；听觉艺术主要指音乐等；视听艺术主要指戏剧、舞蹈、影视等；想象艺术主要指文学。

③根据艺术形象的媒介方式，艺术可以分为造型艺术、音响艺术和语言艺术。造型艺术主要指雕塑、绘画、建筑、舞蹈、影视艺术等；音响艺术主要指音乐等；语言艺术主要指文学等。

现把几种常见的分法图示如下：

	音乐	绘画	雕塑	舞蹈	建筑	文学	戏剧	影视
时间艺术	○					○		
空间艺术		○	○		○			
时空艺术				○			○	○
听觉艺术	○							
视觉艺术		○	○		○			
视听艺术				○			○	○
想象艺术						○		
造型艺术		○	○	○	○		○	○
音响艺术	○							
语言艺术						○		

从上图可以看出，有些分法是交叉的，尤其时间艺术和听觉艺术、空间艺术和视觉艺术、时空艺术和视听艺术几乎完全重合。这说明两种分法

---

① ［意］克罗齐：《美学原理·美学纲要》，125页，北京，外国文学出版社，1983。

有其一致性。

当然，任何一种分法都是有局限的。之所以成为一种独立的艺术样式，必然有与其他艺术样式的不同之处。所以，真正认识艺术的特性还须单独研究艺术样式，如绘画、音乐、雕塑等。一种艺术样式之中往往又有许多复杂情况。如一种艺术样式里接纳了其他艺术样式，或一种艺术样式与其他艺术样式融合成为一种新的艺术样式。比如电视是一门独立艺术样式，又容纳了文学、音乐、美术等多种艺术样式的特征，像电视与音乐结合生成了音乐电视。

二、艺术样式的演变

艺术样式受社会发展的制约，它总是伴随着人类社会的发展而生成、发展、成熟和衰亡。与原始社会状况相适应，人类创造了神话。每个民族都有自己的神话传说，而且许多民族的神话传说有相似之处。如关于人的创生、天地的开辟、洪水时代等故事几乎横亘于所有民族的神话中。这是因为人类对自然的认识处于蒙昧时期，无法解释自然界发生的一切，就创造了神话。而每个民族在创生时期所遇到的几乎都是一样的问题，所以，神话故事也大致相同。随着人类社会发展，神话让位于英雄的传说，每个民族都创造了自己的英雄。这些与当时的生产力水平和思维方式是一致的。影视艺术的出现更有力地说明艺术样式与社会发展的关系：没有科技的发展，就不会有影视艺术。

艺术样式不是一成不变的，它也有生成、发展、成熟和衰亡的过程。有的时间长，有的时间短，但都有这样一个生命运动的周期。以中国古典诗为例，它肇始于远古的巫术仪式，至春秋战国时代升至第一个高峰，其代表便是《诗经》和《楚辞》。此后，诗歌体制从四言向五言转化，汉代的《古诗十九首》和魏晋时期的陶渊明、谢灵运创造了中国古典诗的第二个高峰。之后诗歌体制向七言发展，到唐代创造了辉煌的唐诗——中国古典诗的最高峰。宋词和元曲是古典诗的变体，因为古典诗已经达到鼎盛而至衰落，倘不改道，无论如何都无法赶上唐诗。明清诗坛"宗唐"与"宗宋"之争是中国文学史上最没有出息的辩论。因此，五四新文学运动一开始就从新诗入手，胡适率先选择了诗歌作为向旧文学挑战的目标。新诗同样是中国古典诗的现代延伸，但这是经过凤凰涅槃之后的新生。旧的艺术样式走向衰落，新的艺术样式不断生成，这是艺术史上一条普遍的规律。随着时代发展，艺术媒介与艺术材质也在变化，一些新的艺术样式也在涌现，如装置艺术、观念艺术、电脑艺术等。

每一种艺术样式的出现都与特定时代的社会形态、物质条件、审美心理密切相连。随着社会发展，原有艺术样式或者融化到新的艺术样式里，或者消亡，而具有新时代特征的艺术样式成为新的时尚。不过，在人类艺术史上，只有演变，没有进步。比如说书，曾经在漫长的历史中扮演了重要角色，随着广播和电视的兴起成为博物馆艺术，但不能因此断定电视比说书更先进。戏曲也是如此，京剧在清代和民国时期堪称流行艺术，而今天则是少数人欣赏的高雅艺术。对于一些已然衰亡的传统艺术样式，从文化学意义上进行保护是对人类文明的继承，而从传播学意义上推广则是刻舟求剑。

艺术史上并不存在真正的"革命"，更多的是改良。一种新的艺术样式绝不会从天而降，而是脱胎于旧的艺术样式，有的还吸取了传统艺术样式的营养。以电影为例，它是一门全新的艺术样式，同时它又吸纳了文学、音乐、美术等各种古老艺术样式的养分。艺术样式之间是一种什么样的关系呢？人们早就意识到艺术样式之间的密切联系，古老的比喻把各种艺术样式连到一起。"诗中有画，画中有诗""建筑是凝固的音乐，音乐是流动的建筑""诗是有声画，画是无声诗"，等等。这说明各种艺术样式之间相互渗透、相互滋补。有些艺术样式本身便汇融了多种艺术样式的艺术特征。譬如，人们常常把电影称作综合艺术，因为电影里汇聚了文学、音乐、美术等各种艺术样式的美学特征。如果没有这些艺术样式的支持，很难设想电影会在短短一个世纪之内就达到如此的辉煌高度。事实上，没有其他艺术样式的参与，有的艺术样式就会黯然失色。如舞蹈对音乐的依赖、建筑对雕塑的依赖等。黑格尔曾经关注到这一现象，他说："雕刻作品纵使本身独立地摆在公共场所或花园里，总要有一个用建筑方式来处理的基座；如果摆在房间、厅堂或庭院等地方，那就有两种可能，不是建筑艺术只是为雕像提供环境，就是雕像用来作建筑物的装饰，所以雕刻和建筑之间有一种较紧密的联系。"[①]德彪西的音乐和诗的关系为音乐史家所津津乐道："德彪西把魏尔伦的《遗忘了的小咏叹调》(1888年)和波德莱尔的《诗歌五首》(1890年)谱成歌曲。他开始和斯特凡·马拉美交往，后者的家是许多年轻艺术家，尤其诗人和画家的聚合场所，又是象征派的圣地。……1892年，受斯特凡·马拉美的一首诗的启发，他写了他的第一部交响诗《牧神午后序

----

① ［德］黑格尔：《美学》，第3卷（上），232页，北京，商务印书馆，1979。

曲》。有两种音乐以外的影响导致了德彪西探索他独特的道路，并确保了他独创精神的充分发挥，这就是象征派的诗歌和印象派的绘画。"①然而，把电影仅仅视为综合艺术虽然阐释了它的一些艺术特征，但远远没有把握它作为一种独立艺术样式的根本特性。如果说电影是综合艺术，那么，戏剧、舞蹈、音乐、建筑等其他艺术样式又何尝不是综合艺术呢？我们又怎样区分综合艺术之间的关系呢？由此看来，艺术样式之间的汇融固然重要，更重要的却是每一门艺术样式的独立特性，这才是一种艺术样式之所以成立的核心本质。艺术样式之间的异质区分了艺术样式的独立特性。不少艺术家和艺术理论家都对艺术样式之间的差异进行了比较研究。莱辛的《拉奥孔》细腻地分析了诗与画在构思与表达上的区别："对于艺术家来说，我们仿佛觉得表达要比构思难；对于诗人来说，情况却正相反，我们仿佛觉得表达要比构思容易。"②达·芬奇系统地研究了绘画与诗、音乐和雕塑的区别，"在表现言辞上，诗胜画；在表现事实上，画胜诗"③。应该说，艺术样式之间的差异构成了艺术样式独特美学特性的内在本质。正如苏珊·朗格所说的："每一门艺术都有它自己特有的基本幻象，与这种基本的幻象相比，其他如何种类的虚幻形象都是次要的，这就是说，在艺术中并不存在着美满的婚姻——存在的只是成功的强奸。"④她解释说："每一种艺术品，都只能属于某一特定种类的艺术，而不同种类的艺术作品又很不容易被简单地混合为一体。然而，当不同种类的艺术品结合为一体之后，除了其中的个别艺术品之外，其余的艺术品都会失去原来的独立性，不再保留原来的样子。举例说，一首歌曲，当把它放在一幕优秀的歌剧中演唱时，它就不再是一首独立的歌曲，而变成了一件戏剧事件。"⑤不过，艺术样式之间的差异并不等于说艺术样式有高下之分，所有艺术样式都是平等的。有些艺术家从自己爱好的艺术样式出发，贬斥其他艺术样式，这是没有道理的。达·芬奇把绘画与诗、音乐和雕塑比较后得出一个结论：绘画最高贵。为

① ［法］保·朗多尔米：《西方音乐史》，323页，北京，人民音乐出版社，1989。
② ［德］莱辛：《拉奥孔》，65页，北京，人民文学出版社，1982。
③ 戴勉编译：《达·芬奇论绘画》，转引自《艺术特征论》，33页，北京，文化艺术出版社，1984。
④ ［美］苏珊·朗格：《艺术问题》，82页，北京，中国社会科学出版社，1987。
⑤ 同上书，80～81页。

什么呢？在他看来："绘画替最高贵的感官——眼睛服务。"①而诗歌、音乐和雕塑都不够高贵。这显然是一种偏颇的见解。所以，我们既重视艺术样式之间的相互渗透、相互滋润，又需要认识到它们各自的本性，这样才能全面了解艺术样式之间的关系，更好地把握艺术样式的美学特性。

第二节 主要艺术种类

艺术历史悠久，种类繁多，无法一一详细介绍。这里介绍几种常见的艺术种类。

一、绘画

绘画属于造型艺术，它以笔、刀为工具，以墨、颜料为材料，在纸、纺织物、木板或墙壁上，通过构图、造型和设色等艺术手法，创造出视觉形象。线条、色彩是绘画最基本的艺术语言。

绘画是人类艺术史上最早产生的艺术样式之一，旧石器时代的阿尔塔米拉岩洞里就留下了人类早期的壁画（见图4）。目前得知的中国最早的绘画是长沙出土的战国楚墓《人物龙凤帛画》和《人物御龙帛画》（见图12）。在照相技术发明之前，绘画是人类直观记录社会形象的主要方式。

在漫长的历史发展中，绘画形成了丰富多彩的艺术风格和名目繁多的艺术种类。从艺术媒介来说，可分为中国画、油画、版画、水彩画、水粉画、帛画、素描等；从艺术形式来说，可分为年画、连环画、漫画、壁画等；从作品内容来说，可分为人物画、动物画、风景画、风俗画、宗教画等。

绘画可简化地分为东方画系和西方画系两大系统。以中国画为代表的东方传统绘画，偏重写意传神和线条造型；传统的西方绘画，以素描为基础，油画为正宗，用远近法、描影法等技法画出立体感，注重形态的写实性。

中国画，简称国画，以毛笔、墨、绢、纸为主要材料，以线条为表现方式，散点透视，造型构图，以形写神。国画在技法上可分为工笔画与写意画两大类；从题材角度分，可以分为人物画、山水画、花鸟画三大类。

---

① 戴勉编译：《达·芬奇论绘画》，转引自《艺术特征论》，36页，北京，文化艺术出版社，1984。

宋代文人画兴起以后，诗歌、印章成为中国画的有机组成部分，相辅相成，相映成趣。

中国绘画历史悠久，战国时期的《人物龙凤帛画》和《人物御龙帛画》是目前已知的最早的帛画作品，汉代的画像石浑朴大气，风格鲜明（见图33）。魏晋南北朝时期，中国艺术进入自觉时期，画家顾恺之、陆探微、张僧繇并称"六朝三大家"，而谢赫提出的"绘画六法"第一次从理论上总结了中国画的美学特征。唐宋时期中国绘画进入高峰状态，人物画、山水画、花鸟画相继出现，吴道子善于描绘人物，传世作品有《天王送子图》，当时有"曹衣出水、吴带当风"之誉。阎立本的《步辇图》笔致圆劲，刻画人微，被推为画史杰作。诗人王维被誉为文人画的开创人，苏轼称"味摩诘之诗，诗中有画；观摩诘之画，画中有诗"，可惜作品已经失传。张彦远的《历代名画记》总结了中国绘画的发展，把文以载道的思想移入绘画。宋代文人画勃兴，米芾、苏轼、文同等画家进一步把诗歌与绘画结合起来，这一传统在元四家黄公望、吴镇、王蒙、倪瓒手里发扬光大，倪瓒甚至说"仆之所谓画者，不过逸笔草草，不求形似，聊以自娱耳"。明清以来的画家大多受到这一传统的影响，如唐寅、仇英、徐渭、石涛、八大山人与"扬州八怪"，表现个性、抒发自我成为中国画的突出特征。现代画家齐白石、徐悲鸿、张大千等人继承了传统精神，又加入现代意识，把中国画推到了一个新的高度。

西方绘画最早可追溯到西班牙阿尔塔米拉岩洞的壁画（见图4），古希腊艺术家追求真实的审美理想，强调写实方法。黑暗的中世纪到来后，绘画成为教会的工具，神灵的光辉淹没了人性的欲望，圣母也被画得目光呆滞，毫无生气（见图9）。然而，文艺复兴开创了西方绘画艺术高峰。文艺复兴初期的意大利画家乔托，被誉为欧洲绘画之父，米开朗琪罗的《创世纪》《最后的审判》、达·芬奇的《蒙娜·丽莎》（见图20）、《最后的晚餐》和拉斐尔《西斯廷圣母》（见图10）创造了油画的巅峰时代，他们从人文主义出发，赞美人性的尊严和英雄气概，而解剖学、光学知识给他们的作品带来科学的品质，米开朗琪罗、达·芬奇和拉斐尔被称作文艺复兴时期"画坛三杰"。此后，欧洲绘画名家辈出，如荷兰的伦勃朗、尼德兰的鲁本斯、法国的夏尔丹等。在启蒙运动和资产阶级大革命时期，法国画坛一枝独秀，新古典主义画家安格尔的《泉》（见图32）人物饱满圆润，席里柯的《梅杜萨之筏》（见图65）、德拉克洛瓦的《自由引导人民》（见图66）等作品把浪漫主义绘画推向高峰，激情的节奏、生动的造型和强烈的气氛传达了一种感人的力量。而现实主义画家米勒逐步靠近现实，如他的《拾穗者》（见图71）则着力表现农民的生活。19世纪晚期,莫奈的《日出·印象》开启了印象主义绘画,他们捕捉大自然的色彩和光线,画面充满灵感和气氛,而高更的《我们从哪里来,我们是谁,我们往哪里去》(见图53)和荷兰画家凡·高的《向日葵》(见图51)则被称作后印象主义,强烈的色彩和东方情调比印象派更有视觉冲击力。

西方绘画进入20世纪之后,现代主义思潮和流派风起云涌,前仆后继,野兽派、未来派、立体派、抽象主义、表现主义、超现实主义、构成主义、超前卫艺术、波普艺术等标新立异,争奇斗艳,也产生了一批优秀艺术家,如马蒂斯、毕加索(见图45)、康定斯基(见图68)等。

二、雕塑

雕塑也是造型艺术的一种重要艺术样式。它以可雕可塑的物质材料为艺术材料,通过雕刻、塑造的艺术手法,创造出具有真实体积的艺术形象。雕主要有石雕、玉雕、木雕等,塑主要有泥塑、面塑等,铸铜则是先塑后雕。根据雕塑的艺术手法和制作方式的不同,雕塑一般分为圆雕、浮雕和透雕。雕塑的样式主要有头像、胸像、半身像、全身像和群像等。从雕塑的功用来说,主要分为纪念性雕塑、建筑装饰雕塑、城市园林雕塑等。

雕塑是人类艺术史上最早产生的艺术样式之一,在原始社会,雕塑具有突出的实用功能,一件原始雕塑品,常常就是一件实用工艺品。红山文化的玉猪龙是中国玉雕的杰出创造(见图13)。商周时朝,以青铜器为代表的雕塑达到了空前高度,如大禾人面方鼎(见图46)和三星堆雕塑。四川广汉商周祭祖坑中出土的青铜人头像,已有三千多年的历史。秦始皇兵马俑气势磅礴,形象逼真,其服饰、兵器、装束等都与实物相似或相同。从魏晋南北朝到唐宋时期,宗教雕塑得到发展,石窟造像艺术空前繁荣,现存的龙门石窟、敦煌莫高窟、云冈石窟(见图72)、麦积山石窟是中国古代雕塑的杰出代表。到了元明清时期,大规模的石窟艺术逐步衰落,小型玩赏性雕塑趋于繁荣,如广东石湾的陶塑,福建德化的瓷塑,无锡、天津的泥塑,嘉定竹刻,潮州木雕等。

古埃及雕塑独具一格,准确的造型、风格化的语言和内在而神秘的精神是其突出特征,代表作品如狮身人面像(见图48)。后来,古希腊接受了古埃及雕塑的影响,在公元前5世纪至公元前4世纪创造了一个繁荣的雕塑时代,发现了人体的黄金分割律,米隆的《掷铁饼者》、菲狄亚斯的《命运三女神》、无名氏作品《拉奥孔》(见图60)和米洛斯岛的《维纳斯》(见图15)是其代表作。如果说古埃及的雕塑追求永恒的美,古希腊雕塑则追求真实的美。经历了漫长的中世纪之后，文艺复兴首先在意大利开始，人性觉醒引导雕塑走出神学阴影，流露出强烈的人文主义色彩，米开朗琪罗是最为杰出的雕塑家。他的《大卫》(见图 57)、《摩西》《晨》《暮》《昼》《夜》等作品都是艺术史的经典。18 世纪，浪漫主义以强烈的感觉和想象反叛理性的古典主义，法国雕塑家吕德为巴黎凯旋门创作的雕塑《马赛曲》激烈飞扬，充满动感。19 世纪，罗丹打开现代雕塑之门，他把飞扬的精神内化为沉定坚实的力量，创作出了具有思想力度的作品如《地狱之门》《巴尔扎克像》《加莱义民》《思想者》(见图 27)、《青铜时代》等。

20 世纪以来，西方雕塑艺术不断演变，多种流派形成多元发展的态势。其中影响比较大的如瑞士的贾克梅蒂和英国的亨利·摩尔，他们创造了一种新的空间观念。

三、舞蹈

舞蹈是以经过提炼、加工的人体动作为主要表现手段，表达人们的思想感情，反映社会生活的一种艺术样式，其基本要素为动作姿态、节奏、表情和构图等。舞蹈的品种主要有民族舞、民间舞、古典舞和现代舞；舞蹈的体裁有单人舞(独舞)、双人舞、三人舞、群舞和舞剧等。

舞蹈是人类历史上最古老的艺术之一，舞蹈和音乐、诗歌是同时诞生的，三位一体。《吕氏春秋》中记载说："昔葛天氏之乐，三人操牛尾，投足以歌八阕。"中国古代舞蹈也比较发达，如唐代舞蹈《霓裳羽衣曲》，敦煌壁画中描绘的舞蹈形象等，遗憾的是大多已经失传。

中国舞蹈千姿百态，可以分为民间舞、古典舞和现代舞三大类。

民间舞是指在民间广泛流传的传统舞蹈形式，它生动地反映出各地区、各民族的性格爱好、风俗习惯和审美趣味，具有强烈的民族风格和鲜明的地方色彩。我国的民间舞可以分为汉族民间舞和少数民族民间舞。汉族民间舞常常采用载歌载舞的形式，如秧歌、花灯、二人转、狮子舞、龙舞、高跷、跑旱船等。我国有 56 个民族，每个民族几乎都有自己的传统舞蹈形式，如藏族的弦子舞、瑶族的铜鼓舞、傣族的孔雀舞、苗族的芦笙舞、彝族的阿细跳月、蒙古族的安代舞、维吾尔族的赛乃姆、朝鲜族的扇子舞等。其中被誉为"傣家的金孔雀""舞蹈女神"的刀美兰，她的代表作有《金色的孔雀》《水》；云南白族的杨丽萍被称为"舞神"，主要作品有《云南映象》《孔雀公主》《雀之灵》等。

古典舞，是在民间舞蹈的基础上，经过舞蹈家提炼、加工、创造的具有严谨的程式、规范的动作、较高的技巧的舞蹈。我国的古典舞大多保存于戏曲艺术中，现存创作的古典舞也都借鉴戏曲舞蹈，讲究手、眼、身、法、步的完美结合，动作须有明确的目的性，每个姿态都要有雕塑般的美感，形象地表现出人物性格和情绪变化。像《丝路花雨》《敦煌彩塑》就是受莫高窟壁画、彩塑的启发而创作出来的具有浓郁民族风格的古典舞精品。

芭蕾舞是欧洲古典舞的重要代表。芭蕾诞生于 17 世纪的法国宫廷，迅速在欧洲各国传播开来。17 世纪后半叶芭蕾艺术走出宫廷，登上舞台，开始成为剧场艺术，19 世纪是芭蕾艺术的黄金时代。古典芭蕾舞有一整套严格的程式和规范，尤其是脚尖鞋的运用和脚尖舞的技巧，具有鲜明的艺术表现形式和美学特征。著名的大型古典芭蕾舞剧有《睡美人》（见图 14）、《爱斯梅拉达》《天鹅湖》《罗密欧与朱丽叶》等。

现代舞产生于 20 世纪初的现代主义思潮，反对古典芭蕾的表现形式和内容，用新的舞蹈手段表现自我，表现自然、社会与人之间的矛盾。在训练、创作和表演上，不存在任何普遍的规范，每个艺术家都可以按照自己的观点、思想、感情乃至性格自由发挥，建立自己的法则。"现代舞之母"、美国著名舞蹈家伊沙多拉·邓肯、美国的鲁斯·圣·丹尼斯和美国的泰德·肖恩被称作现代舞的三位先驱。现代舞摒弃了单纯的叙事性和抒情性的手法，从舞蹈艺术本身的规律性出发，去开掘人的内心世界，着重展现人物内心世界的矛盾、冲突。舞蹈家力图使内心世界的意志、感觉、想象、欲望、梦境、潜意识，甚至错觉，用新颖的舞蹈语汇加以外化，将芭蕾舞、古典舞、民间舞乃至艺术体操、杂技等熔为一炉，在舞台上创造出具有现代意识和现代气息的新的舞蹈形式。

四、音乐

音乐是一门时间艺术，它通过一定形式的音响组合来塑造音乐形象，表现人们的思想情感。音乐的主要元素是旋律、节奏、和声、复调、曲式、调式和调性等。其中，旋律是音乐的灵魂，是塑造音乐形象的主要表现方法。匈牙利音乐家李斯特说："音乐被人称为最崇高的艺术，那主要是音乐是不假任何外力，直接沁人心脾的最纯的感情的火焰；它是从口吸入的空气，它是生命的血管中流通着的血液。它可以感觉得到地渗入我们的内心，像箭一样、像朝露一样、像大气一样渗入我们的内心，它充实了我们的心灵。"[1]

---

① 汪流等编：《艺术特征论》，246 页，北京，文化艺术出版社，1986。

一般来说，音乐可以分为声乐和器乐两大类。声乐是指以人声歌唱为主的音乐，按演唱者可分为男声、女声和童声；按音域可分为高音、中音和低音。其演唱形式大致可分为独唱、齐唱、重唱、对唱、合唱与伴唱，唱法大体分为民族唱法、美声唱法和通俗唱法。器乐是指以乐器发声来演奏的音乐。根据乐器的类型和演奏方法，可分为弦乐、管乐、弹拨乐和打击乐四类。从演奏方式上，可分为独奏、重奏、齐奏、合奏和伴奏。从作品的体裁上，可分为序曲、组曲、夜曲、进行曲、谐谑曲、叙事曲、狂想曲、幻想曲、随想曲、舞曲以及交响曲。交响乐队主要用西洋乐器演奏，包括弦乐器、木管乐器、铜管乐器、打击乐器以及弹拨乐器和键盘乐器。音乐是一种表演艺术，它需要通过演奏、演唱才能为人感知而产生音乐形象。因此，音乐需要演奏者、演唱者的再创造，属于二度创作。

音乐是人类艺术史上最古老的艺术样式之一。远古音乐的声音虽然已经随风而去，但乐器却流传下来。乌克兰境内出土的用长毛象骨骼制成的乐器是人类目前发现的最早的乐器，河姆渡遗址出土的骨哨是中国发现的最早的乐器。湖北出土的战国时期曾侯乙墓中的编钟（见图16）是中国音乐史上的重大发现。

声乐是一种常见的音乐样式，可以分为民族唱法、美声唱法、通俗唱法三种。中国民族唱法大体上可以分为两大类型：一种是自然大本嗓的唱法，如河北、河南、山东、东北、安徽等地的民族唱法，新疆、西藏、内蒙古的民歌虽然语言有点特殊，但基本上也属于这一种；另一种是嘹亮的真假声结合的唱法，如青海、甘肃、湖南，包括内蒙古的长调等，这种唱法音域比较宽广，有的可达两个八度半音域。民族唱法是民间自生的歌唱艺术，在演唱方法上比较自然，唱法比较质朴，一般群众都能唱。民族唱法口口相传，属于纯民间音乐。美声唱法产生于 17 世纪的意大利，要求声音圆润丰满，发声自如，音色优美，讲究从低到高，整个声音匀调，音调准确，分句和结束有完整性，母音清纯，华彩和装饰唱法要运用熟练灵活。通俗唱法是一种与电声相结合的唱法，随着工业社会电子传播设备广泛应用后应运而生。通俗唱法的特点是，声音自然，音量不大，音域不宽，演唱者没有受过多少声乐训练也能演唱。通俗唱法要求吐字清晰，歌唱时手持话筒，稍带表演，给听众以一种亲切感，但大多数通俗唱法的歌手声音显得单薄，声音穿透力差，要想声音灌满全场，必须与"麦克风"相结合。因此，通俗唱法又有麦克风唱法之称。

器乐是与声乐相对而言的，指的是用乐器演奏的音乐。乐器一般可分为民族乐器与西洋乐器两大类。民族器乐指的是用中国乐器演奏的音乐。中国民族乐器有五六百种之多，用各种民族乐器演奏的器乐曲更浩如烟海，形成了独特的美学品格。中国民族管弦乐队是以汉民族乐器为主的乐队，一般由吹管乐器组、弓弦乐器组、弹拨乐器组和打击乐器组组成。吹管乐器主要由竹管制成，常见的有梆笛、曲笛、横箫、管、笙、唢呐等。弓弦乐器和弹拨乐器主要由丝做成。弓弦乐器中的高音乐器有高胡、二胡、板胡，中音乐器有中胡，低音乐器有大胡、低胡等。柳琴是高音乐器，琵琶是中高音乐器，中阮和三弦是中音乐器，大阮是低音乐器，其他如筝、扬琴等音域都比较宽广。这组乐器综合音域很宽阔，力度的伸展幅度也很大，演奏技巧较高，它是民乐队中最有表现力的一个乐器组。打击乐器由金属、动物皮、木料等制成，主要有板、鼓、钱锣等，它们主要是用来加强乐队音响的色彩，在节奏上予以强化。

中国第一部诗歌总集《诗经》就是当时的民歌，汉代的乐府则是专门掌管音乐的政府机构。唐代广泛吸收西凉、龟兹、疏勒、高昌等西域少数民族音乐和天竺、高丽等外国音乐的营养，创造了《广陵散》《春江花月夜》《霓裳羽衣曲》《破阵乐》《泛龙舟》等作品。唐诗中就有大量描写音乐的作品，如《琵琶行》《听颖师弹琴》《李凭箜篌引》《听安万善吹觱篥歌》等。宋代至明、清以来，中国宫廷音乐日益繁盛，而号子、田歌、山歌、信天游、花儿等民间小调也广泛流传，构成丰富多彩的音乐世界。

中国音乐强调天人合一，追求审美意境，像古琴曲《流水》、琴歌《阳关三叠》、管弦乐曲《春江花月夜》、古筝曲《渔舟唱晚》等作品表现了人与自然的契合，而很少有西方交响音乐中人与自然、与命运搏斗的主题。

20 世纪以来，欧风美雨吹洒华夏，中国音乐呈现出融合中西的风格，如李叔同的《送别》。此后，聂耳的《义勇军进行曲》、冼星海的《黄河大合唱》、张寒晖的《松花江上》等作品更是民族风格与西方音乐融合的典范。

古希腊音乐主要用于祭祀，和谐成为最高标准。中世纪音乐成为宗教的附庸，宗教音乐风格肃穆、朴素。文艺复兴时期，人文主义让音乐释放出人性的光辉，接着，庄严、精细、华丽的巴洛克风格音乐登场。近现代欧洲音乐史上古典乐派、浪漫乐派、民族乐派相继涌现。以海顿、莫扎特和贝多芬三人为主要代表的古典乐派，推崇理性和情感的统一，追求艺术形式的严谨和完美。浪漫乐派兴起于 19 世纪，强调激情，强调个性，舒伯特、舒曼、李斯特、肖邦、柏辽兹、瓦格纳、柴柯夫斯基等音乐家是代表人物。19 世纪中叶以后，民族乐派崛起，采用本国的民间音乐作为创作素材，将传统音乐成果与本民族音乐密切结合起来，如挪威格里格的《培尔·金特》、捷克德沃夏克的《新世界交响曲》、俄国穆索尔斯基的《荒山之夜》等。

20世纪以来，现代音乐迅速崛起，德彪西模糊、朦胧的印象主义音乐，勋伯格夸张的、病态的表现主义音乐——无调性十二音音乐、斯特拉文斯基理性、节制和明朗的新古典主义音乐、约翰·凯奇临时即兴发挥偶然音乐、施托克豪森的电子音乐等新型音乐一浪高过一浪，他们彻底放弃旋律的概念，节拍节奏极为复杂，即兴式的、无规律的节奏充满乐曲。与眼花缭乱的现代音乐相同，流行音乐也是20世纪音乐的突出特征，如发源于美国乡村音乐与黑人布鲁斯的摇滚乐，以狂野的风格、猛烈的情感和电声乐器影响了几代人，"猫王"艾尔维斯·普莱斯利、鲍勃·迪伦、披头士、迈克尔·杰克逊、崔健等摇滚歌星不仅影响了几代年轻人，也成为一种意味深长的文化现象。

五、建筑艺术

建筑艺术是指人们按照美的规律，通过建筑物体积布局、比例关系、空间安排、色彩搭配和结构形式等方式创造建筑形象。它以抽象方式概括一个民族、一个时代的主要特征。建筑艺术是一门特殊的造型艺术，它不像绘画和雕塑可以模仿客观世界，因为它是实用性极强的艺术样式，必须具备实用、坚固与美观的特征。建筑一般分为公共建筑、民用建筑、园林建筑、宗教建筑和纪念性建筑。公共建筑是公众活动的地方，如博物馆、图书馆、电影院等；民用建筑是民众生活的地方，如住宅、商店等；园林建筑是指公共或私人的景观场所，如颐和园、拙政园；宗教建筑是指用于宗教活动的建筑，如庙宇、教堂；纪念性建筑是为了某种有纪念意义的事件或人物而修建的，如十三陵、人民英雄纪念碑等。

建筑属于广义的造型艺术，它既是物质产品，也是精神产品，是技术和艺术、物质和文化的统一体。可以说，一切建筑都兼有实用的、技术的性质以及不同程度的审美表现特质。坚固、实用和美观，这个由古罗马建筑师维持鲁威提出的建筑美学观念，比较准确地概括了建筑艺术的基本规律。

建筑凝聚了民族、时代和社会的精神特征。中国古代建筑在秦汉形成了第一个高峰，在构造上，穿斗架、叠梁式构架、高台建筑、重楼建筑和干栏式建筑等相继确立了自身体系，这一木构建筑主体构造形式成为中国建筑的主要特征。如传说中的阿房宫、长乐宫、未央宫等。魏晋南北朝佛教盛行,寺庙建筑把中国建筑特色与佛教文化结合起来,最典型的建筑是佛塔与佛寺,如中国第一座佛寺洛阳白马寺。唐代修建的长安城是中国古代城市建筑的典范,规模宏大,气势雄伟,南北轴线把城市分开,道路纵横,108里坊分列左右,宫城和皇城占据城市主要位置。高大雄壮的宫殿、平整分散的民居与矗立其间的玄奘塔、香积寺塔、大雁塔交相辉映,权力、世俗与精神融为一体。明、清时代的北京城较之长安城更为宏大,紫禁城雄浑宏伟,分布整齐,突出帝王之尊(见图63),颐和园、圆明园华丽气派,四合院内外掩映,胡同纵横交错,北京城的宫殿、民居、园林和寺庙构成了和谐的整体。

中国古代建筑以木结构为主,飞檐斗拱,内外映衬,虚实相生,形成一个独特的建筑体系,对日本、朝鲜和越南等亚洲国家的古代建筑产生了巨大影响。

欧洲建筑风格经历了古希腊、古罗马、拜占庭、哥特式、巴洛克式、洛可可式及现代建筑和后现代建筑等风格的演变。神庙是古希腊建筑的代表,巴台农神庙(见图47)采用陶立安式柱头,布局对称。古罗马创造了拱形结构,穹隆顶结构影响了欧洲建筑风格。罗马广场的形制如恺撒广场对后世广场建筑产生了影响。哥特式建筑出现于12世纪至16世纪,主要为教堂。哥特式采用尖拱式框架结构,造型挺秀的小尖塔,配以彩色玻璃的花窗,象征了基督教向往天国的精神,巴黎圣母院是哥特式建筑的典型代表(见图56)。文艺复兴建筑放弃了哥特式建筑风格,重新采用古希腊的柱式结构,风格更加灵活。17世纪巴洛克风格逐渐流行,追求运动和变幻,豪华富丽,风格浮夸。18世纪前半叶欧洲盛行一种追求雅致精细、妩媚柔靡的"洛可可"建筑风格,纤细、轻巧、华丽、琐碎,如奥顿布伦修道院内景(见图58)。

19世纪以后,现代材料和结构技术改变了建筑风格,1889年埃菲尔铁塔(见图52)打破了巴黎古典建筑风格,成为巴黎现代建筑的代表。同样,2008年北京奥运会体育场鸟巢(见图69)也是采用新型材料建成的,在北京中轴线的北端与紫禁城遥遥相望,成为传统与现代的对话。随着全球一体化进程的加剧,建筑风格的国际化越来越明显。

园林艺术利用多种技术手段和艺术手法,将山水、花木、建筑等要素组合成为统一的景观。园林艺术体现了自然因素和人文因素的有机融合。园林艺术在广义上是建筑艺术的一种类型。从世界范围看,园林艺术的类型主要有三种，即欧洲园林、阿拉伯园林和东方园林。东方园林以中国园林为代表。

欧洲园林崇尚用人工安排自然，结构布局均衡匀称、井然有序。如法国的凡尔赛花园，笔直的大道、精确对称的几何图案，平坦开阔、庄严壮丽。阿拉伯园林源于古代巴比伦和波斯，以十字形道路交叉处的水池为中心建构总体格局，花圃为下沉式，低于地面，以利于保持水分，建筑物设计在园地的一端。印度的泰姬·玛哈尔陵是阿拉伯园林的典型代表。

中国园林是东方园林的代表，分为南方园林和北方园林两大派系。皇家园林是北方园林代表，如颐和园、圆明园，借自然山水之势，假巧夺天工之妙，崇台峻楼，气魄雄伟，琉璃彩画，富丽堂皇；江南小型私家园林是南方园林代表，叠石堆山，回廊穿织，一丘一壑藏自然之势，如苏州的拙政园（见图64）。

六、文学

文学是语言艺术，它的基本特点就是用语言塑造艺术形象，表达人们的思想感情，反映社会生活。与绘画、雕塑、建筑、舞蹈、戏剧、影视的直观性和音乐的直接感受相比，文学是以抽象的语言来塑造形象的，需要读者通过想象重塑艺术形象。因此，它具有独特的审美特征：即间接性。因为语言的抽象性，使它在表达上又具有无所不包的广阔性。造型艺术里难以表现的心理活动和音响艺术里难以表现的具体场景在文学里都可以被描绘得淋漓尽致。

文学是人类最早的艺术类型之一，也是人类重要的艺术样式之一。自古至今，世界上产生了大量著名的作家和作品。根据作品的体裁，文学可分为诗歌、散文、小说、戏剧等样式。诗歌和音乐、舞蹈是三位一体的古老艺术，诗歌是一种集中反映生活、表达情感的文学体裁，节奏、音韵与修辞是诗歌的常用手法，常常伴随着强烈的感情和丰富的想象。散文是一种与骈文、韵文相对的、自由的文学体裁，既可抒情，亦可叙事，大体上分为抒情散文、叙事散文与论说散文三种，其具体形态为小品、随笔、游记、杂文、传记、报告文学等。小说是一种以塑造人物形象、叙述故事为主的文学体裁，人物、情节和环境是传统小说不可缺少的三要素。根据篇幅的长短，小说可分为长篇小说、中篇小说和短篇小说。戏剧文学是一种特殊的文学体裁，我们将在戏剧中讲述。

诗歌是最为古老的文学样式。按照作品的表现方式，诗歌可分为抒情诗和叙事诗；按照结构特征，诗歌可分为格律诗和自由诗。抒情诗重在抒发诗人的主观感情，而叙事诗重在记述事件或人物。格律诗要求诗歌具有字数、行数和音韵的限制，而自由诗则重在节奏，没有字、行格式要求。中国第一部诗歌总集《诗经》既有自由诗，也有格律诗；既有抒情诗，也有叙事诗。第一位杰出诗人屈原创作的《离骚》则是抒情诗。诞生于公元前 8 世纪左右的古希腊荷马史诗——《伊利亚特》和《奥德赛》是叙事诗，它们对世界诗歌乃至文学的发展产生了重要的影响。

《木兰辞》《孔雀东南飞》是中国诗歌叙事诗的代表，而格律诗则是中国诗歌的主流，典型形式有五绝、七绝、五律、七律等，讲究对仗、平仄、韵律。唐诗宋词代表了中国古代诗歌的高峰，孕育了诗人王维、李白、杜甫、白居易和词人苏轼、李清照、辛弃疾等。新文化运动以后，从西方移植过来的新诗成为诗歌主流，郭沫若、徐志摩、闻一多、艾青、戴望舒、穆旦、余光中、北岛、海子等成为现代诗歌的代表诗人。

西方诗歌传统久远，叙事诗比较发达，如古希腊的《荷马史诗》和但丁的《神曲》，格律诗主要是十四行诗，如莎士比亚的《十四行诗》。近代以来，浪漫派诗人雪莱、拜伦、雨果、歌德和普希金都有大量作品传世。19 世纪中叶，象征派诗歌取代浪漫派成为主流，代表人物为法国诗人波德莱尔、魏尔伦、兰波和马拉美。20 世纪以来，现代派诗歌崛起，如美国诗人庞德、艾略特，英国诗人叶芝，法国诗人瓦雷里，德国诗人里尔克等，意象主义、未来主义、达达主义、超现实主义等流派与思潮风起云涌。

散文是一种题材广泛、结构灵活，不受拘束地抒写真情实感的文学体裁。散文可以叙事，但不必有完整的情节；可以描写人物，但不必刻意塑造典型；可以抒情，但不必受格律的束缚；可以有功利目的，但必须具有艺术的审美价值。因此，散文的基本特征主要是：题材广泛多样；结构自由灵活；语言自然优美、简洁流畅；抒写真情实感。散文形式多样，种类繁多。一般分为叙事性散文、抒情散文和议论性散文。

中国古代散文非常发达，先秦散文长于说理，如《庄子》《荀子》《孟子》《战国策》等，汉代大赋长于描述，如司马相如的《上林赋》，而司马迁的《史记》则是古代散文的杰作，被鲁迅誉为"史家之绝唱，无韵之离骚"。"唐宋八大家"韩愈、柳宗元、欧阳修、苏洵、苏轼、苏辙、王安石、曾巩的散文可称作中国古文的高峰。新文化运动以后，白话文成为主潮，鲁迅、朱自清、周作人、林语堂、梁实秋等人是代表作家。

小说通过描写完整的故事情节和具体环境，塑造多种多样典型的人物形象，广泛地、多方面地反映社会生活。因此，人物、情节、环境被称为小说的三要素。根据篇幅的长短、容量的大小，小说分为长篇小说、中篇小说和短篇小说三类。

长篇小说是一种最广泛的巨型叙事形式的文学作品。它的篇幅长、容量大，能反映广阔、复杂、丰富多彩的社会生活和相当长历史时期的风云变幻。如中国古典四大名著曹雪芹的《红楼梦》、罗贯中的《三国演义》、吴承恩的《西游记》和施耐庵的《水浒传》，俄国作家列夫·托尔斯泰的《安娜·卡列尼娜》《战争与和平》和《复活》等。中篇小说的篇幅介于长篇小说和短篇小说之间，具有中等规模的叙事作品体裁。如鲁迅的《阿Q正传》、巴金的《寒夜》等。短篇小说是一种短小精悍的叙事作品体裁。往往表现最富有意义的一个片段或一个侧面，借一斑而窥全豹。俄国的契诃夫、法国的莫泊桑与美国的欧亨利被称作短篇小说的三位大师。

20世纪小说发生了剧烈变化，现代主义小说《尤利西斯》《追忆流水华年》改变了传统小说的叙事方法，奥地利作家卡夫卡的作品《变形记》《城堡》被誉为最深刻洞察人类心理的小说。在西方思潮的影响下，中国现代小说的叙述方式与美学特征也在发生变化，莫言、余华、陈忠实等人的作品比较具有代表性。

七、戏剧

戏剧是一种舞台艺术，演员以对话和动作为主要表现手段，通过具有戏剧性冲突的情节，为观众在舞台上现场表演一个故事。戏剧艺术属于二度创作的艺术样式，既包括作为演出基础的戏剧文学，又有演员塑造舞台形象的表演艺术，需要剧作家、导演和演员的共同创造与密切配合。戏剧性与舞台性是戏剧艺术的主要特性。戏剧性是指戏剧艺术依靠角色之间的冲突来展开戏剧情节、塑造人物形象，从而实现戏剧艺术的审美特性。舞台性是指戏剧艺术具有现场演出的特性，每一次演出都是一次创造，通过现场演出、与观众的交流实现其艺术效果。戏剧艺术分为广义与狭义两种，广义戏剧艺术包括话剧、戏曲、歌剧、舞剧等；狭义戏剧艺术则主要是指话剧。根据作品的类型，戏剧艺术可分为悲剧、喜剧与正剧；根据作品的题材，戏剧艺术可分为历史剧、现代剧、儿童剧；根据作品的容量，戏剧艺术可分为独幕剧和多幕剧。

话剧是以对话和动作为主要表现手段的戏剧。古希腊三大悲剧家埃斯库罗斯的《被缚的普罗米修斯》、索福克勒斯的《俄狄浦斯王》、欧里庇德斯的《美狄亚》是最早的悲剧经典，阿里斯托芬则以《阿卡奈人》等作品开辟了喜剧传统。文艺复兴时期，莎士比亚创作了四大悲剧《哈姆雷特》《奥赛罗》《李尔王》《麦克白》和四大喜剧《威尼斯商人》《第十二夜》《无事生非》《皆大欢喜》，把话剧推向高峰。17世纪，法国喜剧作家莫里哀继承喜剧传统，创作了讽刺僧侣的《伪君子》。18世纪，欧洲喜剧进入繁荣期，意大利哥尔多尼的《一仆二主》《女店主》，法国博马舍的《塞维勒的理发师》《费加罗的婚礼》都是传世的不朽之作。

中国古代戏剧到元代臻于成熟，关汉卿的《窦娥冤》、王实甫的《西厢记》、马致远的《汉宫秋》、纪君祥的《赵氏孤儿》是其代表作。明、清时期，又出现了汤显祖的《牡丹亭》、洪昇的《长生殿》、孔尚任的《桃花扇》等优秀作品。现代话剧传入中国以后，曹禺创作了《雷雨》《日出》，老舍创作了《茶馆》等经典之作。

20世纪戏剧艺术进入多元化时期，出现了布莱希特戏剧和荒诞派戏剧。布莱希特戏剧代表作有《伽利略传》《四川好人》等，荒诞派戏剧的代表作主要有贝克特的《等待戈多》、尤内斯库的《秃头歌女》等。

八、影视艺术

影视艺术是最年轻的艺术样式，是现代科技与艺术结合的产物。影视艺术以光波和声波为媒介，通过画面和音响来塑造艺术形象。至今为止，影视艺术是所有艺术种类中我们确知诞生日期的唯一艺术样式。1895年12月28日，法国人卢米埃尔兄弟在巴黎放映了他们拍摄的《火车进站》，这是无声电影的开始。1927年，第一部有声影片《爵士歌王》在美国上映，电影告别了无声阶段进入有声时代。1935年，第一部彩色影片《浮华世界》在美国诞生。1936年英国广播公司在伦敦正式播放电视节目，标志着电视艺术的诞生。

影视艺术是一种集体创作的艺术样式，需要编剧、导演、演员和摄影、美工、服装、道具等各个部门的相互配合。与戏剧艺术一样，它也是二度创作的艺术，导演和演员在剧本的基础上再度创造，塑造银幕和荧屏上的艺术形象。与戏剧艺术不一样的地方是，影视艺术的表演是一次性的，反复放映，演员表演时并不面对观众。

电影语言的主要元素是画面与声音。电影画面往往通过构图、光和色彩等手段表现艺术形象，主要元素包括景别、运动、视点等。画面景别分为远景、全景、中景、近景、特写，拍摄视角分为平视、仰视、俯视，画面的运动方式分为推、拉、摇、移、跟等。电影声音分为人声、音响和音乐。人声是塑造人物形象的重要方法，又分为对白、独白和旁白。电影音响的作用是还原现实的声音状态，音响具有表现功能，包括自然音响、机械音响、枪炮音响、环境音响、特殊音响等。电影音乐具有抒发情感、参与叙事、参与人物塑造、展现环境和烘托气氛以及创造节奏的作用。如吴贻弓导演的《城南旧事》中，《送别》抒发了"淡淡的哀愁，浓浓的相思"的情感，这正是影片的基调。电影中声音与画面的关系主要有声画同一、声画分立与声画对位。

电影美学主要有蒙太奇和长镜头两种流派。苏联导演库里肖夫、爱森斯坦和普多夫金等人探讨蒙太奇理论，认为电影通过剪辑把不同时空的镜头组接起来会产生新的含义，创造节奏，创造空间。爱森斯坦的影片《战舰波将金号》被认为是蒙太奇的经典之作，其中奥德萨阶梯沙皇士兵屠杀群众的段落具有强烈的震撼力。与蒙太奇相反，长镜头在一定长度的镜头里展示连续的事件，追求时空的真实性。意大利新现实主义电影如德·西卡拍摄的《偷自行车的人》等在街头实地拍摄，有意识运用长镜头表现人物和事件，突出真实的力量。

1. 电影分类

电影的主要样式有故事片、纪录片、科教片、美术片等，其中作为电影艺术主要样式的故事片又包含多种类型。

①故事片

故事片以虚构的方式塑造人物，叙述故事。如美国故事片《公民凯恩》《巴顿将军》，中国故事片《红高粱》《霸王别姬》等。依据题材的不同，故事片可分为历史片、传记片、社会片、政治片、战争片、体育片等；依据表现类型，故事片可以分为喜剧片、西部片、武侠片、惊险片、侦探片、间谍片、灾难片、恐怖片、言情片等。

②纪录片

纪录片是一种非虚构、非剧情的电影类型，其突出的价值表现在文献价值与美学价值的融合。如罗伯特·弗拉哈迪的《北方纳努克》记录了20世纪初纽因特人纳努克一家人的生活，既是动人的人生故事表现，又有人类学价值。

③科教片

科教片是运用电影手段来传播科学技术知识的片种，其突出价值表现于实用功能。如通过电影进行教学和训练。有些科教片不仅具有科学价值，也具有审美价值,产生了一定的社会影响,如《宇宙与人》不仅传播了关于宇宙起源和人类进化的正确知识,也是一场视听盛宴。

④美术片

美术片是主要运用绘画或其他造型艺术的形象(人、动物或其他物体)进行制作的电影类型,包括动画片、木偶片、剪纸片、折纸片等。动画片英语称为"卡通"(cartoon),含义是活动的漫画,是美术片最基本的样式,常常采用虚构、幻想、变形、夸张、象征和比喻的方法,讲述童话、神话或科幻故事。如美国动画片《功夫熊猫》采用中国传统题材,塑造了一个练习功夫的熊猫形象。

2. 电视艺术

电视是一种大众传播媒介,既有传播信息的功能,也有传播艺术的功能。20世纪前半期被称为"电影时代",到了20世纪70年代以后,人类社会则步入了"电视时代"。1958年5月1日,中国第一座电视台——北京电视台成立,1978年开始播出彩色电视节目,1978年北京电视台更名为中央电视台。如今,电视已经成为一种家庭化的娱乐方式。

所谓电视艺术,是指电视传播的具有审美价值的产品,主要包括电视剧、电视文艺专题节目、电视综艺节目、音乐电视等。

①电视剧

电视剧是一种以虚构的方式讲述故事的节目类型,包括电视小品、电视短剧、电视单本剧、电视连续剧、电视系列剧等。电视连续剧是将一个完整的故事分截为许多集陆续播出的电视节目样式,如电视连续剧《西游记》《红楼梦》《闯关东》等。电视系列剧也是把一部作品分集播映,区别在于系列剧各集之间的剧情并不连贯,内容具有一定的独立性,如美国的《欲望城市》《人人都爱雷蒙德》等。

②电视文艺

电视文艺是指运用电子技术手段,对舞台上、演播室或户外演出的各种文艺节目以及各类文艺活动进行电视化创作的电视节目类型,主要包括电视文艺晚会、文艺专题、电视歌曲大赛等。如中央电视台的《正大综艺》《综艺大观》和湖南卫视的《快乐大本营》等。

③音乐电视

音乐电视是指以视觉方式演绎音乐作品的电视节目类型,画面剪辑跳跃,节奏强烈,是一种时尚文化。音乐电视往往是流行音乐用以推广歌手、包装形象的手段之一。音乐电视源自美国,进入中国后发展迅速,成为一种富有影响的电视节目，如中央电视台的《中国音乐电视》栏目。

[基本概念]

艺术样式　时间艺术　空间艺术　时空艺术　视觉艺术　听觉艺术
视听艺术

[思考题]

1. 艺术有哪几种主要类型？

2. 艺术分类的标准是什么？

3. 艺术样式是怎样生成的？艺术样式之间是一种什么样的关系？

4. 请简述绘画、雕塑、音乐、舞蹈、建筑、戏剧、文学、影视的基本
特征。

第三章
艺术作品

艺术作品是艺术家通过艺术媒介完成的、经过艺术体验和艺术构思创造出来的艺术产品。它是艺术生产的一个中心环节，在艺术的四个要素中，既是艺术生产的完成，是艺术家创造的精神产品，又是艺术消费的开始，是艺术鉴赏的对象。艺术作品是连接艺术家和观众的桥梁。

第一节　艺术作品的构成

艺术是人类诗意的庄园，灵魂的故乡，美的聚居地。艺术记录了人类心灵的美学历程，凝聚为一座精神的丰碑。艺术的魅力穿越时空，翱翔于爱美的心灵。唐太宗酷爱《兰亭序》，死后都要相伴；列宁激赏《热情奏鸣曲》，深情地对高尔基说："我不知道还有比《热情奏鸣曲》更好的东西，我愿意每天都听一听。这是绝妙的、人间所没有的音乐。我总带着也许是幼稚的夸耀想：人们能够创造怎样的奇迹啊！"[1]既然艺术的魅力如此巨大，那么，艺术是怎样构成的？

艺术的魅力来自艺术作品的整体。正如黑格尔所说的："内容和完全适合内容的形式达到独立完整的统一，因而形成一种自由的整体，这就是艺术的中心。"[2]但是，我们研究艺术作品时既要从宏观视角作整体把握，又要从微观视角作具体分析。因此，在整体把握艺术作品的基础之上，还应研究其构成元素。一般来说，艺术作品可分为内容和形式两部分，这是构成艺术作品的主要元素。

一、艺术作品的内容

艺术作品的内容是指艺术作品的题材、主题、细节、情节、情感等要素的总和。它是审美主客体的统一，是社会、自然生活与艺术家审美情感的融汇。以苏联导演杜甫仁科的电影《土地》为例，它反映了苏联社会主义集体农庄创建的艰难过程，以共青团员瓦西里为代表的农民同以霍马为代表的富农进行了坚定的斗争。政治斗争、人和自然的相遇、乌克兰草原构成了作品的题材、主题和细节。同时，艺术家对事件的态度、对草原自然生活的情感与思考也是影片的重要内容。影片里辉煌的向日葵、乌云低垂的草原、累累的苹果都已不是纯粹的自然景物，而是寄寓了艺术家的情感

---

① ［苏联］高尔基：《列宁》，53 页，北京，人民文学出版社，1957。
② ［德］黑格尔：《美学》，第 2 卷，157 页，北京，商务印书馆，1979。

和思考，成为一种隐喻。这些都是艺术作品的内容。

题材是呈现在艺术作品里的社会自然生活。它来自客观世界，又融入了艺术家的主体精神，是艺术主题的载体。大千世界，芸芸众生，都是艺术创作的素材——生活的原生态。丰富的生活素材是艺术创作的肥沃土壤，经过艺术家的提炼加工就成为艺术作品的题材。题材对艺术作品有着重要意义，人们常常根据艺术作品的题材来区分艺术作品的种类，如山水诗、风景画、历史剧、言情片等。有时，选择什么样的题材，在一定程度上体现了艺术家的主观情感与思想倾向。如米勒的作品大多反映农民的生活，《拾穗》《播种者》等作品呈现了艺术家对农民的敬意，而同时期的其他画家却大部分专注于王公贵族，这本身就说明了米勒的情感态度。同样，中国现代艺术的发展也证明了这一点，以京剧为例，过去活跃在舞台上的都是才子佳人、帝王将相，《在延安文艺座谈会上的讲话》发表之后，舞台上出现了工农兵形象。《沙家浜》《红灯记》《智取威虎山》(见图17)等革命现代京剧创造了中国京剧的新气象。题材选择上就透示了明确的政治态度和阶级情感。当然，题材并不能决定主题，这关键取决于艺术家的态度。一个最为典型的例子便是有关宋代农民起义的两本针锋相对的小说《水浒传》与《荡寇志》。前者以为宋江起义是官逼民反，替天行道；后者认为起义就是造反，造反就是暴徒，暴徒就应该砍头。因此，选择什么样的题材固然重要，更重要的却是艺术家的态度和思考。

主题也叫主旨、中心思想，它是艺术作品中蕴藏的主要思想内涵，是艺术作品的灵魂。这里所谓的思想内涵并不是现成的思想，而是艺术家对社会自然生活的独立思考。任何艺术作品都有主题。但是，主题不一定就是一种明确的思想，它来自艺术家对题材的深刻体验与独到思考，隐迹于艺术作品的形象之中。艺术主题不是对现成思想作出形象阐释，而是自己的独立思考，因为一种新的艺术主题的出现使世界变得更为丰富多彩。这种丰富不是纯粹量的增加，而是新的质的拓展。我们过去习惯于把艺术作品的主题简单化、政治化，好像喊几句革命口号就是主题进步，不喊口号就是思想性不强，这是对艺术的巨大误解。世界日新月异，生活丰富多彩，集中体现人类美学经验的艺术作品怎么可能如此单调、如此简陋呢？

艺术作品中的主题可能是一种思想，也可能是一种意趣、一种情感经验、一种美学发现以及各种各样的人生感悟、玄思妙想、佛理禅趣，等等。艺术作品的主题同生活本身一样丰富多彩。凡·高《向日葵》的生命激情，高更《我们从哪里来，我们是谁，我们往哪里去》的哲学思考，八大山人《柳禽图》的冷眼傲世，齐白石《蝉》的悠然自得，丰子恺《一间茅屋负青山，老松半间我半间》的天人合一，这些都是艺术作品的主题，都熔铸了艺术家个人的独立思考、美学经验与人生感悟。如丰子恺的漫画大多蕴涵着佛理禅趣，因为他曾经师从李叔同（即弘一大师），虽未出家，却一生向佛，为大师画了数百幅护生画。由此看来，艺术主题和艺术家的人生经验、美学趣味、生活际遇以及性格特征等因素有着密切的联系。不同艺术家会形成不同的艺术主题，从而构成绚丽的艺术世界。

艺术主题不一定，并且往往不是可以用一句话概括的，因为它具有模糊性与形而上的美学品质。有些艺术情境必须靠感悟，有些艺术主题需要用心灵乃至一生的经验去接近，去体味。如音乐作品不是对世界简单的模仿，也无法粗鲁地给具体音符配上对应的思想。因此，音乐作品的主题是模糊的，给艺术鉴赏留下了广阔的想象空间。再如一些宗教气息浓厚或富于哲学玄思的艺术作品，没有同样心境或修养的人无法进入鉴赏状态，自然也无法理解作品的主题。

艺术主题的丰富性与深厚度是伟大作品的条件。丰富性是指艺术作品的主题不仅仅是平面表述，而是立体阐释，是对生活多方位思考的广度。伟大作品往往不是一个简单的主题所可概括的，它同时蕴涵着几重主题，构成复式结构或立体交响。深厚度是指艺术主题在对社会、自然和人生的思考上所达到的高度。艺术主题的丰富性与深厚度往往是融汇在一起的。《红楼梦》的主题是什么？自从它的诞生直到今天，人们仍旧在争论，揭示了封建家族的没落，歌颂了宝玉和黛玉的爱情，哀叹王朝的衰败，参破世间的滚滚红尘，等等。这无从定论，也无须定论，因为这恰恰是《红楼梦》伟大之所在。

细节是艺术作品中具体的人物动作、生活场景与情境的精确描绘，它是完成艺术表达的重要手段。艺术作品往往都是通过富有包孕性的细节揭示艺术的内蕴。对于我们曾经激赏的艺术品，回忆起来的大多是细节——正是这些细节构成了艺术作品的魅力。绘画和雕塑的细节固然不用渲染，罗丹的《思想者》低头沉思，徐悲鸿的《奔马》奋蹄飞奔。电影里感人的也同样是细节。如《巴顿将军》星条旗下的演讲、手枪打飞机、鞭打士兵等，《城南旧事》英子美丽而忧郁的眼睛、英子和小朋友在西厢房荡秋千，等等。这些都是影片里最富有魅力的地方。诗歌、戏剧、音乐都是如此。艺术是由细节构成的，没有细节就没有艺术。

情节一般出现在传统叙事作品里，如小说、戏剧、连环画、叙事诗、影视等艺术样式常常以情节构成作品的主体,推动故事发展。

内容是艺术的精魂与内核,没有内容的艺术是不可设想的。但是,仅有内容还不成其为艺术,因为艺术是内容和形式的统一体。没有形式的艺术同样也不存在。

二、艺术作品的形式

形式是指艺术作品内容的存在形态,具体来说就是艺术作品的结构、语言、艺术技巧与作品体裁。这里又可以分为内结构与外结构。内结构是指作品的内在组织形态,就是作品的结构;外结构是指艺术作品的外在形态,如艺术语言、艺术技巧和作品体裁。

结构是艺术作品的内在组织与构架。它的主要功能就是把艺术的各个部分和谐地统一在一起,造成浑然一体的艺术效果。结构直接关系到艺术作品是否成功。俄裔美籍作家纳波科夫谈到他写作的习惯时说:"小说的架构先于小说,然后就在填字谜图表上任选一个空白填充。"①中国画非常讲究"置陈布势"(顾恺之语),谢赫"六法"的第五法即是"经营位置"。五代著名山水画家荆浩在《山水节要》中说:"山立宾主,水注往来。布山形,取峦向,分石脉,置路弯,模树柯,安坡脚。山知曲折,峦要崔巍,石分三面,路要两歧。溪涧隐显,曲岸高低;山头不得重犯,树头切莫两齐。在乎落笔之际,务要不失形势,方可进阶。"不仅画面上的内容如此讲究,中国画的空白、题诗、印章等画面的所有内容都积累了丰富的经验。同样,中国的戏曲也极为重视结构。清代戏剧家李渔在《闲情偶记》里写道:"至于'结构'二字,则在引商刻羽之先,拈韵抽毫之始,如造物之赋形,当其精血初凝,胞胎未就,先制定全形,使点血而具五官百骸之势。"由此可见,结构在艺术形式中占有重要的地位。以北京天宁寺塔为例,由月台、须弥座、平座、栏杆、三层莲瓣座、塔身、十三层檐子和攒尖瓦顶构筑的天宁寺塔形成了一种音乐的节奏,这种音乐节奏正是塔的结构。(见右图)

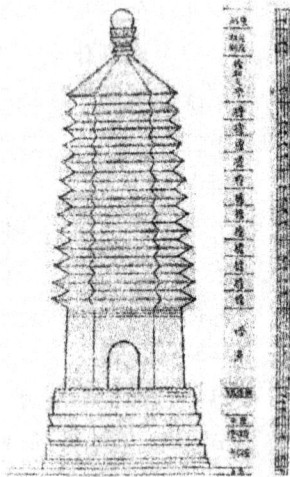

北京天宁寺塔的节奏分析

---

① [美]赫·戈尔德:《纳波科夫访问记》,载《世界文学》,1987(5)。

艺术技巧是艺术作品不可缺少的因素。任何艺术样式都有自己的专门技巧，如电影的推拉摇移跟、场面调度和蒙太奇、长镜头，诗歌的体制、音韵与意象，音乐的演奏、演唱技巧，雕塑的工艺技巧，绘画的运笔、调色、研磨等技巧，话剧的表演、对白等技巧，所有艺术样式都必须有熟练的艺术技巧才可能创作出成功的作品。中国戏曲特别讲究"四功五法"。著名艺术家程砚秋曾说："四功就是'唱''做''念''打'。五法就是'口法''手法''眼法''身法''步法'。……说起来'四功五法'很简单，可是一个演员要能真正地掌握住它，那是极不容易的，因为它包括演员的全部基本功夫在内，是无尽无休的。……'四功五法'相互配合得好，就能完成塑造人物、刻画性格、表达复杂剧情和复杂人物关系这一完整的戏曲艺术的任务。"[1]中国京剧表演艺术家大多是"童子功"，童年学艺，常年锻炼，即使盛名天下也不敢懈怠。其实，所有艺术家都一样，因为艺术技巧是一切艺术样式的基本功，是艺术形式不可缺少的一部分。

艺术体裁是艺术作品的具体呈现形式。如文学里又有诗歌、小说、散文等。作为艺术形式的一个要素，体裁对内容、结构、艺术技巧等都有一定的制约。选择适合的体裁也是艺术作品成功的一个原因。

艺术语言留在下面艺术作品的层次里讲，这里不再赘述。

20世纪以来的形式美学认为，形式是艺术的本质。克莱夫·贝尔提出艺术是"有意味的形式"，苏珊·朗格称艺术是人类"情感的表现性形式"。马尔库塞则认为艺术的内容和形式不是二元对立的，而是一种历时性关系。内容没有成为艺术品时，仅仅是生活本身；一旦它变成了艺术品，内容就化为形式。他说："我们不妨把'美学形式'解作一个既定内容（现有的或历史的、个人的和社会的事实）转化为一个独立自足的整体（如一首诗、一篇剧作、一部小说等）的结果。"[2]艺术形式是独立自足的存在。

艺术作品的内容和形式宛如火的光和热，剑的刃和背，人的肉体和灵魂，是一个物体的两个方面，缺一不可。没有内容的形式和没有形式的内容都是不存在的。宗白华说："心灵必须表现于形式之中，而形式必须是心灵的节奏，就同大宇宙的秩序定律与生命之流动演进不相违背，而同为一

---

① 程砚秋：《戏曲表演艺术的基础——"四功五法"》，引自《艺术特征论》，514～515页，北京，文化艺术出版社，1984。

② ［德］马尔库塞：《爱欲与文明》，258页，上海，上海译文出版社，1987。

体一样。"①因此，艺术作品并没有内容和形式的区分，我们这里所谓艺术的内容和形式仅仅是一种不可为而为之的分析。成功的艺术作品正是内容与形式的和谐统一。孔子所说的"文质彬彬"不仅是君子的品质，也正是艺术作品的最高境界。

第二节 艺术作品的层次

设想我们面对一幅画，首先感知的是什么？是画面上的色彩和线条。对于音乐，首先感知的是音响；对于电影，首先感知的是音响和画面的运动；对于建筑，首先感知的是造型和色彩。总之，对于艺术作品，我们首先感知的是它的艺术语言。此后才开始进入艺术作品的形象和意蕴。

从艺术分析的角度，艺术作品可分为内容和形式；从艺术感知的角度，艺术作品又可分为艺术语言、艺术形象和艺术意蕴三个层次。这正符合了中国古代哲学家王弼在《周易注疏》里谈到的言、象、意的关系：

> 夫象者，出意者也。言者，明象者也。尽意莫若象，尽象莫若言。言生于象，故可寻言以观象；象生于意，故可寻象以观意。意以象尽，象以言著。言者，所以明象，得象而忘言；象者，所以存意，得意而忘象。

王弼阐述的"言象意"的关系，也正是艺术作品的艺术语言、艺术形象和艺术意蕴三者之间的关系。艺术形象是艺术作品的核心，它是艺术语言的目的，又是艺术意蕴的载体。观众接受艺术作品，从艺术语言开始。

一、艺术语言

艺术语言是指用以完成艺术表达的独特媒介。所有艺术作品都是通过艺术语言来完成的，没有艺术语言就没有艺术作品。

每一门艺术都有自己特殊的艺术语言，由此形成了艺术语言的差异性与丰富性。艺术样式种类繁多，各门艺术形式所依靠的艺术语言也各不相同。绘画语言是色彩与线条，音乐语言是旋律、和声、节奏，舞蹈语言是

---

① 宗白华：《美学与意境》，109 页，北京，人民出版社，1987。

身体造型、动作、表情和节奏，电影语言是画面、声音和蒙太奇、长镜头，戏剧语言是动作、对白，文学语言是文字。无论鉴赏哪一门艺术，都须从艺术语言入手。以电影《黄土地》（见图18）为例，凝滞不动的高塬、高亢悲怆的民歌、欢腾喧闹的腰鼓和缓缓的黄河水——电影语言造成强烈的美学冲击。周传基教授从视听语言分析《黄土地》的美学特征："《黄土地》的青年创作者对视听因素的使用证明：他们已经具备了把电影表现手法当作语言符号系统来使用的能力，这也就是'说'。不仅扮演人物的演员在说话，画面中的一切视觉因素和听觉因素都在'说话'，在传达信息。……比如，《黄土地》的摄影机的取景和用光明明白白地向我们'说'：'这是黄土地'。就像那老汉拍着身边的土地说的那样：'就说这老黄土，让你这么一脚一脚的踩，一犁一犁的翻，换上你，行？——你不敬它！'老汉的这个思想从视听语言上贯串全片。影片的视听语言向我们道出了，这片土地具有地域性（陕北），又具有历史性（民族文化的发源地），还具有社会性（愚昧落后）。"①艺术语言是用来完成艺术形象的。艺术语言成功与否，要看它是否成功地塑造了艺术形象。还以《黄土地》来说，当时有人指责影片中的人物对话听不清楚。窑洞的戏，电影创作者既没有布光，把人物的脸照亮，也没有让演员像话剧演员一样洪亮地朗诵台词。也有人批评求雨一场镜头不美，甚至有人以为摄影师不懂摄影——镜头基本不动。其实，这正是创作者追求的艺术效果。影片中的老汉木讷寡言，正如他身边的黄土地。这样的电影语言恰好与影片所要表达的意蕴相吻合，它成功地塑造了黄土地上陕北老汉形象。这样的电影语言当然是成功的。与此相反，有人故意追求画面的优美，结果拍成了电影明信片，破坏了艺术形象的和谐。从这里可以看出，艺术语言是塑造艺术形象的媒介，它有自身的价值，但更重要的是创造艺术形象。如果一幅画让人注意到的只是某种颜色或线条，无疑是失败之作。所以，文学家常常讲"惜墨如金"与"泼墨如雨"，何时"惜墨"，何时"泼墨"，这不决定于作家的主观意图，而决定于艺术作品的内在需求。

艺术语言也有创生、发展与衰落、更新的过程。因此，艺术革新往往从艺术语言入手。法国的新浪潮电影、印象派绘画、邓肯的表现派舞蹈、未来主义的诗歌等新的艺术流派都是通过艺术语言的更新进行艺术变革。最有说服力的证明就是中国新文学运动。从文言到白话的转变是新文化运

---

① 周传基：《黄土地——成熟的标志》，见《话说〈黄土地〉》，212～213页，北京，中国电影出版社，1986。

动的标志。文言文在中国历史上已经存在了几千年，产生了不可胜数的伟大作品和杰出作家、诗人，产生了屈原、陶渊明、李白、杜甫、韩愈、苏轼、曹雪芹这样的文学巨匠。但是，明清以来，文言文渐渐沉沦在自我复制的僵化循环之中，阻碍了思想情感的自由表达。作为一种文学语言，它的活力已经丧失，无法有力地表达新的时代。因此，文学革命首先以白话文取代文言文，从文学语言上进行革新。新文学运动的作家诗人大都旧学功底扎实，文言文修养极高。但是，他们义无反顾地以白话文作为新的文学语言来创作，鲁迅、郭沫若、朱自清、闻一多、徐志摩等受文言文熏陶的文学家创作了优秀的白话文作品。即使对文言文情有独钟的钱锺书(写《谈艺录》和《管锥编》依然坚持用文言文)创作小说《围城》时也不得不使用白话文。随着时代的发展，艺术语言也不断更新，表现手段越来越丰富，表现力越来越强。科学技术的发达又为艺术语言的更新提供了物质保障，这在电影语言的发展史上表现得最为明显。电影诞生100年间，电影语言发生了革命性变迁。20世纪20年代，这位"伟大的哑巴"开口了，1927年美国的《爵士歌王》成为电影史上第一部有声片。1935年，马摩里安的五彩片《浮华世界》问世，这是电影史上第一部彩色电影。在此后的历史中，摄影机与胶片不断进步，立体声、宽银幕等相继出现。至20世纪90年代，电脑技术进入电影语言，《阿甘正传》里的艺术形象福瑞斯特·甘与美国历史上真实的总统肯尼迪握手，《侏罗纪公园》用电脑特技重现了绝迹数万年的恐龙，而《狮子王》则全部用电脑特技制作，演员和拍摄现场均被省略。

艺术家深知艺术语言的重要，所以，他们对艺术语言的掌握与更新倾注了大量心血。中国画特别重视文房四宝：笔、墨、纸、砚。历代画家在文房四宝的运用上也积累了丰富的经验。五代画家荆浩在《山水节要》中讲道："笔使巧拙，墨使重轻。使笔不可反为笔使，用墨不可反为墨使。凡描枝柯、苇草、楼阁、舟车之类，运笔使巧；山石、坡崖、苍林、老树，运笔宜拙。虽巧不离乎形，固拙亦存乎质。远则宜轻，近则宜重。浓墨不可复使，淡墨必须重提。"他的笔墨经验是他艺术创作的心得，可谓知言。历代书画大家没有一个不是在笔墨上下过大功夫的。熟悉艺术语言，掌握艺术语言，更新艺术语言，这是一个艺术家必备的基本功。

艺术语言与科学语言是迥然不同的两种语言体系。从语言的性质和功用上区分，艺术语言是感性的、审美的，科学语言是理性的、实用的。艺术语言拥有具体可感的形象，包含着主观情感和美学倾向，它的功能不是说明，而是表现；科学语言一般是用理性的抽象语言来说明一件事情，表述是客观的，不夹杂主观情感，它的功能是说明，而不是表现。一幅画所运用的是艺术语言，而地图或机械制图所用的却是科学语言；画是人的情感表达，而地图是科学的说明。因此，区分艺术语言和科学语言对于艺术创作是必要的。

二、艺术形象

从艺术语言顺流而下，散乱的色彩、线条、构图、蒙太奇、节奏、旋律开始凝聚为具体的中心形象，我们就会潜入艺术作品的深层架构，即艺术形象。

艺术形象是艺术家通过艺术语言创造出来的形象，是具体可感性与概括性的统一。艺术形象是艺术作品的核心。

艺术的一个重要特征就是形象性。也就是说，艺术不是靠讲道理或逻辑证明的方式征服观众，而是以艺术形象的魅力感染观众，成功的艺术形象是优秀艺术作品的标志。自古至今，艺术家们创造了姿态万千的艺术形象，像星辰闪烁在人类智慧的天空。拉斯科岩洞的野牛、半坡陶盆上的双鱼人面、奥林匹亚山的诸神、《诗经》里恋爱的少男少女、希腊雕塑里的英雄们、埃及的金字塔、但丁《神曲》中从地狱到天堂的漫漫长路、陶渊明的桃花源、西斯廷教堂的壁画、乐山大佛、抓髻娃娃、浮士德、哈姆雷特、安娜、贾宝玉、堂·吉诃德、阿Q、日瓦戈，等等，这些凝聚了人类心灵之光的艺术形象记录了人类的精神历程，一起构筑了文明的美学丰碑。

根据艺术感知方式的不同，艺术形象可分为视觉形象、听觉形象、视听形象与文学形象。

视觉形象是指通过视觉感知的艺术形象，如绘画、雕塑、建筑等艺术样式。视觉形象大多存在于二维空间或三维空间中，具有直观性，可以用眼睛观看。

听觉形象是指通过听觉感知的艺术形象，如音乐，它存在于时间的流程，以音响在时间里的运动来塑造听觉形象。因此，听觉形象具有模糊性与丰富性的美学特征。听众只能根据自己的感知来重塑听觉形象，带有浓郁的主观特色，难以做出明确的意义判断。

视听形象是指同时通过视觉和听觉来感知的艺术形象，如电影、戏剧和舞蹈。它们既存在于空间中，又存在于时间里，观众需要调动眼睛和耳朵一起感知艺术作品，在时间的流动和空间的延展中重塑艺术形象。譬如戏剧，舞台表演既有动作、表情，又有对白和音响，观众获得的是一种整体艺术效果。

文学形象是指通过文学语言感知的艺术形象，如诗歌、小说、散文、报告文学等文学样式，这是文学艺术的特殊形象。与其他艺术样式的直接感知方式不同，文学艺术需要经过一个中转，即通过想象把抽象的文字转化为可感的具体形象。所以有人称文学为"想象的艺术"。这种接受的间接性导致了文学形象的一个美学特征：艺术形象重塑的无限可能性。绘画、雕塑、建筑、电影、戏剧等艺术样式都为观众塑造了确定的艺术形象，观众必须接受这个形象。而文学形象是抽象的，需要读者和作家一起重塑艺术形象，为读者留下了广阔的想象空间，所以才有"一千个读者有一千个哈姆雷特"的说法。

艺术形象既具体可感，也高度概括。一个成功的艺术形象不是现实生活的简单模仿，而是经过提炼、加工而创造出来的。因此，它既是形象的、生动的个体形象，又概括了同类生活形象的共同特征，成为一个典型。譬如浮士德是一个生动的人物形象，又是人类精神探索的代表。

三、艺术意蕴

成功的艺术形象往往令人回味无穷。人们常说"说不完、道不尽的莎士比亚"。关于《红楼梦》研究的论著早已百倍于《红楼梦》，人们仍然兴致盎然地继续研究。艺术形象的经久不衰的魅力正在于它的艺术意蕴。

艺术意蕴是指艺术形象里所蕴涵的形而上美学意味，它往往表现为一种只可意会、不可言传的哲理玄思或美学意境。艺术意蕴是成功艺术作品的重要标志，《诗经》里的"蒹葭苍苍，白露为霜，所谓伊人，在水一方"或"青青子衿，悠悠我心，但为君故，沉吟至今"等诗句，穿越千年时间隧道还葆有艺术魅力，就在于它们不仅描绘了动人的艺术形象，还蕴涵了丰富的艺术意蕴。

人们早就注意到艺术意蕴。黑格尔说："意蕴总是比直接显现的形象更为深远的一种东西。艺术作品应该具有意蕴。……要显现出一种内在的生气，情感，灵魂，风骨和精神。"[1]他还说："要使真实人物造像成为一种真正的艺术作品，就应该使它显出精神个性的统一，使精神的性格成为主导的和突出的方面。面貌的每一部分都特别有助于达到这样的效果，而画家描绘面貌的敏感要把个别人物的特性表现出来，就得把能用最清楚、含义

---

① ［德］黑格尔：《美学》，第 1 卷，25 页，北京，商务印书馆，1979。

最深广的生动的方式把这种精神特性表达出来的那些特征和部分掌握住，并且把它们突出地表现出来。……现实生活都担负着单纯现象、次要事物和偶然事件的重载，这使得我们往往辨不清树木和森林，让最重大的东西在我们眼前溜过去，仿佛只是些日常发生的平凡事件。只有内在的意义和精神才能使一件事迹成为伟大事迹，一篇真正的历史描述就能显示出这种内在的意义和精神，因为它抛开纯然外在的（不相干的）东西，只把那些足以生动地阐明内在精神的东西突出地揭示出来。"①中国古代诗歌和绘画也都极为重视艺术作品的艺术意蕴。古典诗学特别看重诗歌的韵味，如"不著一字，尽得风流""韵外之致""味外之旨"等。王维的作品常常被视为意境空灵的典范。如《鸟鸣涧》：

> 人闲桂花落，夜静春山空。
> 月出惊山鸟，时鸣春涧中。

中国画讲究气韵。"画山水贵乎气韵。气韵者，非云烟雾霭也，是天地间之真气。凡物无气不生，山气从石内发出，以晴明时望山，其苍茫润泽之气腾腾欲动。故画山水，以气韵为先也。"（清·唐岱《绘事微言》）气韵是画的神，也就是艺术意蕴。如元代郭界的《雪竹图卷》（见图19）描绘了雪中的竹子挺拔傲立，真所谓澡雪精神，冰清玉洁。其中所包含的艺术意蕴尽在不言之中——艺术意蕴是难以用语言阐释的。假如能用文字转述出来，那也就不是艺术意蕴了。因此，对于艺术作品里的艺术意蕴，观众只能以心灵去感悟，去接近，但永远不会也不可能穿透。艺术意蕴往往具有模糊性，不容易用一个明确的概念来规范它、限制它，更不能抽象为简单的主题思想——有时它并不是一种思想，而是一种意味，即克莱夫·贝尔所说的"有意味的形式"中的"意味"。就以王维的诗和郭界的画来说，要想用文字概括它们的艺术意蕴几乎是一件不可能的事，我们只能去感知、悟读，就像灵魂与灵魂相遇时发出的悄悄私语。

对于一些艺术巨作，艺术意蕴就更难以把握。如但丁的《神曲》。这是一部内涵丰富而深厚的巨著，任何概括都意味着更大的遗漏。我们可以从多侧面、多维度立体地去阐释、读解；但是，我们永不可能用一句"惩恶扬善"来总结它的主题思想，那是对这部巨著的粗暴简化。而对于音乐、舞

① ［德］黑格尔：《美学》，第 3 卷（上），301～302 页，北京，商务印书馆，1979。

蹈、建筑、绘画、雕塑和影视作品，用语言去概括它的艺术意蕴几乎没有可能。如费里尼的《八步半》描写了电影导演古伊多的心灵混乱与苦闷：一是创作上的神思枯竭，一是情欲和道德的冲突。他正在准备拍摄一部反映地球末日的科幻片，但不知道怎么拍；同时，他在妻子路易莎、情人卡尔拉和梦幻少女之间尴尬、懊悔、追求，梦想自己像苏丹王一样回翔于后宫佳丽之中。影片中运用了11段闪回，主要是回忆、梦幻、自由联想，造成影片扑朔迷离的美学风格。电影界公认《八步半》内涵丰富，对于影片作出多种阐释。但是，谁也无法确切地阐明影片的艺术意蕴。

作为一种形而上美学意味，艺术意蕴象征了艺术作品的高度。并非所有的艺术作品都有艺术意蕴，或都能达到同等的丰富性与深厚度。许多作品仅仅停留在艺术语言或艺术形象的层次，艺术意蕴缺席或匮乏，导致艺术作品的浅陋粗俗，在时间的急流里迅速沉淀。因此，艺术意蕴是艺术魅力的源泉，是优秀艺术作品的标志。只有富有艺术意蕴的作品才具有永恒价值。

第三节　典型与意境

如果说艺术意蕴是艺术作品的最高境界，那么，典型与意境则是艺术意蕴的两种类型的代表。典型理论来自西方，主要适用于叙事型作品，如小说、戏剧、电影等艺术样式；意境理论源于中国古典艺术理论，主要适用于抒情型作品，如抒情诗、中国画、音乐、书法、建筑等艺术样式。典型与意境是艺术理论中两个重要范畴。

一、典型

典型是指艺术作品中塑造成功的人物形象。典型说产生于西方。17世纪以前，典型说主要停留于类型说的范畴，强调形象的普遍性和类型性；18世纪以来，典型说开始注重艺术形象的个性。黑格尔曾经这样论述道："在荷马的作品里，每一个英雄都是许多性格特征的充满生气的总和。……每个人都是一个整体，本身就是一个世界，每个人都是一个完满的有生气的人，而不是某种孤立的性格特征的寓言式的抽象品。"[1]他重点论述了典

---

[1]　[德]黑格尔：《美学》，第1卷，302～303页，北京，商务印书馆，1979。

型的个性特征。而别林斯基更进一步，探讨典型的共性与个性的关系："创作本身的显著标志之一，就是这典型性——如果可以这样说的话——这就是作者的纹章印记。在一位真正有才能的人写来，每一个人物都是典型，每一个典型对于读者都是似曾相识的不相识者。"①别林斯基已经注意到典型的重要特性，即它的概括性与新颖性，典型既有普遍的共性，又有新的发现。马克思主义提出了真正成熟的典型说，恩格斯指出："每个人都是典型，但同时又是一定的单个人，正如老黑格尔所说的，是一个'这个'。"②这就科学地阐释了典型的特性，既是普遍类型的代表，又是个性鲜明的人物。在此基础上，恩格斯还进一步阐明了典型的生成语境，即典型环境中的典型人物。他在信中给哈克奈斯说："据我看来，现实主义的意思是，除细节的真实外，还要真实地再现典型环境中的典型人物。您的人物，就他们本身而言，是够典型的；但是环绕着这些人物并促使他们行动的环境，也许就不是那样典型的了。"③这就是说，典型人物不是孤立的，而是社会环境里真实的人物形象。由此可见，典型人物形象是高度概括性与鲜明个性的统一。

人类艺术史上曾经产生了大量杰出的典型形象。如达·芬奇的《蒙娜·丽莎》(见图 20)、巴尔扎克的葛朗台、屠格涅夫的罗亭、冈察洛夫的奥勃洛摩夫、罗曼罗兰的约翰·克里斯朵夫、鲁迅的阿 Q 等。阿 Q 是中国现代文学史上最为成功的典型形象。鲁迅以精神胜利法作为阿 Q 性格的总特征，概括了中国农民在长期封建统治下所形成的性格特征；同时，精神胜利法不仅是农民，也是工人、知识分子等所有中国人的共同性格特征。这种精神上的自我抚慰是反抗失败之后的心理调节。在漫长的封建时代，人民一次又一次的反抗都归于失败，只好自己安慰自己。阿 Q 没有房子，没有姓氏，没有女人。后来，连欺负小 D 的能力都失去了，于是就自己打自己的耳光。打完了，觉得他是打人者，而被打的是另外的人，以此换取心理平衡。他的思想是矛盾的，例如他认为造反就该杀头，但等他看到赵太爷害怕革命，又希望通过革命改变自己的生活；他既嘲笑城里人，又轻视乡下人。有人把阿 Q 的性格总结为一组相互矛盾的特征：质朴愚昧而又圆滑无赖，率真任性而又正统卫道，自尊自大而又自轻自贱，争强好胜而又

---

① 伍蠡甫主编：《西方文论选》，下册，378 页，上海，上海译文出版社，1979。
② 《马克思恩格斯选集》，第 4 卷，453 页，北京，人民出版社，1972。
③ 同上书，462 页。

忍辱屈从，狭隘保守而又盲目趋时，排斥异端而又向往革命，憎恶权势而又趋炎附势，蛮横霸道而又懦弱卑怯，敏感禁忌而又麻木健忘，不满现状而又安于现状。这些复杂的性格纠集在他的身上，遇到什么环境便表现出什么样的反应，其核心便是精神胜利法。这是封建统治下的典型奴隶人格。阿Q的确生活在未庄，也的确生活在中国的每一片土地上。阿Q是中国国民性的一个代表。未庄是产生阿Q的典型环境。革命消息传来，不准阿Q姓赵的赵太爷改口喊"老Q"，赵司晨也忙称阿Q为Q哥，连管土谷祠的老头子也格外和气——他们和阿Q一样，具有鲜明的奴隶性格。也正是这样的典型环境，才诞生了阿Q这样的典型形象。由于阿Q性格的丰富性，这个形象的艺术意蕴也格外深厚。辛亥革命的反映，国民劣根性的挖掘，阿Q相的揭示，农民形象的塑造等。直到今天，研究者仍然兴致勃勃地从新的视角对这个艺术形象进行新的分析。这正是典型形象的永恒魅力。

典型形象不仅是艺术作品成功的标志，同时也潜入了人类的深层精神生活。关于奥勃洛摩夫，列宁就曾指出："在俄国生活中曾有过这样的典型，这就是奥勃洛摩夫，他老是躺在床上制订计划。从那时起，已经过去很长一段时间了，俄国经历了三次革命，但仍然存在着许多奥勃洛摩夫，因为奥勃洛摩夫不仅是地主，而且是农民，不仅是农民，而且是知识分子，不仅是知识分子，而且是工人和共产党员。我们只要看一下我们如何开会，如何在各委员会里工作，就可以说老奥勃洛摩夫依然存在。"[1]因此，我们也可以说，艺术史上的典型形象是时代心态的忠实反映，记录人类精神发展的历程。

二、意境

意境是中国古典艺术理论的重要范畴，它集中体现了中华民族的审美意识。富有意境的艺术作品早就存在，如《诗经》里的"昔我往矣，杨柳依依；今我来思，雨雪霏霏。"陶渊明的"采菊东篱下，悠然见南山"等诗句就创造了精妙的意境。但是，作为艺术理论的范畴，最早形成于唐代。据传王昌龄所作的《诗格》把诗分为三种境界：物境、情境、意境。此后，司空图的《二十四诗品》提出"象外之象，景外之景""韵外之致""味外之旨"的美学范畴，已经关注到意境的主要元素：情、景、虚、实。

唐代诗歌的辉煌、宋代文人画的繁盛、唐宋书法的发展为意境理论的

---

① ［苏联］列宁：《列宁选集》，第2卷，713页，北京，人民出版社，1972。

完善提供了数不胜数的典范作品。王国维的境界说是意境说创生以来的一次总结。他在《人间词话》中写道:"词以境界为最上。有境界自成高格,自有名句。"他之所谓"境"并非仅仅指客观物象,也指主观情感:"境非独谓景物也。喜怒哀乐,亦人心中之一境界。故能写真景物、真感情者,谓之有境界。"而抒情和写景必须具有动人的艺术魅力:"其言情也必沁人心脾,其写景也必豁人耳目。"并且,他强调艺术境界是主客体的合一:"一切景语皆情语也。"在此基础上,他还进一步对境界的类型进行区分,提出"有我之境""无我之境""隔""不隔"的概念。所谓"有我之境""无我之境"的区别就是"有我之境,以我观物,故物皆著我之色彩;无我之境,以物观物,故不知何者为我,何者为物。"由此看来,有我之境中主观情感较为强烈,而无我之境是主观情感与客观景物的完全融合。他举例说,"泪眼问花花不语,乱红飞过秋千去"是有我之境,而"采菊东篱下,悠然见南山"是无我之境。从他举的例子看来,"隔"者多用典,"不隔"者则"语语都在目前",如苏轼不隔,黄山谷就隔。王国维全面论述了意境的美学特征,将意境说推向一个空前的高度。

宗白华在《中国艺术意境之诞生》中对意境的生成、内涵、形态和美学特征作了明确的阐释,使意境最终成为一个现代艺术理论范畴。他说:

> 艺术家以心灵映射万象,代山川而立言,他所表现的是主观的生命情调与客观的自然景象交融互渗,成就一个鸢飞鱼跃,活泼玲珑,渊然而深的灵境;这灵境就是构成艺术之所以成为艺术的"意境"。①

意境是一种美学创造,是人与自然的精神遇合孕育的心灵之花。宗白华诗意地描述了意境生成的动人场景:

> 在一个艺术表现里情和景交融互渗,因而发掘出最深的情,一层比一层更深情,同时也透入了最深的景,一层比一层更晶莹的景;景中全是情,情具像为景,因而涌现了一个独特的宇宙,崭新的意象,为人类增加了丰富的想象,替世界开辟了新境,正如恽南田所说"皆灵想之所独辟,总非人间所有!"这是我的所谓

① 宗白华:《美学与意境》,210 页,北京,人民出版社,1987。

"意境"。①

对于意境，与情景交融一样重要的美学特征是虚实相生。宗白华认为，虚空是艺术意境的要素。虚空来自道，而中国画里的空白则是这一美学思想的集中呈现。中国山水画上常常是大片空白，山水之中设一空亭——这是"山川灵气动荡吐纳的交点和山川精神聚积的处所。"②元代画家王蒙往往喜欢在山水之间置一空亭(见图21)。

虚实如何相生？中国古代艺术家和艺术理论家对这个问题做了深入地探讨。清代画家笪重光在《画筌》里说：

空本难图，实景清而空景现。神无可会，真景逼而神境生。
位置相戾，有画处多属赘疣。虚实相生，无画处皆成妙境。

虚是神，实是体，实者逼肖，虚者自出，以实表现虚，这是中国艺术的虚实相生之道。

综上所述，意境是情景交融、虚实相生的审美境界。它与典型一样，是艺术意蕴的最高层次。

中国艺术家从来都注意艺术意境的创造，而最能体现艺术意境的是中国书法、诗词和山水画。张旭的草书被称为"像中国画，更像音乐，像舞蹈，更像优美的建筑"③。韩愈在《送高闲上人序里》说：

张旭善草书，不治他技，喜怒窘穷，忧悲愉佚，怨恨思慕，酣醉，无聊，不平，有动于心，必于草书焉发之。观于物，见山水崖谷，鸟兽虫鱼，草木之花实，日月列星，风雨水火，雷霆霹雳，歌舞战斗，天地事物之变，可喜可愕，一寓于书，故旭之书变动犹鬼神，不可端倪，以此终其身而名后世。

从韩愈的描述中可以知道，张旭把草书和生命融为一体，日月星辰和喜怒哀乐相形，汇融成一个整体意象，投射在他疯狂旋转的笔墨中——他

---

① 宗白华：《美学与意境》，211~212页，北京，人民出版社，1987。
② 同上书，228页。
③ 同上书，330页。

把全部灵魂都寄托在书法里。因此，他的书法才达到情景交融、虚实相生的最高境界，可谓感天地、泣鬼神。可惜流传至今天的只有《古诗四帖》(见图 22)。

诗词最讲究意境。风格或豪放，或婉约，都以意境为上。李后主的词"浅貌深哀、短语长情"，不仅名句迭出，更以意境见长。如流传广阔的《虞美人》：

> 春花秋月何时了，往事知多少。小楼昨夜又东风，故国不堪回首月明中。
> 雕栏玉砌应犹在，只是朱颜改。问君能有几多愁，恰似一江春水向东流。

眼前的景：春花秋月、小楼、东风；回忆中的故国之景：雕栏玉砌、月明。面对一个失去国家、沦为奴隶的君王，二景一实一虚，眼前的景勾起回忆中的景，身世之感、家国之恨和两种景象交织在一起。眼前的景越是美丽，忧愁越是绵厚；回忆的景越是美丽，感慨就越是深沉。以至于他不想再看到美丽的春花秋月。结尾诗句貌似直白，却蕴涵着深厚的人生沧桑与无奈，把诗的情绪推向一种形而上美学高度，成为普遍的愁绪，正如王国维所说的，有基督释迦之悲哀。这首词的不朽魅力正在于它独特艺术意境之创造。

中国文人画也以意境为旨归，追求逸韵，力戒俗浅，表现了中国有节操的文人所崇尚的理想人格境界。松、梅、竹、菊是传统绘画题材，因为这里寄托了他们的精神品质。元代黄公望的《天池石壁》(见图 23)山峦层叠，远上云霄。山间清石隽秀，古松参天，屋舍邈然隐于林间。画面上没有人物，却蕴涵着强烈的人格精神：逸然闲雅，傲立于世。

意境是中国美学的一个重要范畴，也是中国艺术的理想境界。当然，意境不仅仅属于中国，在有些西方艺术中也可以发现意境的美学特征。法国画家柯罗的风景画与中国山水画非常近似，刻意营造艺术意境。如《摩尔特枫丹的回忆》(见图 24)朦胧悠远，勾起一种温馨而又亲切的童年回忆。今天，意境的具体精神内蕴已经发生了转换，但意境仍然是中国艺术的最高层次。因此，作为艺术意蕴的最高层次的类型，意境和典型一样仍将是艺术作品追求的目标。

[基本概念]

内容　形式　主题　题材　细节　体裁　结构　艺术手法　艺术语言
艺术形象　艺术意蕴　典型　意境

[思考题]

1. 如何理解艺术作品内容与形式的关系？
2. 试论述艺术作品的层次，请结合具体作品说明。
3. 简论艺术语言和科学语言有何不同。
4. 以艺术作品为例，试分析典型与意境之异同。

第四章
艺术创作

艺术创作是指艺术家运用特定的艺术媒介创造艺术形象的过程。它是联结艺术家和艺术作品的中心环节，是艺术生产过程中一个复杂的审美创造活动。艺术创作过程伴随着强烈的心理活动，遵循着艺术生产的特殊规律。

第一节　艺术创作过程

艺术创作过程是人类的高级精神生产，是一种审美创造活动。艺术创作过程是一个完整的艺术活动，不能简单地划分为几个部分，因为它包含了丰富的心理与情感活动。但是，为了叙述的方便，我们又不得不把它分开来讲。一般说来，艺术创作过程可以分为艺术体验、艺术构思和艺术传达三个阶段。当然，在具体的创作过程中，这三个阶段又常常相互交织，融为一体。

一、艺术体验

艺术体验是指艺术家对生活的感受、观察和思考，是生活在心灵里的积淀。艺术体验常常伴随着强烈的情感活动。它是艺术创作的基础，是艺术创作过程中不可缺少的一环。

艺术体验一般分为自发艺术体验和自觉艺术体验两种形式。

自发艺术体验是指无意识中形成的艺术体验。它是一个长期的过程，是在生活中自然积淀下来的心理经验。童年生活往往构成艺术家自发艺术体验的源泉。许多艺术家并不是为了成为艺术家才去进行艺术体验，而是艺术体验太丰富、太深刻了，以至于他不得不用艺术来表达自己的心灵感受。鲁迅早年没有幻想成为作家，他想学医疗救贫弱的国民。但是，当他在日本的医学课上受到刺激之后便发现，国民不管体格如何健壮，也只能做看客和示众的材料，只有唤起他们的思想才能拯救中国。这样，他就开始转向文学创作。鲁迅的艺术体验来自何处？从他的作品里我们可以发现，童年生活是他创作的丰厚土壤。这不仅在《故乡》《社戏》《阿长和山海经》中找到他童年生活的足迹，《孔乙己》《阿Q正传》《祝福》等作品里同样流露出童年生活的影子。周作人在《鲁迅小说里的人物》一书中对鲁迅小说里的艺术形象的生活原型作了阐释。贝多芬深深迷恋自然，尤其迷恋故乡，故乡生活的20年成为他一生艺术创作的最初和永恒的源头。他在给友人的信中说："我的故乡，我出生的美丽的地方，至今清清楚楚地在我眼前，和我离开你们时一样。当我能重见你们，向我们的父亲莱茵河致敬时，将是我一生最幸福的岁月的一部分。"①

自觉艺术体验是指艺术家为了艺术创作而进行的艺术体验。对于一个想成为艺术家的人来说，艺术体验是非常必要的。中国古代艺术家特别强调自觉艺术体验，即张璪所说的"外师造化、中得心源"。道家师法自然的哲学思想是中国艺术家的一贯主张。"读万卷书、行万里路"，既重视间接经验的获取，更重视亲身体验，向自然学习。中国诗人画家特别喜爱旅游，正如李白所说"一生爱入名山游"。这正是自觉艺术体验。南北朝画家宗炳在《山水画序》中说"余眷恋庐、衡，契阔荆、巫，不知老之将至"。当他老迈难行之后依旧壮心不已，卧游山水。张彦远在《历代名画记》中记载了他的故事：

> 宗炳字少文，南阳涅阳人。善书画。江夏王义恭尝荐炳于宰相，前后辟召竟不就。善琴书，好山水，西陟荆巫，南登衡岳，因结宇衡山，怀向平之志。以疾还江陵，叹曰："噫！老病俱至，名山恐难遍游。唯当澄怀观道，卧以游之。"凡所游历，皆图于壁，坐卧向之。

这种山水情怀成为后代画家模仿的典范。清代画家石涛将它提炼为一句名言："搜尽奇峰打草稿。"现代画家黄宾虹前期师法古人，后来转而师法自然，画风为之一变：由清楚到不清楚，由规则到不规则，画面趋向于黑。这种转变来自他对自然的艺术体验。黄宾虹晚年游历了峨眉、青城、秦岭、华山、泰山、庐山、武夷山、天台山、雁荡山等名山大川，黄山上下十余回，自称"黄山山中人"。他在《题画嘉陵山水》中写道："我从何处得粉本，雨淋墙头月移壁。"这句诗记录了他在青城山和瞿塘的两个故事：他在青城山的金岩背避雨时突然发现对面山壁飞瀑争流，美丽无比，于是他就坐在一块石头上观赏，足足看了三个多小时，他把青城山融进了他的作品（见图25）；在湖北，他从奉节城夜出东门，顺着江边走向白帝城。月色皎皎，夜山在月光下发黑，光影灵动，美妙动人。这两次艺术体验给他留下了深刻记忆，影响了他后期艺术风格的变迁。

---

① [法]罗曼·罗兰：《贝多芬传》，77页，北京，生活·读书·新知三联书店，1949。

关于自觉艺术体验，中国绘画史上还流传着一个美丽的故事，宋人郭若虚在《图画见闻志》中这样记载：

> 唐开元中，将军裴旻居丧，诣吴道子，请于东都天宫寺画神鬼数壁，以资冥助。道子答曰："吾画笔久废，若将军有意，为吾缠结，舞剑一曲，庶因猛厉，以通幽冥！"旻于是脱去缞服，若常时装束，走马如飞，左旋右转，掷剑入云，高数十丈，若电光下射。引手执鞘承之，剑透室而入。观者数千人，无不惊栗。道子于是援毫图壁，飒然风起，为天下壮观。道子平生绘事，得意无出于此。

吴道子在裴将军的剑舞中得到一次深刻的艺术体验，从而完成了一生中最为得意的作品。与这个故事相似，唐代书法家张旭学书不成，后来看了公孙大娘的剑器舞，书法猛进。从这里可以看出，艺术体验是艺术创作的关键，没有艺术体验就不可能创作出成功的艺术作品。

艺术体验是一种审美体验，而不是随意的日常生活经验。美学家王一川指出，审美体验是"人生终极意义的瞬间生成"[①]。"人生终极意义"是指人类追求的永恒理想，如自由、美、和谐等。他区分了审美体验与日常生活经验，认为"审美体验意味着沉浸、沉醉、陶醉、物我同一、兴会，意味着客体在主体心海中掀起狂澜，意味着主体以整个心灵移入客体之中，在其中复现自身，总之，它是主体对理想的人类活动图式的掌握、发现、观照、接受、创造、享受。只有这种审美体验才可以成为艺术创造的材料。"[②]由此可知，艺术体验是一种瞬间性直觉，带有顿悟的特征，往往伴随着强烈的情感活动和心理活动。吴道子从裴将军剑舞中、张旭从公孙大娘剑器舞中、黄宾虹在青城山和瞿塘感受到的正是这种令人痴迷而又难以言说的瞬间直觉。鲁迅和贝多芬对童年故乡的审美经验是长期形成的。但是，当童年故乡作为艺术体验进入他们的创作时，依然带有直觉特征：童年生活沉淀于心灵里的审美经验在创作冲动中重新苏醒而成为审美体验，从而进入艺术创作之中。

艺术体验是艺术家和自然的精神遇合，是生活溶解在心灵里的秘密。

---

① 王一川：《意义的瞬间生成》，365 页，济南，山东文艺出版社，1988。

② 王一川：《审美体验论》，139 页，天津，百花文艺出版社，1992。

它不是对自然和生活表象的认识,像有些人为了创作到某地去兜一圈儿就算是"体验生活",而是深入自然和生活的深层精神架构,获得心灵的沟通与交流,达到精神层次的对话。艺术体验是艺术创作主客体的交融,是艺术家对自然和生活的独到发现与体验。罗丹对待模特的方式与众不同,他从不要求模特做什么动作,而是让模特自由地做出各种姿势,他只是在一旁观察。一旦他发现哪个姿势优美或朝气蓬勃,就立即用黏土塑成模型。他视自然为主人,而不是奴隶:"我服从'自然',从来不想命令'自然'。我唯一的欲望,就是像仆人似的忠实于自然。"①

这是罗丹独特的艺术体验。

诗人唐祈曾经这样叙述诗的诞生:

> 诗人最好的作品,又往往是他生活经历中留藏在内心深处的形象结晶,甚至是他在一瞬间理智和感情结合的一个丰富的意象。这种意象的独创性几乎是独一无二的,是别人所不可能重复的。……我总认为只有心上的刻痕才是珍贵的。它是从生活中留在内心深处形象的结晶,它藏在你记忆的宝匣之中。当你诗情汹涌,感到非要写出它时,它会从容地从你脑海中浮现出来,也就是说,那些客观事物经过你自己的转化,已溶解成为一个全新的意象,一幅完全独立的图画,一连串诗篇里闪光的珍珠,它变成活的有生命的东西——一首诗在这个时候真正诞生了。②

"心上的刻痕"是艺术家心灵的秘密——艺术体验最深厚的部分,是艺术创作的基础。正是在这个意义上,我们赞同黑格尔的说法:"艺术家创作所依靠的是生活的富裕,而不是抽象的普泛观念的富裕。"③

二度创作也需要艺术体验。音乐、戏剧、影视和舞蹈等艺术样式的表演者需要在一度创作的基础上进行艺术体验,塑造丰满的艺术形象。著名表演艺术家金山曾说:"没有体验,无从体现。没有体现,何必体验?体验

---

① [法]罗丹:《罗丹艺术论》,15页,北京,人民美术出版社,1987。
② 唐祈:《在诗探索的道路上》,《唐祈诗选》,204页,北京,人民文学出版社,1990。
③ [德]黑格尔:《美学》,第1卷,357页,北京,商务印书馆,1979。

要真，体现要精。体现在外，体验在内。内外结合，互相依存。"①这是对二度创作的精确概括。

艺术体验是艺术创作的基础，没有艺术体验就不可能进行艺术创作。而艺术体验的深度和广度则制约着艺术作品的高度。因此，深入自然和生活的内部，获得独到的艺术体验，这是每个艺术家都无法回避的课题。

二、艺术构思

艺术构思是指在艺术体验的基础上，艺术家对生活素材进行加工、提炼、组合，形成艺术形象的过程。这是艺术创作过程的重要组成部分。

艺术家有了艺术体验之后就会产生创作冲动。那么，如何把生活素材转化为艺术形象呢？这就需要艺术构思。没有艺术构思，再好的艺术体验也无法变成艺术作品。

有的艺术构思完成于刹那之间，如诗、绘画、音乐中的一些即兴之作；有的艺术构思则需要漫长的一生，如歌德的《浮士德》，从 1770 年到 1831 年，他耗费了长达 60 年的时间才完成这部巨著。前者情感激荡，如电光之一闪；后者深沉内敛，如宝石之磨炼。总之，他们都在寻找完美的形式，赋予艺术体验一种形式结构。由此可见，艺术构思是一项复杂的精神活动。

艺术构思是否有创造性、是否巧妙直接关系到艺术作品的成败。艺术创作是一项创造性精神生产，艺术构思是体现其创造性的重要环节。同样一种题材，如何创造出具有新意的艺术形象，这在很大程度上取决于艺术构思。一个成功的艺术构思等于艺术创作完成了一半。中国古代艺术史上流传着许多关于艺术构思的神奇故事，这些艺术家往往被称为天才。

据说，一位古代国王带着生理缺陷统治着一个帝国。一天，他召来一位画师记录他的容颜。画师实事求是地刻画了他失去光亮的左眼和长度略短的左腿。画像呈上，龙颜大怒，画师的头和画像一起被撕碎。第二位画师又被召来，有了前车之鉴，他仁慈地忽视了国王的生理不幸，把记忆中储存的英俊健美的形象大度地赋予他的君王。画像再次呈上，龙颜再次大怒。国王感到美丽的画像背后装载的是蔑视。画像和第二位画师的头也被撕碎。第三位画师又被召来，他开始运用艺术构思寻找拯救自己的方式。他给国王设计了一个姿势：残疾的左腿踏在石上，残疾的左眼紧闭，张弓瞄准。画像呈上，龙颜大悦，画师获得丰厚的奖赏。

---

①　引自《电影表演艺术探索》，25 页，北京，中国电影出版社，1984。

抛开国王残暴这重道德意义，单就艺术构思而言，前两位画师确实不够优秀，第一位真实，但失去了艺术美；第二位连基本的真实都失去了。只有这第三位画家运用了艺术构思的力量，创作了一幅成功的作品。

巧妙的艺术构思常常会千古传诵。据明代唐志契的《绘事微言》记载，南宋画院以"竹锁桥边卖酒家"为题，请画家们作画。许多画家竭力描摹酒家、竹桥、楼阁等，唯独李唐的画上不见酒家也不见人物，只有一幅酒旗在竹林桥边悠然飘扬。宋徽宗认为李唐的作品最高，因为他的画上没有酒家，却隐含了酒家，准确地表达了"锁"的意思，构思高出一筹。无独有偶，现代作家老舍曾经以清人查初白的诗句"十里蛙声出山泉"为题，请齐白石作画。声音怎么在画面上表现，又如何把"十里"的空间呈现在画面上，这是一个难题。91 岁的白石老人画了一幅四尺长的立轴，青苔斑斑的乱石丛中激流奔涌，几只小蝌蚪自由嬉戏，顺流而下。画面上没有蛙声，也没有十里的空间。但是，从画面上可以看出，蝌蚪正生机勃勃地准备变成青蛙，十里之后，必定是一片蛙声。这正是中国画的美学特征：含蓄蕴藉。

艺术构思的过程就是艺术形象的形成过程。艺术家有了一定的艺术体验之后，就面临如何把丰富的生活素材和内心体验转化为艺术形象的问题。艺术形象不是生活的陈列和照搬，而是通过提炼与概括，实现从生活真实到艺术真实的转化。艺术构思具体的方法有简化、夸张、变形、综合等。现代艺术常常运用变形与夸张，突出艺术家对生活的强烈感受。如卡夫卡在《变形记》中所描述的那样，格里高尔一觉醒来，变成了一只大甲虫。达利在《内战的预兆》(见图 26)中把人五脏悬置，中心掏空，危机感贯穿灵魂和肉体。鲁迅曾谈到他的创作方法："模特儿不用一个一定的人，看得多了，凑合起来的。"[1]这就是综合。他说自己的小说形象是"往往嘴在浙江，脸在北京，衣服在山西，是一个拼凑起来的角色。"[2]

由此可见，艺术构思是一种创造性活动，它直接关系到艺术作品的成功与否。

三、艺术传达

艺术传达是指在艺术体验和艺术构思的基础上，艺术家借助一定的物

---

① 鲁迅：《答北斗杂志社问》，见《鲁迅全集》，第 4 卷，364 页，北京，人民文学出版社，1981。

② 鲁迅：《我怎么做起小说来》，同上书，513 页。

质材料和艺术语言，运用艺术方法和艺术技巧，将构思成熟的艺术形象转化为艺术作品。

艺术传达是艺术创作过程的最后完成阶段。没有艺术传达，再深刻的艺术体验、再巧妙的艺术构思都只是艺术家心目中的主观意图，还无法成为艺术作品。只有经过艺术传达，把艺术家心目中的创作意图转化为可以欣赏的艺术形象，才完成了艺术作品的创作过程。

艺术传达必须借助一定的物质材料和艺术语言。每一种艺术样式都有自己独特的物质材料和艺术语言。艺术创造是一项复杂的精神劳动，也需要必备的物质材料。建筑需要石头、木材、钢筋水泥，绘画需要画布、纸、墨、颜料、画笔，电影需要胶片、摄影机，音乐需要乐器。总之，所有艺术传达都要通过一定的物质材料实现。同时，艺术传达也必须以艺术语言来完成。如电影的蒙太奇、长镜头、画面、声音，绘画的线条、色彩、造型，音乐的旋律、节奏等。没有这些物质材料和艺术语言，艺术作品就失去了存在的物质形态，艺术传达就无法完成。

艺术技巧是艺术传达成败的关键。每一种艺术样式都有独特的艺术技巧，只有熟练而准确地使用艺术语言和艺术技巧，才能饱满地完成艺术作品的传达。黑格尔曾经这样论述技巧："艺术创作还有一个重要的方面，即艺术外表的工作，因为艺术作品有一个纯然是技巧的方面，很接近于手工业；这一方面在建筑和雕刻中最为重要，在图画和音乐中次之，在诗歌中又次之。这种熟练技巧不是从灵感来的，它完全要靠思索、勤勉和练习。一个艺术家必须具有这种熟练技巧，才可以驾取外在的材料，不至于因为它们不听命而受到妨碍。"[1]古今中外，许多杰出艺术家为了掌握艺术技巧而发愤学习。如王羲之临池学书，池水皆墨。中国京剧演员大多是从几岁起就练功，即所谓的"四功五法"，成名之后也不敢松懈。艺术作品的魅力既来自它的情感和意境，也来自它的杰出技巧。俄罗斯画家列宾观赏《庞贝城的末日》时曾经为那"辉煌的技巧"感动得哭起来，以至于他一反平日的艺术见解说"艺术中主要的东西就是技巧的魅力和美妙的手法"。[2]

艺术创作是一个艰苦的推敲过程。由于艺术样式的不同，艺术创作所需要的时间长短没有一定。有的一挥而就，有的却要长期磨炼。而就多数艺术家的创作情况看，艺术传达是一个痛苦的推敲过程。艺术史上留下了

---

[1] ［德］黑格尔：《美学》，第1卷，35页，北京，商务印书馆，1979。

[2] 龙协涛：《艺苑趣闻录》，9页，北京，北京大学出版社，1984。

大量这样的故事，如歌德花费60多年的时间创作《浮士德》，曹雪芹"披阅十载，增删五次"，完成了《红楼梦》，杜甫发誓"语不惊人死不休"，贾岛在"独行潭底影，数息树边身"两句诗旁注释道："两句三年得，一吟双泪流。知音如不赏，归卧故山秋。""推敲"的故事就来自贾岛的毛驴冲撞了韩愈。罗丹为了创作《思想者》(见图27)，前后做了几十稿，又几十次推翻，最后才表现出思想的力度。

艺术创作是从"自然丘壑"到"胸中丘壑"再到"纸上丘壑"的过程。郑板桥曾经叙述他画竹的三个阶段即从"眼中之竹"到"胸中之竹"再到"手中之竹"：

> 江馆清秋，晨起看竹，烟光、日影、露气，皆浮动于疏枝密枝之间。胸中勃勃，遂有画意。其实胸中之竹，并不是眼中之竹也。因而磨墨展纸，落笔倏作变相，手中之竹又不是胸中之竹也。总之意在笔先者定则也，趣在法外者化机也(《板桥题画》)。

郑板桥所谓的画竹的过程，也正是从艺术体验、艺术构思到艺术传达的完整过程，这也是从生活真实到艺术真实的过程。从生活真实到艺术真实需要一个艺术转化，只有完成了艺术转化才称得上艺术作品。生活真实强调的是现实生活逻辑，而艺术真实则是指艺术中的假定情境。如京剧舞台上的骑马、划船等动作都是假定的，人的死而复生，动物通人性等也是根据艺术真实逻辑而来的，这些在现实生活中都是不可能发生的事情。艺术创作过程就是从生活真实转化为艺术真实的过程。

在创作过程中，艺术家处于一种高度亢奋状态，情绪饱满，想象丰富，需要一个独立的时间和空间。艺术家沉浸在这种艺术时空里，与自己所创作的艺术形象融为一体，完全和周围的现实隔离，有时达到废寝忘食的程度，甚至忽略了气候、地点和周遭的世界。画家靳之林在创作时往往来不及打开颜色的盖子，一口把盖子咬下来，嘴上染满了缤纷的色彩。在陕北画《宜君大雪山》(见图28)时，他坐在雪地里，任凭雪花落在画布上，和在颜色中，全然不觉。五六个小时过去了，他终于画完画，却发现双腿僵在雪中站不起来了。画面上和颜料里的雪花融化后留下一个个可爱的小圆点。有些艺术家在创作时给自己准备一个特别的空间，以保证独立的艺术时空。南朝画家顾骏之盖了一座小楼作为创作室，开始画画就把楼梯去掉，家人也看不到他。隋朝诗人薛道衡专门准备了一张床，名为"吟榻"。想写诗就上去，听到人声就发怒。这种独立的艺术环境一旦遭到破坏，艺术创作也就无法继续。葛立方的《韵语阳秋》记载了这样一个故事。

> 小说载谢无逸问潘大临云："近日曾作诗否？"潘云："秋来日日是诗思，昨日捉笔得'满城风雨近重阳'之句，忽催租人至，令人意败，辄以一句奉寄。"

这说明一个独立时空对艺术创作的重要性。当然，并不是所有艺术家都像潘大临这么娇气。不过，艺术创作需要一个独立时空却无疑是正确的。

总之，艺术创作过程是一项复杂的精神活动，伴随着强烈的心理活动和情感活动。艺术创作的三个阶段不是截然可分，而是浑然一体的。因此，艺术创作是一个完整的过程，所谓艺术体验、艺术构思和艺术传达在具体创作中也是互相渗透、互相交叉的。

第二节　艺术创作心理

艺术创作是一种创造性精神生产，伴随着复杂的心理活动与思维活动，如形象思维与抽象思维、意识与潜意识、灵感及直觉等。为了更好地理解艺术创作过程，我们有必要对这些心理活动和思维特征进行简要描述。

一、形象思维与抽象思维

人类认识世界的两种基本方式是形象思维和抽象思维。形象思维是指运用感性形象认识世界的一种思维方式，它的基本特征是具体可感性、非逻辑性和整体性；抽象思维是指运用逻辑推理认识世界的一种思维方式，它的基本特征是理性的、逻辑的和分析的。

艺术创作是一种形象思维。别林斯基说："哲学家用三段论法，诗人用形象和图画说话。"[①]艺术创作始终和具体可感的形象连在一起。从艺术体验中，艺术家获得的是生动鲜活的生活素材，经过艺术构思提炼聚合为艺术形象，然后再通过艺术传达完成艺术作品。在整个创作过程中，形象性是最突出的美学特征。艺术体验、艺术构思和艺术传达都离不开具体可感

---

① ［俄］别林斯基：《别林斯基选集》，第 2 卷，429 页，上海，上海文艺出版社，1979。

的形象。艺术作品的结构不是依照逻辑推理展开的，而是遵守人物命运和情感发展的历程。一幅画、一首诗、一曲音乐、一尊雕塑，并不是像物理公式一样证明着什么，而是以具体的细节暗示着什么。以鲁迅的《阿Q正传》为例，它揭示了辛亥革命的不彻底性。这与历史学中所得出的结论是一致的。不过，历史学是社会科学范畴的理性分析，属于抽象思维。鲁迅小说里并没有直接说出这个结论，而是以一个个具体细节来展示辛亥革命在未庄的反映，属于形象思维。如阿Q想革命，却找不到革命党在哪里，而赵太爷和假洋鬼子反倒戴上了"柿油党"的徽章，咸与维新；带兵的还是原来的把总；尼姑庵里的革命只止于抢了宣德炉；未庄的统治者依然是赵太爷。这些艺术细节充分说明了辛亥革命的不彻底性。历史学家以史料来推理，得出结论；小说以细节塑造人物性格，它所遵守的是人物性格的逻辑，而不是理性推理。从这里可以看出，艺术自始至终和形象思维连在一起。

科学的魅力来自它的发现和发明，如数学公式和定理等；而艺术魅力则来自艺术形象。艺术作品成功的标志往往是典型形象或艺术意境，敦煌壁画的飞天、龙门石窟的佛像、金字塔的造型或王维诗歌的佛理禅境等都呈现了完整的艺术形象，给人以无穷的审美享受。艺术作品里固然包含了哲学、宗教、道德、政治等内涵，然而，人们鉴赏的是艺术形象，而不是它们的这些内涵。否则，人们宁可听关于这些学科的讲座，而不会来美术馆、音乐厅。艺术作品里最动人的正是这些栩栩如生的人物形象，是微妙的情境和精美的细节。

如上所述，艺术创作主要运用形象思维。那么，是不是艺术创作中就不需要抽象思维？答案显然是否定的。尽管形象思维是艺术创作的主要思维方式，但是，抽象思维也是不可缺少的。一部艺术作品，尤其某些宏篇巨制，不像一些小型的即兴之作，可以在短时间内完成，而是需要一定时间。艺术家必须有一个完整的艺术构思才能开始创作，如故事构架、人物性格等。有些作品还包含一定的哲理思考，这就更离不开抽象思维。中国古典诗里的情理之争也就是感性与理性的相争。唐诗重抒情，宋诗好说理。说理就难免抽象思维的介入。如人们熟知的《题西林壁》：

> 横看成岭侧成峰，远近高低各不同。
> 不识庐山真面目，只缘身在此山中。

苏轼在诗里讲了一个道理，人们常常因为自己置身其中而无法认识事物的本质。这就是说,诗歌里也含有逻辑推理的内涵,属于抽象思维。哲理诗、玄言诗中也含有明显的抽象思维特质。现在,科技发展为艺术带来了新的转机,许多艺术样式接纳了现代科技,如数字技术在电影中的应用。这也证明,艺术创作主要依靠形象思维,但也离不开抽象思维。抽象思维渗透在艺术创作过程之中。

二、意识与潜意识

意识是指自觉的心理活动。潜意识是指不自觉的心理活动。对于艺术创作来说,意识与潜意识都是非常重要的。意识是属于理性范畴的内涵,它对艺术创作的作用已经得到公认。因为没有人的意识就不会有艺术创作。艺术家创作一件作品,大多是源于一定的意识。或是自我表达,或是生活的感受,或是对社会的抗议,或是对爱者的赞美,等等,都不是无感而发的。印度诗人泰戈尔的《新月集》是为了纪念死去的妻子和女儿而作的,达利的《内战的预兆》是为西班牙内战而作的。建筑和雕塑更是在明确意识指导下创作的,如故宫、人民英雄纪念碑等。艺术创作过程中也浸透着意识活动。如艺术作品的构思、布局谋篇、修改等活动,也是在一定的意识作用下完成的。因此,艺术创作自始至终伴随着意识活动。

潜意识是弗洛伊德精神分析学的重要内涵。弗洛伊德认为,人是由本我、自我、超我构成的。与之对应,人的精神分为无意识、前意识和意识。在人的全部精神活动中,意识只是海面上冰山的一角,而潜意识(包括无意识和前意识)则是海里的冰山主体。所以,潜意识对人类的活动有着巨大的影响。弗洛伊德认为,潜意识发自本我,是人类的原始冲动和本能欲望,特别是性的欲望。潜意识被意识所压迫,只能隐秘地活动。但是,它代表了无法实现的本能欲望,总会以某种方式泄露出来。荣格在弗洛伊德的基础上进一步提出了集体无意识学说。他认为,每个人都有个体无意识,一个民族也有集体无意识,它沉淀在民族记忆的深处。目前,人们对潜意识在艺术创作中的作用还没能达到统一的认识。不过,潜意识的存在却是无法否认的。艺术史上有过大量梦与艺术、酒与艺术甚至鸦片与艺术的故事,如梦中得诗、梦中画画、酒后作诗、酒后谱曲等。中国诗人陶渊明、李白、苏轼都是酒神。杜甫在《饮中八仙歌》里唱道:

李白一斗诗百篇,长安市上酒家眠。
天子呼来不上船,自称臣是酒中仙。

草圣张旭也是八仙之一：

> 张旭三杯草圣传，
> 脱帽露顶王公前，
> 挥毫落纸如云烟。

这些诗仙、草圣都是酒坛里泡出的艺术大师。据说，欧洲近代一些艺术家如法国象征派诗人波德莱尔等人作诗时喜欢抽两口鸦片，以此激发灵感。抽鸦片固然不足取，但由此可见潜意识对艺术创作确实有重大作用。

从艺术史来看，梦和酒确实与艺术有一定的关系。人们在梦中、酒后放松自己的意识，潜意识趋于活跃，一些清醒状态下被压迫的心理活动开始自由戏耍，出现了令人惊讶的陌生念头和怪异想法——这往往构成艺术作品里最激动人心的地方。当然，这并不等于说没有梦和酒就没有艺术。从艺术史来看，嗜酒和做梦的艺术家毕竟是少数。

不过，即使不嗜酒和做梦的艺术家也常常在创作时陷于潜意识状态，酒与梦仅仅是手段，目的正是达到潜意识的释放。潜意识是艺术创作的资源宝藏。

三、灵感及直觉

灵感和直觉不是两个并列的概念，它们有交叉，又有区别，都是艺术创作过程中的重要心理活动。

灵感是一种豁然开朗的顿悟式思维状态，是创作的发现与飞跃，常常伴随着迷狂情感。它不同于形象思维和抽象思维，而是另外一种独特的创造性思维方式。它出现于科学研究中，但更多发生在艺术创作里。

灵感是艺术创作中令人神迷而又无法捉摸的奇异现象。它往往突然降临，像一位不速之客；又倏尔离去，如电光之闪耀。灵感来时，艺术家总是沉溺于极度的迷狂中，如有神助，如登仙界，灵魂陷入战栗。突如其来、稍纵即逝、高度亢奋，这就是灵感的特征。

人们对灵感早就有认识。柏拉图说："诗神就像这块磁石，它首先给人灵感，得到这灵感的人们又把它递传给旁人，让旁人接上它们悬成一条锁链。凡是高明的诗人，无论在史诗或抒情诗方面，都不是凭技艺来做成他们的优美的诗歌，而是因为他们得到灵感，有神力凭附着……诗人是一种轻飘的长着羽翼的神明的东西，不得到灵感，不失去平常理智而陷入迷狂，就没有能力创造，就不能做诗或代神说话。"①中国古代把艺术创作看成是神授的事情，所谓"文章本天成，妙手偶得之"就是指艺术来自灵感。

古往今来，多少艺术家尝受了灵感的甜蜜，也有多少艺术家苦苦等待，磨白了岁月的黑发。俄罗斯诗人普希金在《秋》中这样描绘灵感的诞生：

> 我常常忘记世界——在甜蜜的静谧中，
> 幻想使我酣眠。
> 这时诗歌开始苏醒：
> 灵魂洋溢着抒情的激动，
> 它颤抖，响动，探索，像在梦中，
> 最终倾泻出自由的表现来——
> 一群无形的客人向我涌来，
> 是往日的相识，是我幻想的果实。
> 于是思想在脑中奔腾、澎湃，
> 轻妙的韵律迎面奔来。
> 于是手指儿忙着抓笔，笔忙着就纸，
> 刹那间——诗句就源源不断地涌出……

李贺出游时，身上总是背着一个锦囊，想到动人的意象就记下投入囊中；苏轼随身带着笔墨，灵感一来就开始创作，不管是在路上、家里，还是鸡窝猪圈旁边。他自称："作诗火急追亡逋，情景一失后难摹。"(《腊日游孤山访惠勒惠思二僧》)作曲家舒伯特睡觉时不摘眼镜，一旦灵感出现就爬起来谱曲。他的名作《鳟》就是半夜里醒来乐思大发，在床上一气呵成。

对于艺术家而言，灵感是一种甜蜜的战栗。它仿佛神灵附体一样，有时还伴随着生理反应。郭沫若在《我的作诗的经过》中回忆《地球，我的母亲》和《凤凰涅槃》的创作状态：

> 《凤凰涅槃》那首长诗是在一天之中分两个时期写出来的。上半天在学校课堂里听讲的时候，突然有诗意袭来，便在抄本上东鳞西爪地写了那诗的前半。在晚上行将就寝的时候，诗的后半的

---

① ［古希腊］柏拉图：《伊安篇》，《西方文艺理论名著选编》，上册，6～7页，北京，北京大学出版社，1985。

意趣又袭来了，伏在枕头上用着铅笔只是火速地写，全身都有点作寒作冷，连牙关都在打战。就那样把那首奇怪的诗也写了出来。

《地球，我的母亲》是民八学校刚好放了年假的时候做的，那天上半天跑到福冈图书馆去看书，突然受了诗兴的袭击，便出了馆，在馆后僻静的石子路上，把"下驮"（日本的木屐）脱了，赤着脚踱来踱去，时而又率性倒在路上睡着，想真切地和"地球母亲"亲昵，去感触她的皮肤，受她的拥抱——这在现在看起来，觉得真是有点发狂，然在当时却委实是感受着迫切。在那样的状态中受着诗的推荡，鼓舞，终于见到了她的完成，便连忙跑回寓所把她来写在纸上，自己觉得好像真是新生了的一样。①

灵感确是来无影、去无踪，像一阵轻风。有人寻寻觅觅找灵感，有人冷冷清清等灵感。灵感到底在哪里？诗人艾青说："灵感是诗人对于外界事物的一种无比协调、无比欢快的遇合；是诗人对于事物的禁闭的门的偶然的开启。灵感是诗的受孕。"②有人问灵感是怎么来的，他回答说："我要是知道就好了，我要是知道，我就把它关起来，不放它走了。"③一位喜欢追寻灵感的诗人说："当我感觉到冥冥之中又有了一首诗的踪迹，我便戒食豆类，而且常乘出租汽车有意无意地四处兜风。尽管这对我过于奢侈，为的是捕捉到空气中的那首诗。"④从艺术史的经验来看，灵感固然来去无迹、不可捉摸，带有一定的神秘色彩。然而，灵感也不完全是神授天赋，它往往是长期思考、勤奋工作的结果。守株待兔式地等候灵感的降临肯定一无所获。黑格尔说："最大的天才尽管朝朝暮暮躺在青草地上，让微风吹来，眼望着天空，温柔的灵感也始终不光顾他。"⑤大师是天才加勤奋的艺术工匠。为了获得一个准确的动作或形象，罗丹常常作出许多泥稿，仅仅《巴尔扎克》的草稿达几十种。正是因为这种勤奋工作，天才的罗丹才创作出那么多杰出的艺术形象。

---

① 郭沫若：《沫若诗话》，135 页，137 页，成都，四川人民出版社，1984。

② 艾青：《诗论》，《中国现代诗论》，342 页，广州，花城出版社，1985。

③ 艾青：《答〈诗刊〉问十九题》，《艾青谈诗》，243 页，广州，花城出版社，1983。

④ ［德］君特·格拉斯：《谈文学》，载《世界文学》，1987(6)。

⑤ ［德］黑格尔：《美学》，第 1 卷，364 页，北京，商务印书馆，1979。

　　艺术创作中的灵感思维是一种复杂的心理活动。它不请而至,飞跃、顿悟和忘我的痴迷宛如飞天的飘带卷起狂欢的心灵,缤纷如雨的意象自天而降。突然,它不辞而别,刹那间消逝了,无影无踪。我们至今没有——也许永远也不可能科学地研究其内部机制,但是,从艺术史的经验我们知道,灵感只降落在勤奋天才的门口:长期积累、一朝得之。

　　直觉是指不经过逻辑推理而直接抵达事物本质的一种思维方式。它是艺术创作过程中出现的一种创造性思维能力。艺术家往往具有发现的目光,穿越逻辑之网直达事物的中心,提炼出独特的审美经验和审美意象。俄国画家苏里柯夫从观察雪地里的一只乌鸦引起名画《女贵族莫洛卓娃》(见图29)的构思,这是一次直觉的美学体验。苏里柯夫从雪地上的乌鸦发现了一种美——这正是《女贵族莫洛卓娃》的核心美学精神。艺术家通过直觉捕获审美意象,完成艺术创造。

　　意大利美学家克罗齐更进一步,他认为直觉即表现,"艺术是纯直觉或者说纯表现"。[①] 他把艺术等同于直觉。自然,这种观点较为偏颇。但他的理论证明了直觉在艺术创作中的地位和作用。

　　直觉与灵感有相像之处,如拒绝逻辑推理、具有创造性等特征。因此,波普尔认为灵感就是创造性直觉。事实上,二者虽然有某些共同之处,但也有一些不同。从性质上看,灵感是一种思维状态,而直觉是一种思维能力;从特征上看,灵感是突如其来、稍纵即逝、高度亢奋,而直觉则不一定像灵感那样来去无踪,它具有相对的稳定性;从对象来看,灵感是心灵的飞跃,不一定需要客观物象,而直觉和直观密切相连,是面对客观物象产生的。总之,灵感和直觉都是创造性思维,是艺术创作中的重要心理活动,对于艺术创作具有重大作用。

第三节　艺术情感与艺术想象

　　艺术情感和艺术想象不仅是艺术创作中的重要心理活动,而且伴随艺术活动的全部流程——从艺术创作、艺术作品到艺术接受。因此,这里有必要对艺术情感和艺术想象进行深入考察。

----

　　① ［意］克罗齐:《美学原理·美学纲要》,316 页,北京,外国文学出版社,1983。

一、艺术情感

艺术是情感的表现形式,没有情感就没有艺术。托尔斯泰说:"艺术是这样的一项人类活动:一个人用某种外在的标志有意识地把自己体验过的感情传达给别人,而别人为这些感情所感染,也体验到这些感情。"①根据托尔斯泰的理论,艺术是情感的传达。

中国古代就有"诗缘情"之说。后来,"吟咏性情"就成为中国古典诗的一种传统。从钟嵘、皎然、司空图、严羽、徐渭、王夫之、王国维到宗白华,都强调诗的性情,从而形成了独特的艺术理论。欧洲虽然理性主义炽盛,但对情感在艺术中的作用也不能视而不见。柏拉图谈到了诗的迷狂现象,亚里士多德论述了悲剧的净化作用,至近代浪漫主义、现实主义美学潮流兴起,情感在艺术里的地位和作用越来越受到器重,尤其表现主义视情感为艺术的生命。现代艺术理论家克莱夫·贝尔称:"在各个不同的作品中,线条色彩以某种特殊方式组成某种形式或形式间的关系,激起我们的审美情感。这种线、色的关系和组合,这些审美的感人的形式,我称之为有意味的形式。"②他把"有意味的形式"中的"意味"解释为审美情感。科林伍德认为,"艺术家力图做的事情是表现一个特定的情感。"③苏珊·朗格进一步阐述道:"凡是用语言难以完成的那些任务——呈现感情和情绪活动的本质和结构的任务——都可以由艺术品来完成。艺术品本质上就是一种表现情感的形式,它们所表现的正是人类情感的本质。"④这不仅是艺术理论家的理性认识,也是艺术家一生经验的总结。匈牙利音乐家李斯特认为音乐"既表达了感情的内容,又表达了感情的强度;它是具体化的、可以感觉得到的我们心灵的实质。……音乐是不假任何外力,直接沁人心脾的最纯的感情的火焰。"⑤由此可见,情感是艺术创作中一个不可忽略的重要元素。它不仅构成了艺术表现的内涵,而且从头到尾伴随着艺术活动。

情感体验积累是艺术创作的基础和最初动因。情感体验是艺术体验的重要内涵,艺术体验就是艺术家在和自然的遇合过程中获得的情感体验。

---

① [俄]托尔斯泰:《艺术论》,47~48页,北京,人民文学出版社,1958。

② [英]克莱夫·贝尔:《艺术》,4页,北京,中国文联出版公司,1984。

③ [英]科林伍德:《艺术原理》,288页,北京,中国社会科学出版社,1985。

④ [美]苏珊·朗格:《艺术问题》,7页,北京,中国社会科学出版社,1983。

⑤ 转引自汪流:《艺术特征论》,264页,北京,文化艺术出版社,1984。

这种情感是一种审美情感。艺术家的情感体验越丰富、越深厚，就越有可能创作出优秀的艺术作品。"读万卷书，行万里路"正是情感体验的积累过程。情感体验积累到一定程度，就会产生创作冲动，一吐而后快。歌德的《少年维特之烦恼》是歌德本人在恋爱失败后的倾诉。他本来想用自杀来清洗恋爱失败的苦恼，后来想起了小说这种艺术形式，就写了出来。小说写出之后，他的烦恼得到释放，于是就不想自杀了，还活了高寿。情感催促着歌德进行艺术创作。

艺术创作过程中始终伴随着强烈的情感活动。艺术家在艺术创作中往往会变成一个痴人，因为他们深深沉浸在艺术情感里，逃离了常规生活状态。福楼拜谈起《包法利夫人》里爱玛之死时说："我的想象的人物感动我、追逐我，倒像我在他们的内心活动着。描写爱玛·包法利服毒的时候，我自己的口里仿佛有了砒霜的气味，我自己仿佛服了毒，我一连两次消化不良，两次真正消化不良，当时连饭我全吐了。"①巴尔扎克常常为自己小说的主人公担忧。汤显祖的《牡丹亭》中有一场戏：杜丽娘死后，春香陪老夫人游园，睹物思情，物是人非。写到此处，汤显祖按捺不住，躲在院里的草堆上哭了起来。

情感不仅表现在艺术创作过程中，更重要的是呈现在艺术作品里，这就是人们通常所说的艺术情感。

艺术情感是指艺术作品里呈现出来的情感，是自然情感的提升和超越，具有象征结构与审美品质。艺术情感的突出特征是共通性和审美性。

艺术情感不是指艺术活动中的所有情感，而是呈现在艺术作品之中的情感。艺术创作过程中的强烈情感活动是属于艺术家的私有情感，不能称作艺术情感。只有把艺术家的私有情感转化为艺术作品的情感才是艺术情感。比如说，鲁迅创作《阿Q正传》时的情感不能称为艺术情感，但《阿Q正传》里呈现的情感就是艺术情感。

艺术情感是自然情感的提升和超越，从而获得象征结构和审美品质，即共通性和审美性。象征结构是指艺术情感既是具体的情感，又具有形而上的品格，成为一种情感范式。这种情感范式不仅属于艺术家个人，也属于人类的共同心理，生成了艺术情感的共通性。以贺知章的《回乡偶书》为例：

---

① 李健吾：《福楼拜评传》，82页，长沙，湖南人民出版社，1980。

少小离家老大回，乡音无改鬓毛衰。

儿童相见不相识，笑问客从何处来。

这首诗描绘了诗人贺知章年老还乡的自然情感。但是，经过艺术转化，这种自然情感提升为艺术情感，具有了象征结构。诗中提炼出一种情感范式：年轻离家，年老还乡，被没有见过面的儿童认作客人。何处是乡，何处为客，无法明晰的思考在心里凝聚为一种矛盾情感。这是许多游子的共通情感——这是此诗至今还在流传的内在奥秘。

审美品质是指艺术情感超越了自然情感"置身其中"的功利性，而是采取远距离观照方式，从而呈现了无功利目的的审美特性。这是艺术情感与自然情感的重要区别。自然情感为一时一事而发，具有明确的功利目的。如仇敌的恶意争吵，情人的绵绵私语，在现实中都是个别的、功利的。而一旦转化为艺术作品中的场景，就超越了自然情感的恩恩怨怨成为艺术情感，具有审美品质。如瞎子阿炳的《二泉映月》是他一生痛苦情感的写照，真像白居易所说的"弦弦掩抑声声思，似诉平生不得志"（《琵琶行》）。但是，在作品里，生活的自然情感已经转化为艺术情感，具有了审美品质。人们在欣赏这部音乐作品时不是欣赏它的痛苦情感，不是去考察阿炳的生活历程，而是欣赏它的艺术情感，即一种共通的情感范式。在艺术情感里，人们得到了灵魂的净化和审美的洗礼。

综上所述，艺术情感是艺术作品中不可或缺的元素，它来于自然情感，又高于自然情感，具有共通性和审美性。艺术情感是艺术魅力的发源地。

二、艺术想象

想象和情感一样，是构成艺术的基本元素。

想象是指对记忆表象进行综合加工、创造艺术形象的一种思维方式。它的特征是具体可感性和非逻辑性。想象不是理性的逻辑推理，而是以鲜活的感性形象进行思维，浮想联翩，花雨缤纷。它得到的不是科学结论，而是艺术形象。想象恣意驰骋，纵心邀游，自由嬉戏，徜徉于时空之间。正如中国古代文艺理论家刘勰在《文心雕龙·神思》中所描述的："寂然凝虑，思接千载；悄然动容，视通万里；吟咏之间，吐纳珠玉之声；眉睫之前，卷舒风云之色。"

想象在艺术活动中发挥着不可取代的作用。可以说，没有想象就没有艺术。想象不仅在艺术体验、艺术构思、艺术传达等艺术创作过程中有着重要地位，而且在艺术作品、艺术接受中也发挥了重大作用。总之，想象贯穿了艺术生产的全部活动。

想象力是一种创造性思维能力。黑格尔称之为"最杰出的艺术本领"①。想象在浪漫主义和象征主义艺术家那里获得了空前价值和至高无上的赞美。画家德拉克洛瓦认为"只有想象力，或者换一种说法，只有感觉的细腻性，才能使人看到别人所不能看到的东西"②。也就是说，想象力是艺术家的特殊能力。关于想象力，象征派诗人波德莱尔论述得充分而又深刻。在《再论埃德加·爱伦·坡》中他写道：

> 在他看来，想象力是各种才能的王后；但是，他在这个词中看到了某种比一般读者所看到的更为高深的东西。想象不是幻想，想象力也不是感受力，尽管难以设想一个富有想象力的人不是一个富有感受力的人。想象力是一种近乎神的能力，它不用思辨的方法而首先觉察出事物之间内在的、隐秘的关系，应和的关系，相似的关系。③

在这里，波德莱尔论述了想象力的特征：不用思辨而直接进入事物本质的能力。想象力不是胡思乱想，或者自由联想，而是一种发现事物之间内在关系的能力。《1859年的沙龙》中他又论述了想象力的性质和地位：

> 想象力，这个各种官能的皇后，是何等的神秘！它与一切官能有关；激动它们，驱使它们作战。始终与它们形同貌似，几乎难分彼此，但又始终还是它自己。
>
> 想象力既是分析，又是综合；但巧于分析、十分敏于总结的人，可能缺乏想象力。想象力是这一切，而却不完全是这一切。想象力是一种敏感；但有些人很敏感、太敏感，却毫无想象力。第一次给人们以形、色、声、香的道德意义的，便是想象力。在

---

① ［德］黑格尔：《美学》，第1卷，357页，北京，商务印书馆，1979。

② ［意］利奥奈洛·文杜里：《西欧近代画家》，上册，91页，北京，人民美术出版社，1979。

③ ［法］波德莱尔：《波德莱尔美学论文集》，250页，北京，人民文学出版社，1987。

世界之初，想象力创造了比拟和比喻。它分解万物，使用一些除
了灵魂最深处再无其他来源的规则，积累素材而加以处理，创造
出一个新世界，产生出一种清新的感觉。世界是它创造出来
的。……想象力是真理的皇后。①

　　这样，波德莱尔论述了想象力的性质和特征：它是一种创造性思维能
力，它既是分析，又是综合，不经过推理而直接透视事物的本质。象征主
义诗歌是最富有想象力的艺术作品，尤其波德莱尔和兰波的诗，想象丰富
而奇特，令人开阔、惊异。如兰波的《元音字母》：

　　　　　　A黑，E白，I红，U绿，O蓝：元音，
　　　　　　终有一天我要说破你们的来历：
　　　　　　A，围着腐臭的垃圾嗡嗡不已
　　　　　　苍蝇紧裹在身上的黑绒背心；

　　　　　　阴暗的海湾；E，蒸汽和帐篷的白洁，
　　　　　　冰川的尖峰，白袍的王子，伞形花的颤动；
　　　　　　I，殷红，咳出的鲜血，美人嗔怒中
　　　　　　或者频饮罚酒时朱唇上浮动的笑意；

　　　　　　U，圆圈，碧绿的海水神奇的战栗，
　　　　　　遍地牛羊的牧场的宁静，炼金的术士
　　　　　　开阔前额上深刻皱纹意味的安详；

　　　　　　O，发出古怪尖叫的末日号角，
　　　　　　任凭星球和天使遨游太空的寂寥：
　　　　　　——奥米加，她的眼睛射出的紫色柔光。

　　他赋予元音字母以色彩，揭破它们的身世之谜，可谓把想象力发挥到
极致状态。
　　飞翔是人类世世代代的愿望，艺术家运用想象创造了各种各样的飞翔
形象，最有意思的莫过于古希腊神话中的爱神丘比特（见图10中的小天使）
和敦煌壁画里的飞天（见图30）。小天使为了飞翔，身上长出两只翅膀，而

────────────

　　①　［法］波德莱尔：《西方文论选》，231页，上海，上海译文出版社，1979。

飞天只需飘带一扬便飞腾而起。这种不同的飞翔方式也隐喻了中国和西方两个民族在想象方式和想象力上的差异。

艺术想象是创造艺术形象的主要途径。不仅孙悟空、猪八戒这样的虚构艺术形象要靠想象，就是所谓写实艺术形象也需要想象力，如阿 Q、方鸿渐、答尔丢夫等，更不用说音乐这样纯粹的音响艺术——没有想象就没有音乐的存在。因此，想象力成为鉴定艺术家才能的一个尺度。

想象的丰富性直接影响艺术作品的魅力。中国喜剧电影之所以不受观众的爱戴，最大病症就在于缺乏想象力。卓别林的影片以超奇想象力赢得了一代又一代不同国度和肤色的观众，如《淘金记》《摩登时代》等优秀作品，其中大量富有想象力的细节为人们津津乐道，如餐桌上的面包舞、摇晃的小木屋、舞厅里狗绳作腰带、衣服纽扣当螺丝等。

想象也构成了艺术接受的重要元素。艺术接受是艺术作品和观众的遇合，观众需要以想象重建艺术形象。对于一个没有想象力的观众，再好的作品也无法显示其魅力——失去了想象就无法重建艺术形象。因此，想象在艺术创作、艺术作品和艺术接受中都发挥着极大的作用。

情感和想象是艺术生产中的重要元素。它们的性质、特征和作用都不相同，但二者密不可分：情感越强烈，想象越丰富；想象越丰富，情感越强烈。它们相互激励、相互生长。认识艺术情感和艺术想象对于深入理解艺术创作、艺术作品和艺术接受有着重大意义。

[基本概念]

艺术体验　艺术构思　艺术传达　形象思维　抽象思维　意识　潜意识　灵感　直觉　艺术情感　艺术想象

[思考题]

1. 请结合具体艺术作品，论述艺术创作过程。
2. 试分析意识和潜意识在艺术创作中的作用。
3. 请谈谈艺术创作里的灵感现象，并比较灵感与直觉的异同。
4. 以艺术作品为例，论述艺术情感的特性。
5. 谈谈艺术想象在艺术创作中的作用。

第五章

艺术家

艺术家是艺术作品的创作主体，在关于艺术的四个要素中居于重要地位。没有艺术家，也就没有艺术的存在。那么，艺术家是一种什么样的人，需要什么素质与修养，他们在社会上是一种什么样的地位，有什么作用，这是艺术学应该回答的问题。

第一节 艺术家的身份

一提起艺术家，人们便会想到那些身穿大红背心、留着长发的怪癖者。其实，这是一种善意的误解。这些才子气十足、以怪异为美的艺术家仅仅是 19 世纪以来现代艺术家中的一部分，而更为广大的艺术家是无法从相貌上辨认的。

也常常有人把艺术家和那些专业的艺术团体视为一体，如美术家协会或乐团，认为艺术家就是专门从事艺术创作的人。这也是一种误解。职业艺术家是人类历史上很晚才出现的艺术群体，而在漫长的人类文明史上，艺术家是普通劳动者，艺术只是他们的兼职活动，不管是出于个人兴趣还是社会需要。

总而言之，艺术家就是艺术品的创造者，是艺术创作的主体。在通常情况下，艺术家分为职业艺术家和非职业艺术家两种，他们共同创造了人类的艺术。

一、非职业艺术家

非职业艺术家无论是从在历史上存在的时间、出现的人数还是作品的丰富性来说，都远远超过了职业艺术家。这在原始艺术家、民间艺术家和中国古代的兼职艺术家身上都可以发现充分的证据。

世界上出现最早的艺术家都是非职业艺术家，即史前艺术家。他们记录了人类初期的文明发展与心路历程。从现在出土或发现的史前艺术中，我们可以看到，原始艺术家是在一种非常艰苦的情形下从事艺术创作的，他们不是为了审美的目的，而是为了人类的生存和发展创作的实用艺术，其基本主题是生存和繁衍，即食物和性。这些艺术不仅在艺术主题上，在艺术风格上也呈现了集体创作的特征。史前艺术作为原始人集体意识的集中表现，个人风格几乎趋于零。这些原始艺术家不是原始社会的特殊阶层，而是和大家一样的劳动者，他们也要去打猎，和野兽搏斗。只有创作时他们才是艺术家。

与原始艺术家相似，民间艺术家也大多是非职业艺术家。他们农忙时参加劳动，农闲时开展艺术活动，有的作品就创作在劳动过程中。[①] 民间艺术家在所有的民族中都存在，尤其在农业文明时期，更是不可缺少。大家熟知的《诗经》是我国最早的一部诗歌总集，其中收集的主要是从原始社会末期到春秋时代的民歌，大多是无名诗人的作品。举世闻名的敦煌壁画也不是职业艺术家的作品，而是出于民间画工之手，他们居住在正常人无法直立的"画工洞"，在贫穷与压迫下完成了"沙漠大画廊"的杰出创造。[②]现在，中国民间艺术依然非常发达，民间舞蹈、民歌、剪纸、面塑、绘画等，都取得了令人惊奇的成就。民间艺术家平时从事劳动，只在业余时间创作艺术作品，而且他们的艺术作品往往与生活关系密切，并不为发表或销售。他们既是艺术家，又是普通劳动者。画家靳之林先生在陕北黄土地上发现了成千上万的剪纸能手，其中有数十人已经进入优秀艺术家之列。1980 年，在陕西省安塞县的剪纸学习班上，农民艺术家陈生兰剪出了《抓髻娃娃》（见图 3）。靳之林认为这位双手抓鸡、双腿站立的抓髻娃娃就是中华民族的保护神与繁衍之神。[③] 旬宜县的库淑兰是一位杰出的剪纸大师，1996 年被联合国教科文组织命名为"民间工艺美术大师"。她的《剪花娘子》（见图 31）不仅造型生动，而且还创造了个人神话。这位剪花娘子既是库淑兰自己的理想化身，又是所有剪纸妇女的象征。这些民间艺术家都不是以剪纸谋生，原来也不知道剪纸是艺术，只是为了美化生活、寄寓情思而剪的。她们在农村既要操劳家务，又要参加生产劳动，有不少还是劳动能手。

同样，中国古代艺术史上的艺术家大多也不是职业艺术家，而是兼职艺术家。多数人在政府做官，或者经营田园、驰骋疆场，总之，都有自己的职业，艺术只是业余爱好。以诗人和画家为例，大部分都是政府官员，艺术活动只是业余工作，"余事作诗人"。如屈原、王羲之、杜甫、阎立本、苏轼、辛弃疾等，有的人还官居宰相之类的高位。没有做上官的也想做官，他们大多是在公事之余以艺术抒发自我。所以，不少中国古代诗人大都有宏大的政治抱负，如李白的"但用东山谢安石，为君谈笑静胡沙"，杜甫的

---

① 这里所谓的民间艺术家不同于民间艺人。民间艺人以卖艺为生，已经近于职业艺术家了。

② 高屹、张同道编译：《敦煌的光彩——池田大作与常书鸿对谈、书信录》，15页，北京，中国社会科学出版社，1991。

③ 靳之林：《抓髻娃娃》，北京，中国社会科学出版社，1989。

"致君尧舜上，再使风俗淳"等。职业艺术家在古代只是少数，如"扬州八怪"中的汪士慎等人以卖画为生。

二、职业艺术家

职业艺术家的出现是人类文明进化的结果。它伴随着社会生产力水平的提高，其中一部分人从体力劳动中解脱出来，专门从事人类精神生产，成为职业艺术家。

职业艺术家的重要特征是，他们以艺术作为谋生的主要手段，艺术作品大多是为艺术品的购买者创作的，通过艺术市场进入艺术消费系统。在现代社会里，艺术和市场已经结下了不解之缘，尤其以电影明显。电影不同于传统的个体艺术样式，诗人只要纸和笔就可以创作，电影却需要集体合作，更为重要的是它需要大量的投资，这就不是艺术家个人可以解决的问题了。而投资就会涉及市场回报，因为商人决不会心甘情愿地拿钱去让艺术家自我抒情。格里菲斯因为《党同伐异》票房的失败失去了导演资格，这也是好莱坞从导演制走向制片人制的开始。虽然，这部电影是电影史上公认的杰作。

对于艺术家职业化的趋势，不少艺术家和艺术理论家表示了忧虑。他们认为，艺术家一旦把艺术作为谋生的手段，不可避免地要迎合大众口味，丧失艺术的良知与个性，产生媚俗的作品。如果艺术家坚持自己的艺术个性，也许会导致他们与公众关系紧张。众所周知，凡·高生前一幅画也没有卖出去，他在阿尔用画换村民的啤酒，只有善良的人们才会换给他，并且等他一转身就把画撕掉。英国艺术理论家冈布里奇曾经描述过这种艺术的困境：

> 艺术家与公众之间的不信任往往是双方的。在一位财运亨通的商人眼中，艺术家硬是要拿一些粗制滥造的东西漫天要价，简直是江湖骗子一类的人物；而另一方面，"震撼资产阶级"使之感到惶惑不安，则成了艺术家公认的乐事。艺术家开始把自己视为与世不群的怪人，他们蓄长发、留胡子，身着丝绒或灯芯绒衣服，头戴宽边软帽，脖子上挂着系得松松的领带，而且对世人视为金科玉律的传统习俗差不多总是嗤之以鼻。①

---

① ［英］冈布里奇：《艺术的历程》，313页，西安，陕西人民美术出版社，1987。

这样，在 19 世纪的艺术家中便产生了一道裂痕，一部分艺术家的天性与信仰允许他们因袭旧习，并满足观众的要求，而另一部分艺术家则宁愿孤芳自赏，在寂寞无闻中保持他们高傲的节操。更为不幸的是，由于产业革命的爆发和手工艺的衰落，缺乏教养的中产阶级的兴起以及廉价的冒牌艺术品的泛滥，群众的审美趣味已经遭到了严重的破坏。

画家库尔贝表示要以艺术谋生，但拒绝出卖良知。"我希望永远依靠艺术为生，但丝毫不能丧失原则，一时一刻也不能欺骗自己的良心，不能为了取悦于人或易于抛售而画出许多千篇一律的画来。"①

艺术理论家克莱夫·贝尔坚决反对艺术家的职业化，他动情地说："让世界上所有的艺术家也都成为乞丐吧！艺术和宗教不是专业，它们不是一种付给从事这项工作的人以津贴的职业。艺术家和圣徒做他们所要做的事不是为了糊口，而是要服从于某种神秘的需要。他并不依靠作品生活——他活着是为了创造作品。"为此，他呼吁"艺术无论如何不能变成一种职业性的东西，不能通过贿赂那些顶上流的艺术家去获取这种职业，而要使每个人就其所能去创造这种艺术"②。

尽管反对艺术职业化的声音那样坚定，但是，社会发展不是任何个人能阻挡得了的。随着社会形态的转变，职业艺术家已经成为现代艺术创作的主体力量，而非职业艺术家则逐渐被排斥出艺术市场。

职业艺术家出现之后，艺术家的分工日益专业化。由于艺术媒介的多样性与复杂性，艺术分为个体性与集体性两种创作方式。个体艺术是由个体艺术家完成的，如绘画、诗歌、雕塑等；而集体艺术是由艺术家集体创作的，如话剧就不仅需要剧作家的剧本，还需要导演、演员、灯光、音乐、服装等各类艺术家的配合。话剧、电影、电视、音乐、舞蹈等艺术样式不但是集体艺术，而且需要二度创作。音乐的曲作者和词作者是初度创作，而歌唱家和乐器演奏者就是二度创作。这里既有词曲作者的风格，又有演奏者的风格，演奏者需要在词曲的基础上进行二度创作，带有自己的艺术特征。同样是一首歌曲，不同的歌唱家唱出来会是不同的艺术风格，而不同的乐器演奏的艺术效果也相去甚远。例如大家熟悉的《友谊地久天长》是

---

① 转引自冈布里奇：《艺术的历程》，320 页，西安，陕西人民美术出版社，1987。

② ［英］克莱夫·贝尔：《艺术》，176 页、191 页，北京，中国文联出版公司，1984。

由西方乐器演奏的，像钢琴、小提琴等，但在贝托鲁齐导演的《末代皇帝》中却别出心裁地用二胡演奏这首曲子，取得了意外成功的艺术效果。影片中溥仪的英国老师庄士敦即将回国，为了表示对他的留恋与景仰，末代皇帝派一队中国乐师提着二胡到车站送行，演出了这令人难忘的一幕。可以设想，如果用西方乐器演奏，那会是另外一种完全不同的艺术效果。

职业艺术家是现代艺术的主体，他们逐渐从传统的政体依附和宗教依附中走出，成为现代意义上的独立艺术家。但是，他们正面临一种新的诱惑，这就是市场。

三、艺术家的身份变迁

艺术家的身份并非固定不变的，它从诞生之日起，已经发生了巨大的变迁。总的运动轨迹是从非职业化向职业化转变，艺术家的地位不断提高，艺术家完成了由自发意识到自觉意识的转化，现代艺术家已经成为一个新的社会阶层。

随着人类文明的发展，艺术家逐渐独立为一个新的社会阶层，他们由非职业艺术家转化为职业艺术家。然而，古代艺术家的地位十分低下，他们和鞋匠、铁匠一样，是社会最底层的人。在古希腊，柏拉图把艺术家赶出了理想国，哲学家是最高的典范。"希腊的艺术家在社会上的地位，是被上层阶级所看不起的手工艺者、卖艺糊口的劳动者、丑角、说笑者。他们的艺术虽然被人赞美尊重，而他们自己的人格与生活是被人视为丑恶缺憾的(戏子在社会上的地位至今还被人轻视)。希腊文豪留奇安(Lucian)描写雕刻家的命运说：'你纵然是个飞达亚斯(Phidias)或波里刻勒(希腊两位最伟大的艺术家)，创造许多艺术上的奇迹，但欣赏家如果心地明白，必定只赞美你的作品而不羡慕作你的同类，因你终是一个贱人、手工艺者、职业的劳动者。'"①

法国诗人瓦雷里曾经羡慕地谈起中国古代诗人："中国民族是，或曾经是，最富于文学天性的民族，唯一从前敢将政事委托给文人，而它的主人翁夸耀他们的笔胜于他们的权杖，并且把诗放在他们的宝藏里的民族。"②这种误解的美丽掩饰了中国诗人的真实身份。其实，中国古代的艺术家同

① 宗白华：《美学与意境》，111页，北京，人民出版社，1987。
② [法]瓦雷里：《法译"陶潜诗选"序》，转引自梁宗岱：《诗与真二集》，上海，商务印书馆，1936。

样是没有社会地位的人。中国诗人的地位比较高，但不是因为他们是诗人，而因为他们是政治家。诗人只是兼职而已。真正的诗人——现代意义上的诗人在古代实属凤毛麟角，而命运大多凄惨，如"奉旨填词"的柳永，最后只得由妓女把他掩埋。即使中国文人津津乐道的李白，贵妃为之研墨，高力士为之脱靴，也不免流窜夜郎，落得"世人皆欲杀"的结局。以至于杜甫感慨地说，"文章憎命达，魑魅喜人过"。关汉卿作为一位伟大的戏剧家在当时也只是一名活动于勾栏瓦舍的下贱戏子而已。

总之，艺术家在古代是没有社会地位的，尽管艺术普遍地被认为是雅事——有身份的人懂艺术才是雅事，而只懂艺术却没有身份的人则是贱人。身份可以把艺术变得高雅，艺术却不能使身份变得高贵。艺术是身份的装饰，身份却不能依靠艺术获得。这是古代艺术家的共同命运。

四、艺术家的社会地位

按照人类的基本需求，社会生产可以分为两个范畴：物质生产与精神生产。精神生产中包括科学、文化、宗教、艺术、教育等具体内涵，其中它们又有分工，依照人们通常所讲的真善美——人类三种最高理想的要求，艺术家创造的是美。在漫长的历史时期，艺术常常沦为其他占有社会支配地位的意识形态的附属，如欧洲中世纪的宗教或中国封建时代的政治。但归根结底，只有人才是艺术永恒的主题。艺术是人类创作的表现人的美的创造。离开了人，艺术无从谈起。

艺术是人的基本需求之一，是人类生活不可缺少的精神元素。从人类文明初开之时，艺术就一直伴随着人类的步履。原始人在生活极度艰难时通过艺术表达他们朴素的愿望，人类最早的舞乐诗就产生在那黑暗的岁月。既然艺术是人类所必需的精神产品，艺术家自然是社会上不可缺少的角色。

艺术家是艺术美的创造者与情感代言人，这是艺术家不可取代的独特价值。世上的美由两部分组成，一是自然美，一是艺术美。自然美是造化之功，艺术美却是艺术家的创造。人类既需要在自然里寻求美韵，也需要在艺术中得到美的享受。孔子听了《韶乐》，三月不知肉味。列宁喜欢音乐，尤其对贝多芬的《热情奏鸣曲》，更是一生痴迷。每个人都有情感要表达，但并不是谁都可以成为艺术家，大众通过艺术接受寄托了自己的情感、愿望和理想。因此，大众通过艺术接受——这本身就是参与艺术创作——完成情感的表达。孔子和列宁对《韶乐》和《热情奏鸣曲》的喜爱，显然是这些音乐引起了他们的共鸣。科学昌明的现代社会，艺术早已与宗教分离。宗教已经失去了原始的感染力，而人类依然需要精神生活，艺术依旧以它独有的魅力为人们提供了一个情感家园与灵魂庇所。

与科学家相比，艺术家的工作显得更加不可取代。一位伟大的科学家发现了一条定理，固然是对人类文明的巨大贡献；但是，如果他不发现，另外一个科学家也会发现，只是时间推迟一点而已。而对于艺术家来说，他的工作不仅其他阶层的人无法取代，就是同类的艺术家也无法做到。因为任何一件艺术品都是独特的创造，饱含了艺术家的个性特征。我们不能想当然地说没有李白也会有王白、赵白之类会写出《蜀道难》，没有李白就永远不会产生《蜀道难》。

艺术是人类的心灵史，艺术家是人类心灵的记录者。人类历史是由事件与人物组成的，历史记载的是事件，人物是附属品；而艺术记录了人类的心灵。即使在表现历史事件的艺术品中，事件只是人物的背景。历史勾勒出人类的发展轨迹，而艺术描绘了每一个历史时期人们的心灵。因而，二者合起来才是一部真正的人类史。

艺术所传达的不仅是艺术家个人的心灵，更是民族的心灵。秦汉的古拙雄浑，魏晋的清峻自然，唐代的豪放慷慨都记录在每个时代的艺术里。汉代的画像石《荆轲刺秦王》(见图33)线条粗犷有力，形体高度夸张，生长着一股朴拙雄浑而不可阻挡的气势。魏晋艺术的代表是王羲之的书法(见图34)，《兰亭序》飘逸潇洒、俯仰自得，如天马行空。唐朝的代表是李白的诗歌，李白诗正如李泽厚所说的"痛快淋漓，天才极致，似乎没有任何约束，似乎毫无规范可循，一切都是冲口而出，随意创造，却都是这样的美妙奇异、层出不穷和不可思议。这是不可预计的情感抒发，不可模仿的节奏音调。"[1]

这些艺术家所表达的既是个人的心灵，也是中华民族的心灵，成为民族心灵史上重要的一章。

文艺复兴以后，西方艺术家逐渐成为有社会地位的阶层。经过18、19世纪现实主义艺术和浪漫主义艺术的长足发展，艺术家的社会影响越来越大。雨果逝世时，200万人参加了他的葬礼。贝多芬曾经写下了让艺术家备感振奋的一段名言：

　　公爵：您所以成为公爵，只是由于偶然的出身，而我所以成

---

　　① 李泽厚：《美的历程》，127页，北京，中国社会科学出版社，1989。

为贝多芬，则是靠我自己。公爵现在有的是，将来也有的是，而贝多芬却只有一个！①

艺术家是特殊精神产品的生产者，是个人与民族心灵的表达者。从某种意义上说，艺术家是一个民族精神的记录者，反过来又塑造着民族未来。因此，艺术家将与人类社会同在，并且，社会的文明程度越高，艺术家的价值就越大，地位就越高。

第二节　艺术家的素质

艺术家首先是社会人，和普通人一样过着世俗的生活。那么，是不是所有的人都可以成为艺术家呢？应该说，每个人都有成为艺术家的潜质，但随着教育和成长，人们进入不同的社会角色，最终成为艺术家的只是少数人。艺术家既有和普通人相同的一面，又有不同的特征，即艺术家必须具备一定的艺术素质。艺术素质主要包括：真性情与人格境界、发现的目光与独到的体验、艺术技巧和文化修养，尤其重要的是创造精神。

一、真性情与人格境界

真性情和人格境界是艺术家之成为艺术家的首要素质。所谓真性情，是指人们对待世界的一种态度，它率性而发，因其自然，真挚诚恳，不假矫饰，常常表现为儿童般的赤子之心；人格境界是指建立在真性情之上的自我道德完善高度，形成一种境界超拔的精神实体。真性情与人格力量是相互支持的，没有真性情，人格境界无从立足；人格境界低俗，自然是真性情缺席。因此，真性情是艺术家对待世界与人生的态度，人格力量是在真性情的人生实践中凝聚的精神实体，这是艺术家天赋与修炼的汇融。

人们经常把性情真挚、不事虚伪的人称作性情中人，因为他们有真性情。春秋时期的哲学家老子名李婴，现代艺术家、一代高僧李叔同出家之后也自题为婴，他们希望自己存有婴儿的性情。明代思想家李贽倡导童心说，他认为童心是艺术的源泉，是艺术的基本性格。为什么他们如此重视童心？因为童心是真挚的，天性自然，无拘无束。艺术家需要的就是真性

---

① ［苏联］凯尔什涅尔：《贝多芬传》，81页，上海，上海文艺出版社，1959。

情，这使他们保持了对世界与人生的真挚态度、探求兴趣、自由想象与大胆创造。宗白华先生以赞赏与企羡的口吻谈到晋代艺术家的"一往情深"：

> 晋人艺术境界造诣的高，不仅是基于他们的意趣超越，深入玄境，尊重个性，生机活泼，更主要还是他们的"一往情深"！……深于情者，不仅对宇宙人生体会到至深的无名的哀感，扩而充之，可以成为耶稣、释迦的悲天悯人；就是快乐的体验也是深入肺腑，惊心动魄；浅俗薄情的人，不仅不能深哀，且不知所谓真乐。①

他列举了《世说新语》中关于顾恺之、王羲之和阮籍的记录：

> 顾恺之拜桓温墓，作诗云："山崩溟海竭，鱼鸟将何依？"人问之曰："卿凭重桓乃尔，哭之状其可见乎？"顾曰："鼻如广莫长风，眼如悬河决流！"
>
> 王右军既去官，与东土人士营山水弋钓之乐。游名山，泛沧海，叹曰："我卒当以乐死！"
>
> 阮籍时率意独驾，不由路径，车迹所穷，辄痛哭而返。

正是这种真性情，才有晋代的书法、诗歌、音乐、绘画与雕塑，才有王羲之、顾恺之、陶渊明、谢灵运、阮籍、嵇康这样中国艺术史上一流的艺术家。艺术家往往被称为痴人、怪人、疯子，大多是因为他们的真性情。当凡·高割下自己的耳朵献给他视为圣洁情人的妓女时，他得到的仅仅是嘲讽、讥笑与轻浮。曹雪芹在《红楼梦》中写道："满纸荒唐言，一把辛酸泪，都云作者痴，谁解其中味。"然而，艺术家的天性注定了他不能变得虚伪，接受世俗的法则。明末清初画家八大山人是明王室后裔，他拒不与清代统治者合作，笔下的小鸟大多翻着白眼，有的眼睛竟画成方的，给人一种冷傲的感觉，如《荷石水禽图轴》(见图35)。

人格境界构成了艺术家的精神实体。这里所谓的人格境界不是普泛道德意义上的好人品质，而是由灵魂深处生长起来的精神之树，以生命为树干，以真性情作枝叶，生成一种元气饱满、高标独立的人格气象。贝多芬

---

① 宗白华：《美学与意境》，188~189 页，北京，人民出版社，1987。

的音乐被公认为最伟大的交响乐，至今仍然回响在全世界的音乐爱好者心中。人们欣赏的不仅是他的音乐，还有他不朽的人格境界。贝多芬像是一头金光闪闪的雄狮，火焰一样升腾着生命的光辉，成为人类心灵史上的英雄。正如罗曼·罗兰所说，他是因为心灵的伟大而不朽。他原定把《英雄交响乐》献给拿破仑，就在这时，传来拿破仑称帝的消息，贝多芬心目中的偶像破灭了：

> 贝多芬非常愤怒。他喊道："这也不过是一个凡夫俗子而已！如今他也要用他的脚践踏人权以满足自己的野心，如今他也要使自己高过所有的人而成为暴君！"贝多芬走近桌旁，拿起那面扉页，把它撕成碎片扔在地上。这部第三交响曲第一页又重新写过；贝多芬在这新扉页上这样写：
> "《英雄交响曲》……为纪念一个伟人而写。"①

同样，中国古典艺术家也非常注重人格修养。高洁与旷远是境界的两种象征，而圆融被视为天人合一的最高境界。中国艺术家的人格境界是儒道互补的哲学精神，如果环境适宜，他们愿意关注众生，兼济天下；时机不宜，他们选择返归田园，独善其身。不管穷达，君子要坚持自己的人格理想，因为中国的艺术家大多是由政治家兼职的，所以强烈的政治色彩就在意料之中了。气节是高洁的象征，中国艺术家视为生命之魂。这种气节在日常生活中表现为个人情操、理想与品性。屈原怀沙沉流，"虽九死其犹未悔"。归隐是完成气节的一种方式，即使不能与蝇营狗苟的世俗暗流争斗，至少可以不去同流合污。陶渊明不为五斗米而折腰，辞官归田。苏轼画竹不画节，而石涛画竹抱节，他说："东坡画竹不作节，此达观之解。其实天下之不可废者无如节。风霜凌厉，苍翠俨然，披对长吟，请为苏公下一转语。"（《大涤子题画钞》）事实上，二人对竹的态度体现了各自不同的人格内涵。苏轼放达高旷，画竹无节；石涛至死不屈，画竹抱节。因为石涛是明王室的后裔，他不甘作清朝的顺民。中国现代艺术家不再像古典艺术家的兼职状态，人格境界也相应调整，如社会理想为艺术理想所取代，气节也不再表现为出世入世的抉择。但是，艺术家的艺术个性、对社会与人生的态度依然昭示了一种人格境界。如徐悲鸿把"独持偏见、一意孤行"作

---

① ［苏联］凯尔什涅尔：《贝多芬传》，60页，上海，上海文艺出版社，1959。

为他的艺术理想，显示了与众不同的人格魅力。

真性情与人格境界将在艺术品中得到体现。艺术品境界的高下取决于艺术家是否具有真性情和人格境界的层次。我们虽然不能简单地把人品等同于艺品，但是，一个卑俗浅陋的人不可能创作出境界高旷的作品，热中心肠道不出冰雪人语。正如王羲之的字和李白的诗，高妙之处不在点捺的工巧与字词的优美，而是人格境界的自然呈现，在于他们的真性情。弘一大师的书法（见图36）清圆高洁，妙韵天成，正是他人格境界的自然外化。鲁迅先生曾说："美术家固然要有精熟的技工，但尤需有进步的思想与高尚的人格。他的创作表面上是一张画或一个雕像，其实是他的思想与人格的表现。"①法国雕塑大师罗丹也说过："钩心斗角，谋求富贵——这不是真正的艺术家。"②

当然，这里我们应该注意到一种双重人格现象。一些艺术家同时兼有其他角色，不同角色要求不同的人格理想，有的会感到角色之间的矛盾，不得不辞去其他角色，退守艺术家本色。如晋代诗人陶渊明和清代画家郑板桥，都曾经做过县令，却因为艺术家的本性受到压抑，弃官归田；有的艺术家能在几种角色之间游刃有余，俯仰自得，如德国诗人歌德，曾经在魏玛宫廷做官多年，同样在艺术上取得了辉煌的成就。歌德可以说是双重人格的典范。但是，这并不是说歌德就没有真性情或人格境界低下，他奉行双重标准：在宫廷，他是官僚，谨小慎微，举止有度；回到艺术的王国，他是君主，无拘无束，自由翱翔。不过，像歌德这样游走于两种角色之间的成功艺术家真是凤毛麟角。何况，歌德自己也常常处于矛盾心态之中，不能自拔。

总之，真性情与人格境界是艺术家不可缺少的一种品质。人格境界的标准会随着时代的变易而做相应的调整，但它不会消失。

二、发现的目光与独到的体验

我们天天走着一条熟路
回到我们居住的地方：
但是在这林子里面还隐藏

① 鲁迅：《鲁迅全集》，第1卷，330页，北京，人民文学出版社，1981。
② ［法］罗丹：《罗丹艺术论》，5页，北京，人民美术出版社，1978。

许多小路，又深邃，又生疏。
走一条生的，便有些心慌，
怕越走越远，走入迷途，
但不知不觉从树疏处
忽然望见我们住的地方。

像座新的岛屿呈现在天边，
我们身边有多少事物
向我们要求新的发现。

不要觉得一切都已熟悉，
到死时抚摸自己的发肤
生了疑问：这是谁的身体？
——冯至《十四行集》第 26 首

　　我们生活的大千世界早已存在了千万年，密布着祖先智慧的足迹。有人说，太阳底下无新事。然而，人类真的已经熟悉世界的每一个角落了吗？事实并不如此。正如冯至在诗中写到的"我们身边有多少事物/向我们要求新的发现"。苏珊·朗格曾说："所谓艺术家的眼睛，就是能将看到的事物（或声音、运动、事件）同化为内在形象的眼睛，也就是将表现性和情感意味移入到外部世界之中的能力。艺术家从现实生活中所取得的一个图案、一束鲜花、一片风景、一桩历史事件或一桩回忆、生活中的任意一种花样或课题，都被转化为一件浸透着艺术活力的想象物，这样以来，就使每一件普通的现实物都染上一种创造物所应具有的意味。"①艺术家必须有一双善于发现的眼睛，在习以为常的生活中发现新的内涵，感受生活、体验生活，在自然生活中寻找生命的契合点，作出对生活、自然和生命的独特思考，提炼出感性形象。这是艺术家的基本素质。

　　发现的目光要求敏锐的观察力，关注到普通人易于忽略的生活与自然内涵。艺术敏感是艺术家重要的素质，这是艺术创造的开始。法国艺术理论家丹纳说："艺术家需要一种必不可少的天赋，便是天大的苦功天大的耐

---

　　① ［美］苏珊·朗格：《艺术问题》，67～68 页，北京，中国社会科学出版社，1983。

性也补偿不了的一种天赋，否则只能成为临摹家与工匠。就是说艺术家在事物面前必须有独特的感觉：事物的特征给他一个刺激，使他得到一个强烈的特殊的印象。"①在西方绘画史上，印象派创始人莫奈被称为"伦敦雾的制造者"。莫奈在作品中把伦敦的雾画成了紫红的颜色，这激怒了伦敦市民。他们长年累月生活在这座雾都，知道雾是灰色的，何曾见过紫红的雾！可是，当伦敦市民走出展览馆，在阳光下再次看雾时，却发现雾果然是紫红色的。原来，伦敦工业发达，空中散布着大量的尘粒，加以伦敦的不少建筑物用了红色砖墙，经阳光一照，伦敦的雾就呈现出紫红的颜色。

敏锐的观察力不仅是对司空见惯的生活的新发现，也表现在瞬间捕捉事物主要特征的能力。中国民间艺术家"泥人张"张明山的泥人艺术堪称一绝。他的泥人艺术取材于现实生活，婚丧嫁娶、谈笑说唱、少女藏羞、童子戏耍，无所不有。人物造型生动，姿态万千。"泥人张"能在很短的时间里抓住人物的神情，迅速表现出来。据说，他看戏时常常在宽大的袖子里藏着泥土，把自己喜爱的角色捏出来。1947年2月22日天津《大公报》记录了他的一则故事：

> 观戏时，即以台上角色，权当模特儿，端详相貌，别取特征，于人不知不觉之中暗地摹索。一出未终，而伶工像成；归而敷粉涂色，衬以衣冠，即能丝毫不爽。

这样，他的名声传播开去，演员们都听说了。京剧名丑刘赶三上场发现"泥人张"坐在前排，急忙退下，再上场向观众解释说："'泥人张'在台下，我不敢上场，怕他把我捏上了。"

艺术敏感更体现在艺术家的心灵与世界的契合。一次偶然的触动——一句话、一个眼神、一片风景、一棵树、一只鸟或一缕流云，都可能引发艺术家的艺术冲动，从而形成完整的艺术构思。俄国画家苏里柯夫的名作《女贵族莫洛卓娃》来自他在雪地上看到的一只乌鸦：

> 我偶然看见雪地上有一只乌鸦。乌鸦站在雪地上，一只翅膀向下垂着，一个黑点停在雪地上。在好些年里，我不能忘记这个

---

① ［法］丹纳：《艺术哲学》，27页，北京，人民文学出版社，1994。

黑点。后来，我画了《女贵族莫洛卓娃》。①

发现的目光与丰富的生活体验结合起来就会形成独到的艺术思考——艺术家的心灵与世界的交融。生活体验主要包括人类生活体验和自然生活体验，二者一起构成了艺术的主要表现对象。德国美学家黑格尔曾说："艺术家创作所依靠的是生活的富裕，而不是抽象的普泛观念的富裕。在艺术里不像在哲学里，创造的材料不是思想而是现实的外在形象。所以艺术家必须置身于这种材料里，跟它建立亲密的关系；他应该看得多，听得多，而且记得多。"②丰富而独到的生活体验是艺术家的财富，许多艺术家为了达到对生活更为真实的观察与体验，倾尽了一生的心血。宋代罗大经在他的《鹤林玉露》中记载了画家曾云巢画草虫的故事：

> 曾云巢无疑工画草虫，年迈愈精。余尝问其有所传乎？无疑笑曰：是岂有法可传哉？某自少时取草虫笼而观之，穷昼夜不厌。又恐其神之不完也，复就草地之间观之，于是始得其天。方其落笔之际，不知我之为草虫耶？草虫之为我耶？此与造化生物之机缄，盖无以异，岂有可传之法哉？

曾云巢对草虫的体验达到了物我一体的境界，正如中国古典哲学所谓的"天人合一"。关于画家对生活观察的故事太多了，如徐悲鸿画马、达·芬奇画鸡蛋、齐白石画虾等。自然体验对于艺术家尤其重要。宋代画家范宽为了创造自己的独特风格，一人走进荒无人烟的太华山和终南山，隐居多年，观察云雨阴晴，体悟风雷变幻，终于独立一宗，留下了传世名作《临流独钓图》《雪山萧寺图》《雪景寒林图》和《溪山行旅图》（见图 37）。

发现的目光和独到的体验是艺术家的基本素质，因为艺术家的主体精神与社会自然生活的交融构成了艺术的表现内涵。

第三节　艺术家的修养

具有艺术素质的人未必都能成为艺术家，因为艺术家还必须具有艺术

---

① ［苏联］伊格纳契也夫等：《绘画心理学》，177 页，北京，科学出版社，1959。

② ［德］黑格尔：《美学》，第 1 卷，357 页，北京，商务印书馆，1979。

修养。它主要包括熟练的艺术技巧和广博的文化知识。

一、艺术技巧

生活中常常会发生这样的事情，一个艺术初学者在某种特定情境下有一种强烈的创作冲动——例如想画一幅画或者想写一首诗来表现自己的情感，构思巧妙，却不能够落实在纸上，画笔不听调遣，字词也无法组织在一起，完成的东西与自己的意图相距太远。原因很简单：缺乏艺术技巧。罗丹说："如果没有体积、比例、色彩的学问，没有灵敏的手，最强烈的感情也是瘫痪的。"①艺术技巧是完成艺术创作的最终手段。否则，再好的立意与构思也无法转化成艺术作品。

艺术技巧发展到今天，逐渐走向专业化与复杂化。由于艺术媒介的差异，艺术技巧也迥然不同。每一门艺术样式都有自己独特的艺术技巧，如电影的推拉摇移跟、蒙太奇、长镜头，京剧的四功（唱、念、做、打）五法（口法、眼法、手法、身法、步法），音乐的节奏、旋律、和声，诗的音韵、格律、结构，绘画又分为中国画、油画、水彩画、漫画、版画、工笔画、写意画等。单以中国书法用笔而论，笔法就有藏锋、出锋、中锋、侧锋、卧锋、逆锋、拖锋、方笔、圆笔、轻重、疾徐等笔势变化。技巧的复杂化与专业化要求艺术家必须掌握自己所从事的艺术样式的艺术技巧，才能熟练地运用在艺术创作中。

一个艺术家适合从事什么样式的艺术，这在很大程度上决定于个人天赋与兴趣。有的艺术家在童年时期就表现出惊人的艺术天赋，创作了优秀的艺术作品，被人们称为神童。奥地利作曲家莫扎特被誉为"音乐的太阳"，他3岁就能在钢琴上弹出简单的和弦，5岁就会作曲，6岁和姐姐一起在父亲的带领下去维也纳演出，接着又到德国、法国、荷兰、英国和瑞士巡回演出。11岁完成了第一部歌剧，13岁担任大主教的宫廷乐师。歌德曾经回忆道："莫扎特还是6岁的小孩时我见过他。他在巡回演奏。我自己当时大约是14岁。他那副鬈发佩剑的小大人的模样我还记得很清楚。"②波兰钢琴家肖邦6岁学习音乐，7岁登台演出，12岁作曲。匈牙利钢琴家李斯特9岁在钢琴公演中一鸣惊人，12岁已经成为著名钢琴家。对于音乐家的这种早慧现象，歌德说："值得注意的是，各种才能之中，音乐才能在很幼小的

---

① ［法］罗丹：《罗丹艺术论》，3页，北京，人民美术出版社，1978。

② ［德］歌德：《歌德谈话录》，204页，北京，人民文学出版社，1978。

年龄就崭露头角。例如莫扎特在 5 岁，贝多芬在 8 岁，洪默尔在 9 岁，就以音乐演奏和作曲博得亲邻们惊赞了。"①其实，早慧的不仅是音乐家，还有诗人，法国诗人兰波 15 岁写诗，19 岁搁笔已经是象征派大师；济慈逝世时才 26 岁；王勃 14 岁写出《滕王阁序》；李贺 7 岁能写诗，名动京师；骆宾王 7 岁写出了"鹅鹅鹅，曲项向天歌。白毛浮绿水，红掌拨清波"。从上面的神童故事可以看到，艺术天赋是不可否认的。因此，选择与自己天赋相合的艺术样式就会得到较好的发展，反之就可能发展很慢，甚至得不到发展，最终一事无成。

然而，天才毕竟只是极少数的一些人，而广大的艺术家群体却是靠刻苦修炼达到艺术高峰的，有些还是大器晚成——齐白石的作品 60 岁以后开始形成风格，80 岁炉火纯青，90 岁以后才达到顶峰。中外艺术史上留下了大量关于天才来自勤奋的故事。王羲之"临池学书，池水为墨"，他把池塘都练黑了，终于成为"书圣"。达·芬奇学画，老师佛罗基奥让他画蛋，画到上千。现代京剧大师梅兰芳幼年资质并不好，他的一位老师干脆说"祖师爷没给你饭吃"。可是，梅兰芳并不灰心，他更加勤奋地练习。为了怕惊动邻居，他对着绍兴酒坛练声。直到名满天下之后，他仍然不敢松懈，坚持练功。20 世纪 50 年代还发生了这样一则故事。

1951 年，梅兰芳在武汉演出《抗金兵》，他扮梁红玉。这出戏中韩世忠与金兀术水战一场，梁红玉照例要亲自擂鼓助战，增加战斗气氛。梅兰芳怕自己多年不演《抗金兵》，打起鼓来不能均匀，就事先抓紧时间温习。可是他住在交际处，这里面招待各处来武汉工作的人很多，要是把堂鼓抬进来练习，一定吵得四邻不安。为了不妨碍别人，他想了一个巧妙的办法。他向打鼓的借了两根鼓槌子，就拿自己的大腿当堂鼓，每天认真练习。……一位朋友见他这样练习，就对他说："您这样练法，鼓是打匀了，您的大腿不也遭殃了吗？您不能找一样东西打吗？"梅兰芳笑着说："你想这两根鼓槌子，空着打是没有用的。打在桌子板凳一类硬的东西上面吧，'噼里啪啦'的照样吵得厉害，挨着我们住的几号房子里的旅客，还要受影响的。打在被褥枕头一类软的东西上面吧，尘土飞起来，对于我自己的健康也不甚相宜，所以不如打在自己的腿上。这架堂鼓，随身带着，到处坐下就可以练习……"他这样练习的结果，大腿上被鼓槌打出了两块跟铜钱一样大小的青斑。

---

① ［德］歌德：《歌德谈话录》，230 页，北京，人民文学出版社，1978。

对于自己的艺术成就，梅兰芳表示："我是个笨拙的学艺者，没有充分的天才，全凭苦学。我的学艺过程与一般艺人并没有什么两样。我不知道取巧，我也不会抄近路。我不喜欢一些颂扬的话。我这几十年来，一贯地倚靠着我那许多师友们，很不客气地指出我的缺点，使我能够及时纠正与改善。"①从这位艺术大师的故事和自白中，我们可以看到，对于一位艺术家来说，艺术技巧的训练是要付出辛勤劳动的。艺术上没有一次成功是轻易取得的，即使那些早慧的天才，他们也经过了刻苦的艺术技巧练习。

艺术技巧是在长时间的艺术实践中艺术经验的积累，通过对艺术经验的继承可以迅速掌握艺术技巧。但是，艺术技巧也是不断发展的，有的艺术技巧适合前代艺术家，却未必适宜现代艺术家。特别是有的艺术技巧已经沦为僵化的教条，脱离了生动的生活和变化的时代。因此，学习艺术经验，也应该批判地继承。以电影艺术为例，默片和黑白片时代的艺术经验到现代的彩色立体声宽银幕时代就肯定不会全部适宜，电影的表现手段越来越丰富，艺术技巧也越来越发达。再如中国画，许多初学者只知道临摹，不知道写生，完全按照画谱上的方法去画自然中姿态万千的动植物，这势必把艺术导向陈陈相因的穷途末路。

此外，艺术技巧学习不能取代自然体验。生活是鲜活的，始终处于运动之中。若想创作真正成功的艺术品，必须以心灵体验生活——自然与社会。生活会突破艺术技巧的约束，有创造性的艺术家会在自然体验中创造新的艺术技巧。在早期电影史上，爱森斯坦的蒙太奇理论被视为电影的金科玉律，巴赞发现蒙太奇破坏了生活的真实面目，提出了长镜头理论，电影记录美学从此得到了重要发展。

综上所述，我们认识到艺术技巧是完成艺术创作必不可少的技能，它既要有天赋，又需要后天训练，勤学苦练是提高艺术技巧的关键。同时，我们也应该明白，艺术技巧学习不能一味照搬，食古不化，艺术技巧要和生活体验结合起来。

二、文化修养

艺术创作是创作主体与客观世界撞击的产物。假如艺术家仅仅了解他所要表现的对象，而对周围的事物一无所知，他的创作是无法完成的，因为事物决不是孤零零的个体存在，而是互相联结在一起的。况且，仅仅了

① 龙协涛：《艺坛趣闻录》，362页，北京，北京大学出版社，1984。

解所要表现的对象也不可能深入。同时，艺术创作是一种复杂的心理活动，艺术家一旦进入创作状态，他所调动的不仅仅是一时的灵感，而是全部的修养与智慧。因而，艺术家要想创作出真正成功的艺术作品，不仅需要艺术技巧，还应该具备一定的文化修养。正如法国作家乔治·桑所说的："技巧是一种才能，但它绝不是没有一切方面的广博知识也行的。必须去体验生活、去寻求真理，必须先有过许多锻炼、有过许多爱、受过许多苦，而同时又要不断地执拗地工作。在抽刀向敌之前，必须彻底学好剑术。一个艺术家，如果他仅仅是艺术家，不是软弱无力的庸才，便是趋于极端的狂士。"

　　艺术门类之间是互相引发、互相促进的。一个艺术家从事某一艺术样式的创作，也应该具有一定的其他门类艺术的知识。有的艺术家本身就同时从事两种以上的艺术创作，这对于艺术家整体创作水平的提高无疑是有很大帮助的。中国古代许多艺术家大都是精通几门艺术样式的，如唐代诗人王维既以诗名，又是中国文人画的开山之祖，他的《袁安卧雪图》是绘画史上的名作，他还是造诣高深的音乐家。王维的诗歌、绘画和音乐相互贯通，融为一体。苏东坡赞扬他的作品说："味摩诘之诗，诗中有画；观摩诘之画，画中有诗。"苏东坡本人也是诗、文、书、画都达到了相当高的境界，诗词自是中国的一流大师，文章与韩愈并驾齐驱，史称"韩潮苏海"，书法名列宋代四大书法家，同时也是中国绘画史上的名家。音乐家舒曼曾说："有教养的音乐家能够从拉斐尔的圣母像得到不少启发。同样，美术家也可以从莫扎特的交响曲获益。不仅如此，对于雕像家来说，每个演员都是静止不动的雕像，而对于演员来说，雕像家的作品也何尝不是活跃的人物。在一个美术家的心目中，诗歌都变成了图画，而音乐家则善于把图画用声音体现出来。"①法国画家德拉克洛瓦也说："音乐常常赋予我一些伟大的思想。当我听音乐的时候，我非常想画画。"②中国著名电影艺术家赵丹不仅是杰出的表演艺术家，也是有相当水准的画家、书法家，他还写过小说、剧本和散文，还懂拳术。他主演的《十字街头》《乌鸦与麻雀》《林则徐》《烈火中永生》《李时珍》等电影已经成为中国电影史上的经典作品。

　　京剧大师梅兰芳对京剧做了大量的改革，也受益于他从其他艺术中获得的启发。他业余师从齐白石学画，他画的梅、兰飘逸灵动、婀娜多姿，

---

① ［德］舒曼：《舒曼论音乐与音乐家》，148 页，北京，人民音乐出版社，1978。
② 吴志达编著：《德拉克洛瓦》，15 页，上海，上海人民美术出版社，1958。

颇像他的舞台动作。他在《维摩说法图》《九歌图》和《天女散花图》启示下，设计了《天女散花》的歌舞服饰和舞姿；受顾恺之《洛神》画卷的启迪，创作了《洛神》。梅兰芳的京剧艺术融合了其他中国艺术的技巧与精神，形成了中国京剧的一个高峰。此外，梅兰芳还嗜好养鸽子与栽花。他养鸽子兴趣浓厚，先在鞭子巷三条的寓所搭了两间鸽子棚，迁到芦草园便把西厢房划给了鸽子。养鸽正酣之际，他又开始养花，菊花、梅花、海棠、芍药、牡丹、牵牛花，满园竞放。其中，他最喜欢的是牵牛花，经他的手培育出三四十个优良品种。至于养花对他的表演艺术的影响，且听梅兰芳夫子自道：

有一次我正在花堆里细细欣赏，一下子就联想到我在台上，头上戴的翠花，身上穿的行头，常要搭配颜色，向来也是一个相当繁杂而麻烦的课题。今天对着这么许多幅天然的图案画，这里有千变万化的色彩，不是现成摆着给我有一种选择的机会吗？它告诉了我哪几种颜色配合起来就鲜艳夺目，哪几种颜色的配合是素雅大方，哪几种颜色是千万不宜配合的。硬配了就会显得格格不入太不协调。我养牵牛花的初意，原是为了起早，有利于健康，想不到它对我在艺术上的审美观念也有这么多的好处，比在绸缎铺子里拿出五颜六色的零碎绸子来现比划是要高明得多了。①

梅兰芳的艺术实践说明不仅艺术门类之间有相互影响，生活中的其他知识也会对艺术创作有促进作用。因此，一个艺术家除了艺术修养之外，还需要具有一定文化知识。学识修养将会帮助艺术家从整体上提高艺术创作的境界。黑格尔曾说："艺术方面的博学所需要的不仅是渊博的历史知识，而且是很专门的知识，因为艺术作品的个性是与特殊情境联系着的，要有专门知识才能了解它，阐明它。"②由于艺术是对生活的表现，它所关注的是整个社会和自然生活，而个人的生活经验总是限定在一个有限的范围内；所以，有意识地去学习一些其他方面的知识、培养多层次的爱好是非常必要的。有时，为了创作的需要，艺术家还得去研究一些专门的学问；否则，就会出现可笑的错误。例如中国电影《傲蕾·一兰》是第一部反映东

①　梅兰芳述：《许姬传记》，见《舞台生活四十年》，312页，北京，中国戏剧出版社，1987。
②　[德]黑格尔：《美学》，第1卷，19页，北京，商务印书馆，1979。

北少数民族达斡尔族生活的电影，影片描述了英勇的达斡尔人民与沙俄侵略者的斗争。达斡尔的代表希尔奇尹被侵略者骗走，他的女儿傲蕾·一兰挺身而出，经过艰苦曲折的斗争，打败了侵略者，保卫了祖国的领土。当这部电影在达斡尔族人民中放映时，还没有放完人就几乎走光了。创作者不理解其中的原因，便去向当地群众询问。群众说，我们达斡尔人即使战斗到最后一个男人，也不会让女人去参加战争。对少数民族历史和习俗知识的匮乏导致了这样一个基本史实失误，影响了这部电影的整体水准。

由于生活是丰富多彩的，艺术也必然要涉及生活的各个方面，这样，了解生活的各个侧面，增加自己的学识就显得非常重要了。即使吴道子、阎立本、张僧繇这样的艺术大师也难免出错。唐朝艺术史家张彦远在他的《历代名画记》中指出了吴道子、阎立本画孔子和王昭君时留下的失误：

> 吴道子画仲尼，便戴木剑。阎令公画昭君，已着帏帽。殊不知木剑创于晋代，帏帽兴于国朝。举此几例，亦画之病也。

我们知道，《红楼梦》包罗万象，宛如清朝社会生活的百科全书，涉及建筑、园林、服饰、诗词、歌赋、宗教、政治、宫廷、烹调、宴会以及巫术等各个方面的知识。如果曹雪芹没有丰富的学识，他就不可能完成《红楼梦》这样的巨著。西方艺术史上也有大量的博学艺术家，如达·芬奇、米开朗琪罗、歌德等。其中歌德更是艺术史上的巨人，他创作了大量的文学作品如小说、抒情诗、叙事诗、史诗、戏剧、散文、格言，同时他还深入地研究绘画尤其古希腊艺术和文艺复兴艺术、哲学，他还对自然科学拥有极大的兴趣，他写出了《植物变形学》《色彩学》，具有重要的科学价值。此外，他对于解剖学、物理学、矿物学、气象学等自然科学门类也有一定的研究。关于科学训练，歌德自己曾说："如果我没有在自然科学方面的辛勤努力，我就不会学会认识人的本来面目。在自然科学以外的任何一个领域里，一个人都不能像在自然科学里那样仔细观察和思维，那样洞察感觉和知解力的错误以及人物性格的弱点和优点。"[1]

当然，艺术家的文化修养并不等同于学者的专门研究，而更像一个杂家，因为研究与创作终究不是一回事。一位优秀学者未必能成为一名成功的艺术家，正如明代诗人袁枚所说："诗有别材，非关书也；诗有别趣，非

---

① ［德］歌德：《歌德谈话录》，183 页，北京，人民文学出版社，1978。

关理也。"同样，一位艺术家也不一定能成为一位成功的学者，虽然并不排除有些艺术家同时兼学者，那只是个别现象。

艺术家的文化修养也并不都来自书本，"读万卷书"还须"行万里路"，而"行万里路"有些时候更胜于"读万卷书"。读生活、读泥土比读书本更丰厚、更深刻。不少艺术家没有接受过高等教育，甚至有些民间艺术家不识字，但并不影响他们创作出成功的艺术作品，他们的文化修养来自生活。

艺术家因为所涉猎的行业不同，所需的文化修养也并不相同。有些早慧的艺术家在少年时代就创作出不朽的作品，如诗人兰波、音乐家莫扎特、电影演员秀兰·邓波儿等，很难说他们在少年时代就已拥有多么深厚的文化修养，天赋超常是他们成功的主要原因。然而，我们无法想象《荷马史诗》《神曲》《哈姆雷特》《红》这样的作品出于少年之手。因此，艺术家的文化修养并不是一项恒定的指标，具体情况千差万别。但是，文化修养制约着艺术家的创作水准。有的艺术家凭借天赋的优势或某种偶然的机缘获得了一定的成功，但由于缺乏文化底蕴而显得后劲不足。这种现象在中国艺术界大量存在，如只会唱一首歌的歌唱家、只会演一部戏的表演艺术家等。因此，要想成为成就非凡的艺术大家，必须加强文化修养，文化修养越深厚，艺术之路越宽阔。

第四节　艺术家的创造精神

艺术就是创造，没有创造就没有艺术。这是关于艺术的一个基本命题。因此，作为艺术家，他所必须具备的精神便是创造精神。那么，艺术家的创造精神是什么，它是怎样培育的，是否需要发展，这构成了艺术家创造精神的基本问题。

一、艺术家的创造精神

英国作家王尔德曾经说过，第一个用花比美人的是天才，第二个用的是庸才，第三个再用的就是蠢才了。艺术崇尚创造，艺术家所景慕的是创造精神。一件工业产品可以大量复制，而艺术品的成功却只有一次。任何艺术上的成功都不可能重复，重复便是失败。

艺术家是幸福的，他们在创造；艺术家是不幸的，每次创作都不可重复。一个艺术家的成功模式不仅别的艺术家无法分享，他自己也不能再次运用。我们欣赏达·芬奇的《蒙娜·丽莎》，为那神秘的微笑所陶醉。但是，我们却不欣赏他在《施洗约翰》《丽达与天鹅》等其他作品中那些复制的微笑。即使达·芬奇这样的艺术巨匠也难免陷于"微笑的公式"之中。

那么,艺术家的创造精神是什么?艺术家的创造精神是指艺术家在艺术活动里所呈现的原创性。这种原创性在艺术作品里就是独创性,它既可以表现在情感内涵的发现,也可以体现于形式美学的创造,总之是一种新的精神特质。在某种程度上说,艺术家的创造精神与艺术作品的独创性是一体的,艺术家的创造精神需要通过艺术作品来呈现,艺术作品是艺术家创造精神的载体。衡量一位艺术家水准的深浅,创造精神是一个重要的尺度;衡估一件艺术作品价值的高低,独创性是一个重要的尺度。同时,创造精神也是艺术家独特艺术风格的源泉。

艺术家的创造精神在艺术作品里表现为情感内涵的独特发现,常常是新的思想、情感、气质、精神或人生经验。如西方绘画史里农民形象的出现是很晚的,第一个农民画家是尼德兰的彼得·勃吕盖尔。他"用他那朴实粗犷的原始风格,演奏出了'下里巴人'——他描绘了草棚泥舍、田野山村中的农夫农妇,故有'农民的勃吕盖尔'之称。"[1]他的名作《农民的婚宴》(见图 38)描绘了农民的婚宴场景,有的忙着吃饭,有的撤下空盘,小孩子坐在地上用手蘸菜浆,而坐在画的右角的绅士,据说就是勃吕盖尔,他正在听农妇的絮叨。从整个画面来看,大面积的红色渲染了婚宴的喜庆气氛,而自然表情和生动神态正表现了农民的朴实无华——他们不像当时的贵族一样矫揉造作。如果谈论勃吕盖尔绘画的价值,农民形象的创造是他的一个重要成就。因为在他之前西方绘画史上从来没有这样的艺术形象。

艺术家的创造精神有时呈现于美学形式的创新,如艺术形式、艺术技巧、艺术语言、艺术材料等方面的创新。以电影为例,爱森斯坦的《战舰波将金号》在电影语言上的创造是这部影片不朽魅力之所在。在这部电影里,爱森斯坦创造性地使用了蒙太奇,尤其备受称道的"敖德萨阶梯"和石狮子镜头,用蒙太奇创造了新的时空,新的内涵。由此他创立了蒙太奇学派,对世界电影发展产生了巨大的影响。虽然他在影片中宣传了社会主义革命思想,但是,欧美资本主义国家的电影艺术家仍旧给予了高度评价。

当然,艺术家的创造精神更多地呈现在艺术家的艺术风格里,这是情感与形式的完美统一。所有的艺术大师都有自己独特的艺术风格,创造了

---

① 杨蔼琪编著:《外国美术选集——尼德兰、弗兰德斯及荷兰的绘画》,9 页,北京,人民美术出版社,1988。

完整的符号系统与自足的艺术主题，这里熔铸了艺术家的创造精神。在中国佛教艺术史上曾经有过"张家样""曹家样""吴家样"的说法。原来，这是人们对三位艺术大师杰出创造的尊称。张僧繇是南朝萧梁时期的著名画家，他的《扫象图》"运笔如空际游丝，缥缈若仙"（《梦园书画录》）；"曹家样"为北齐画家曹仲达所创造，他画的衣服紧贴身体，宛如刚刚从水里走出一样；"吴家样"为唐朝画家吴道子所创造，运笔灵动，飘飘欲仙。宋朝绘画评论家称之为"吴带当风，曹衣出水"。这些杰出的艺术创造正是艺术大师杰出创造精神的证明。可惜，这些大师的艺术真品大多已经失传。

关于艺术家的创造精神，宗白华先生说："化景物为情思，虚实结合，在实质上就是一个艺术创造的问题。艺术是一种创造，所以要化实为虚，把客观真实化为主观的表现。清代画家方士庶说：'山川草木，造化自然，此实境也；画家因心造境，以手运心，此虚境也。虚而为实，在笔墨有无间。《天慵斋随笔》这就是说，艺术家创造的境界尽管也取之于造化自然，但他在笔墨之间表现了山苍木秀、水活石润，是在天地之外别构一种灵奇，是一个有生命的、活的，世界上所没有的新美、新境界。凡真正的艺术家都要做到这一点，虽然规模大小不同，但都必须有新的东西、新的体会、新的看法、新的表现，他的作品才能丰富世界，才有价值，才能流传。"①从宗白华先生的论述可以看出，创造是艺术的生命，创造精神是艺术家的灵魂。一件艺术品有没有价值，首先要看它有没有创造，是否因为它的产生为世界带来新的美学价值。如果答案是否定的，那么，它就不可能在艺术史上占据一席之地。同样，艺术品价值的大小，也决定于它的独创性的多少。艺术家的位置是以艺术品的价值而定的，一个有创造精神的艺术家必然会为艺术史提供质与量的双重丰富，为人类带来新的美感经验。人类艺术之宫里那些璀璨夺目、光华万丈的艺术瑰宝正是艺术大师们创造精神的呈现，是人类心灵探险的美学凝聚。

二、创造精神的生成

历史上的艺术家既有所谓少年天才、早慧神童，如李贺、莫扎特、兰波等，也有大器晚成者，如曹雪芹、齐白石、凡·高等，其间不同年龄的成功者都不乏其人。所谓成功，是指艺术风格的成熟，而艺术风格的成熟以艺术作品的独创性为特征。因此，创造精神的生成是艺术家成熟的标志。

————————

① 宗白华：《美学与意境》，387～388 页，北京，人民出版社，1987。

  艺术家的创造精神是怎样生成的？它显然不是天生就有的，也不完全是靠学习获得的。艺术家的创造精神是天赋与探索的结晶。正如上面提到的少年天才，他们天赋极高，少年时代就形成创造精神，他们的艺术作品中显示了充分的独创性。莫扎特在 18 岁之前就创作了 200 部作品，此后，他的《牧羊者之王》《伊多美尼》《费加罗的婚礼》等一系列有影响的作品相继产生了。但是，有的人却是在普通人已经走向没落时才完成艺术的创造精神，找到属于自己的艺术之路。像齐白石的作品直到 60 岁以后才逐渐形成自己的风格，80 岁以后才创作出最成功的作品。不管艺术之花在生命的哪一处绽开，他们都以杰出的创造精神为人类艺术史留下了艺术珍宝。

  一般来说，艺术家的创造精神需要一个生成周期，即模仿期与成熟期。模仿期是艺术家的成长过程，他需要学习前人的艺术成果，从中汲取营养，把前人的作品作为艺术典范进行模仿，作为发展的基础。这是每一个艺术家都不可回避的必经之路。就是那些少年天才，也需要经过模仿期。贝多芬的早期作品就明显带有海顿和莫扎特的风格：

    如果我们把《C 大调交响曲》或《七重奏》，或者最早的六首《弦乐四重奏》（作品 18 号，写于 1799～1800 年）看作贝多芬的"第一期风格"的典型，我们可以将其特点归纳如下：贝多芬仍然尊重海顿和莫扎特的传统风格，他还不敢从中摆脱出来。他写作的首先是一种世俗的、辉煌的音乐，希望取悦于人，或更确切地说，让自己随波逐流，把他的艺术当作纯粹娱乐的艺术。但在另一方面，我们已可在这同一时期的某些作品，尤其在为钢琴独奏写的奏鸣曲作品 10 号第一首和第三首中，发现伟大的贝多芬——严肃、深沉、蔑视习俗，只为自己而写，带着他那倔强傲慢的个性，痛苦折磨的心灵和荒诞的幻想，全身心投入创作。①

  处于模仿期的艺术家应该向艺术史上的艺术大师学习，但不要只学一家，而应兼收并蓄，转益多师。中国书画特别讲求临摹，但要临第一流的大家之作。所谓文必秦汉，诗必盛唐，书法不做魏晋以下人物等。杜甫在《戏为六绝句》中写到"别裁伪体亲风雅，转益多师是汝师"，要求学习古人不要只学一家。他表示自己曾向阴铿、陶渊明、谢灵运等古代诗人学习。

---

  ① ［法］保·朗多尔米：《西方音乐史》，167 页，北京，人民音乐出版社，1989。

关于中国画的临摹，清朝画家沈宗骞在《芥舟学画编》中说：

> 学画者必须临摹旧迹，犹学文之必揣摩传作，能于精神意象
> 之间。如我意之所欲出，方为学之有获；若但求其形似，何异抄
> 袭前文以为己文也。其始也，专以临摹一家为主；其继也，则当
> 遍访各家，更须识得各家，乃是一鼻孔出气者，而后我之笔气得
> 与之相通，即我之所以成为我者，亦于此可见。初则依门傍户，
> 后则自立门户。……若初学时，则必欲求其绝相似，而几之可以
> 乱真者为贵。盖古人见法处，用意处，及极其意而若不经意处，
> 都于临摹时可一一得之于腕下，至纯熟后，自然显出自家本质。
> 如米元章学书，四十以前，自己不作一笔，时人谓之集书。四十
> 以后，放而为之，却自有一段光景，细细按之，张、钟、二王、
> 欧、虞、褚、薛，无一不备于笔端，使其专肖一家，岂钟繇之后
> 复有钟繇，義之之后复有義之哉？

向前代艺术大师学习什么？不是按照他们的作品依样画瓢，而是学习
他们的艺术技巧和创造精神——这才是艺术作品的灵魂。齐白石反对死板
地临摹，提出"胸中山水奇天下，删去临摹手一双。"[1]

学习古人固然是一个重要的途径；但是，向生活学习却更为重要，也
是从模仿期向成熟期转化的开始。前人的艺术经验是对当时生活的认识，
而不同的情境会产生不同的艺术。不仅人类社会生活在变化，自然也在变
化，人类对生活的认识也会随着时代变化而改变。因此，以心灵去感受自
然，体悟自然才是培育艺术创造精神的最佳途径。画史曾经这样描写唐代
画家张璪：

> 张璪，字文通，画松特出古今，能以手握双管，一时齐下，
> 一作生枝，一作枯干。气傲烟霞，势凌风雨，槎枒之形，鳞皴之
> 状，随意纵横，应手间出。毕宏画名擅于时，一见惊叹，异其唯
> 用秃笔，或以手摸绢素，因问所受？璪曰"外师造化，中得心
> 源"。[2]

---

① 齐白石：《白石老人自传》，85页，北京，人民美术出版社，1962。
② 宗白华：《美学与意境》，1页，北京，人民出版社，1987。

"外师造化，中得心源"，这是唐代艺术家张璪留下的艺术经验，是由模仿期转入成熟期的关键性一环。唐代书法家怀素的草书是在夜听嘉陵江水的涛声、观看夏日的云峰中得到的启发，而张旭则是观看了公孙大娘的剑器舞才技艺猛进。贝多芬称自然是他"唯一的知己"。现代画家黄宾虹说："我过去有一个时期——大约五六十岁之前，多半是师法古人，从书本里学；近三四十年才师法造化，到各处跑跑。"①从这些艺术大师的言行里，我们可以看到，艺术家创造精神的生成既要从前代艺术家的作品里接受营养，更需要从自然生活里感悟艺术的真谛，培育自己的原创力。

艺术家创造精神发育成熟的标志是个人艺术风格的呈现。他找到了自己的艺术感觉和艺术语言，找到一种独特的表达方式，他的作品构成了艺术史质的丰富。陆游在一首回顾创作历程的诗里写道：

> 我昔学诗未有得，残余未免从人乞。
> 力屡气馁心自知，妄取虚名有惭色。
> 四十从戎驻南郑，酣宴军中夜连日。
> 打球筑场一千步，阅马列厩三万匹。
> 华灯纵博声满楼，宝钗艳舞光照席。
> 琵琶弦急冰雹乱，羯鼓手匀风雨疾。
> 诗家三昧忽见前，屈贾在眼元历历。
> 天机云锦用在我，剪裁妙处非刀尺。
> 世间才杰固不乏，秋毫未合天地隔。
> 放翁老死何足论，广陵散绝还堪惜。

陆游在这首名为《九月一日夜读诗稿有感走笔作歌》的诗里生动地描绘了他诗歌创作的成熟过程。他认为40岁以前的作品都是模仿之作，而参军之后才真正悟到了诗家三昧：切入真实的生活，才能提炼出属于个人的独特艺术形象。所以，他表示理解朋友的诗，"君诗妙处吾能识，正在山程水驿中"（《题庐陵萧彦毓秀才诗卷后》），他告诉儿子作诗的秘诀"汝果欲学诗，工夫在诗外"（《示子遹》）。因而，不管临摹了多少作品，艺术技巧多么熟练，假如没有自然生活的独特体验，仍然不可能成为一名真正的艺术家。

---

① 张林岚：《黄宾虹送我两幅画》，载《艺术世界》，第3辑，1980。

艺术家的创造精神生成于前代艺术作品学习与自然生活体悟的交流和汇通中，因为富有创造价值的艺术作品是完美艺术技巧与独特艺术体验的高度融合。

三、创造精神与艺术家的创造生命

艺术家培育了成熟的创造精神、形成了独特的艺术风格之后，是否就一劳永逸地拥有创造精神呢？否！艺术史上一个普遍存在的问题是，许多艺术家在一种艺术风格成熟之后就故步自封，复制自己，终其一生也只留下有限的一些成功作品。只有艺术大师才会不断探索，一次又一次冲击生命的极限，向艺术高峰攀登。

法国艺术理论家丹纳曾经关注到这一现象：

> 只消看看艺术家的生平，就发觉通常都分做两个部分。第一部分是青年期与成熟期：艺术家注意事物，很仔细很热心地研究，把事物放在眼前；他花尽心血要表现事物，忠实的程度不但到家，甚至于过分。到了一生的某一时期，艺术家以为自己对事物认识够了，没有新东西可发见了，就离开活生生的模型，依靠从经验中搜集来的诀窍写戏、写小说、作画、塑像。第一个时期是真情实感的时期，第二个时期是墨守成规与衰退的时期。①

丹纳所谈到的现象在中外艺术史上比比皆是。即使有的艺术大师也难免，如前面谈到达·芬奇"微笑的公式"就是一例。造成这种现象的原因是多方面的，但最主要的根源在艺术家自身。一旦成功（尤其在社会上享有盛名）之后便失去了探索精神。更为不幸的是，有的转而成为后起艺术家的反对者。

艺术是一项创造的事业，宛如永不停步的浮士德，必须永远向前，停步就意味着死亡。艺术家创造精神的生成是一个艰难的历程，保持并发展创造精神就更为困难。因此，一个自觉的现代艺术家应该保持艺术创作的警觉——艺术探险意识，以保证创造精神的发展。中国古老的哲学就非常强调不断发展的生命运动，《易经》的本意就是"变"：苟时新，日日新，又日新。

---

① ［法］丹纳：《艺术哲学》，12 页，北京，人民文学出版社，1994。

齐白石之所以成为中国艺术大师，最重要的一点是他的艺术创造精神一直伴随他到生命的终点。他60岁后发誓变法："余作画数十年，未称己意。从此决定大变，不欲人知；即饿死京华，公等勿怜，乃余或可自问快心时也。"（《己未老萍诗草》）以他最著名的虾为例，曾有三次变化。他在一幅画虾的作品上题道："余之画虾已经数变，初只略似，一变逼真，再变色分深浅，此三变也。"①60多岁他还认为自己画的虾不够深刻，养了几只在画案上，每天观察，终于一步一步完成了画虾的转变：

66岁时，齐白石画虾产生了一个飞跃。虾的身躯已有质感，头、胸部前端有坚硬感。腹部节与节若连若断，中部拱起，似乎能蠕动。虾的长臂钳也分出三节，最前端一节较粗，更显有力。虾的后腿由十只减少成八只。

68岁时，画虾又进了一步。这时的特点是：腹部小腿继续删减，由八只减到六只；以前画虾眼是画两个浓墨点，后来在写生中观察到虾在水中游动时两眼外横，于是虾眼由两个浓墨点改画成两横笔；最关键的突破是在虾的头胸部分的淡墨上加了一笔浓墨。齐白石认为对虾写生了七八年，这一笔是创造最成功的，他说："这一笔不但加重了虾的重量，并且也表现了白虾的躯干透明。"这时画虾已达到神形兼备，可以说算成功了。

但齐白石仍不满足，还继续追求笔墨的简练。70岁以后又有意删除不损害虾的真实性的腿，78岁时画的虾后腿就只有五只。

80岁以后画的虾，才真正达到了炉火纯青的地步：那精确的体态，富有弹力的透明体，在水中浮游的动势……可以说，艺术造型的"形""质""动"三个要素都臻于完美的境界。②

正是因为不懈的艺术创造精神，齐白石的作品直到90多岁都保持了艺术青春，而且越老越妙，达到了天人合一的最高境界。（见图39、图40）

艺术家宛若探险家一样，他的生命就在于永不止步的探索——艺海无涯。只有这种探险意识才能确保艺术创造精神的不断发展。并且，这种艺术探险意识决不是时髦，因为时髦是流行的同伴，是艺术创造的敌人。艺

①　王朝闻等：《齐白石研究》，38页，上海，上海人民美术出版社，1959。

②　龙协涛：《艺坛趣闻录》，196页，北京，北京大学出版社，1984。

术探险意识要求的是特立独行的精神，是生命体验；而时髦就是失去独立思考，服从流行，这恰恰是艺术个性的沦丧。中国画家司徒立在回答关于中国现代主义绘画时认为：当前的文化专制"就是流行的时髦、潮流、金钱等，还有新闻媒体。'现代性'不是被制造，而是被体验，被我们无意识地体验着，我们只是到后来才确认它。而'时髦'却不是'被体验'，而是'被服从'的"①。

创造是艺术的灵魂，创造精神是艺术家的生命。艺术家通过对前代艺术的学习和自然生活的体悟培育自己的创造精神，更需要保持与自然生活的密切关系和艺术探险意识，使艺术创造精神健康地发展下去。

四、创造精神与创作个性

艺术家的创造精神在艺术作品里表现为艺术原创性，在艺术创作中表现为艺术家的创作个性。创造精神是创作个性的基础，艺术个性是创造精神的具体呈现。没有创造精神，创作个性失去了支点；缺乏创作个性，创造精神就无法生成。二者密切关联，相互依存。

创作个性是指艺术家在创作过程中形成的独特表征，它是艺术家的天赋、气质、性格、修养、经验、思想乃至怪癖等元素在艺术创作里的凝聚与升华。

创作个性是艺术家成熟的标志，在艺术作品里表现为艺术风格。每个艺术家都应该拥有自己独特的创作个性。否则，他就很难称得上是一位艺术家。仿佛春天的花园，每一朵花都有自己独特的美韵。如果所有的花都重复一朵花的形态，那么，它的美学价值就不复存在。"扬州八怪"作为一个创作群体有它的集体特征，但是，每个画家又有自己的创作个性。金农、汪士慎与高翔的梅花各有不同："巢林（汪士慎）画繁枝，千花万蕊，管领冷香，俨然灞桥风雪中；西唐（高翔）画疏枝，半开弹朵，用玉楼人口脂，抹一点红，良缣精楮，各臻其微。"而金农多在"不疏不繁之间"去创造自己的梅花形象。②（见图 41、图 42）文与可画出了竹的潇洒风姿（见图 43），郑板桥画竹则把竹和民间疾苦联系在一起，画出了自己的个性（见图 44）。画上的题诗明确道出了艺术家的意图。

---

① 司徒立：《亚希加访谈——画家中的画家之二》，载香港《二十一世纪》，1991(6)。
② 文物出版社资料室编：《扬州八怪》，16 页，北京，文物出版社，1981。

衙斋卧听萧萧竹，疑是民间疾苦声。

些小吾曹州县吏，一枝一叶总关情。

创造精神是艺术家创作个性的源头。现代西班牙画家毕加索是公认的创作个性最强、最丰富的画家，被誉为"世界上最年轻的画家"。他一生经历了写实主义、立体主义、抽象主义等几个绘画思潮，而每一次变化都会带来新的创作个性。直到 90 岁，他对世界始终保持着浓厚的新奇感。他艺术生命长盛不衰的重要原因是创造精神。他的《格尔尼卡》（见图 45）描绘了法西斯的血腥屠杀。法国艺术史家、卢浮宫博物馆总馆长热尔曼·巴赞说："这位富有灵感的画家运用破碎的构图、锯齿状的线条和强烈的色彩，表现世界上出现的残酷现象，描绘被屠杀的人们——重新拼合起来的四肢使他们成了奇形怪状的妖魔鬼怪。"[1]倘如一个人缺乏创造精神，而是满足于抄袭别人的作品，那他就肯定不会有自己的创作个性。19 世纪意大利歌剧作曲家罗西尼非常厌恶那些没有个性的作品。当一个作曲家带了一部稿子为他弹奏时，他不停地把帽子脱了又戴，戴了又脱。这位作曲家大为不解，问罗西尼怎么回事。罗西尼说："我有一个见熟人就脱帽的习惯。在阁下的曲子里，我碰到那么多的熟人，不得不频频脱帽了。"[2]

创造精神是艺术家的基本品质，只有富有创造精神的艺术家，才会拥有自己的创作个性。因此，一个艺术家如果想留住艺术青春，就要保持不衰的创造精神。

[基本概念]

艺术家　职业艺术家　非职业艺术家　创作个性

[思考题]

1. 简述艺术家的身份变迁，请谈谈你对这种变迁的看法。
2. 简述艺术家应该具备的素质与修养。
3. 艺术家的创造精神是如何生成的，试论述创造精神与创作个性的关系。

---

① ［法］热尔曼·巴赞：《艺术史——史前至现代》，602～603 页，上海，上海人民美术出版社，1989。

② 龙协涛：《艺坛趣闻录》，196 页，北京，北京大学出版社，1984。

第六章
艺术风格、艺术流派与艺术思潮

　　人类艺术史上曾经呈现出形形色色的艺术风格、艺术流派和艺术思潮，构成了丰富绚烂的艺术世界。通过对艺术风格、艺术流派和艺术思潮的学习和研究，我们就能更好地深入艺术的美学形态，掌握艺术发展的规律。

第一节　艺术风格

　　关于艺术风格的美学描述绚丽多姿，如崇高、豪放、婉约、阳刚、阴柔、秀丽、清丽、飘逸、朴实等，唐代诗人司空图把诗歌分为 24 种风格。但是，艺术风格是什么，如何在理论上界定它的内涵与特性，艺术风格与艺术家、个人风格与民族风格、时代风格、地域风格是一种什么样的关系，人们已经争论了上千年。这里，从艺术风格界定开始我们的追踪。

一、艺术风格界定

　　当我们面对五彩缤纷的艺术世界时，常常会发现各个时代、民族之间的艺术作品总有一种绝然不同的艺术精神。如商代青铜艺术（见图 46）的狞厉与汉代画像石（见图 33）的浑朴，古希腊巴台农神庙（见图 47）柱式建筑所呈现的崇高和古埃及金字塔（见图 48）三角形建筑所喻示的永恒，都拥有不可混淆的艺术特征。即使同一种艺术样式在时间的变易中也会产生不同的艺术特征。如古希腊神庙的柱式特征经历了三个时期：陶立安式（Doric）无装饰柱头富有男性的率直有力、爱奥尼亚式（Ionic）柱头的凹槽给人以弹性的女性的优雅和科林斯式（Corinthian）柱头饰的莨苕花所显示的豪华（见下页图）。我们在不同艺术家的作品里所看到的艺术品貌也迥然有别，如李白诗歌的飘逸豪放与杜甫诗歌的沉郁悲怆。那么，究竟是什么特质使这些艺术作品呈现了繁富的艺术风采呢？换句话说，一件艺术作品区别于另一件艺术作品的特征是什么？

　　答案是：艺术风格。

　　风格一词源于古希腊，意思是棍子、柱子和雕刻刀，后来把写字的棍子和雕刻刀叫作风格。在罗马人那里，风格是指一种书写器或雕刻刀。从这里引申为语言风格如修辞或演讲的技巧，进而扩展为音乐、绘画、雕塑等各种艺术样式的风格。风格一般含有修辞、笔调、文风、文体等多种相近的意义。直至 18 世纪以后，风格才开始具有现代意义上的含义。

　　中国大约在公元 5 世纪左右就有了关于艺术风格的品评。当时，风格主要用来品评人物，如《世说新语》记载了大量的人物品藻。刘勰把风格引

陶立安式柱头　　　爱奥尼亚式柱头　　　科林斯式柱头

入文学,他在《文心雕龙》里把风格分为典雅、远奥、精约、显附、繁缛、壮丽、新奇、轻靡八种。南齐画家谢赫在《古画品录》中对魏晋以来的画家进行评论,他使用"力遒韵雅""风趣巧拔"等词语形容画家的风格。诗评家钟嵘的《诗品》评论诗人的艺术风格已经较为精细。他称曹植的诗"骨气奇高,词采华茂",左思的诗"文典以怨,颇为精切,得讽喻之致",陶渊明的诗"笃意真古,辞兴婉惬",这些评价基本上捕捉到所论诗人的艺术风格特征。唐代司空图的《二十四诗品》可以说是中国古代文论中关于艺术风格的集大成者,他把艺术风格区分为 24 种不同的美学形态。古人谈论风格主要使用风力、风气、风神、体势、兴味、韵味、格调等概念。不过,作为现代艺术批评术语,艺术风格直到现代才诞生。

　　所谓艺术风格,是指艺术家在艺术创作中形成的具有一定稳固性的创作个性与艺术特色。艺术风格既是一种个人风格,也可以是集体风格,如时代风格、民族风格、流派风格、阶级风格等。

　　艺术风格不是所有艺术家和艺术品都具有的,只有成熟的艺术家和艺术品才有自己的风格。它象征了艺术家和艺术品在艺术创作上所达到的最高境界。歌德曾说:"通过对自然的模仿,通过竭力赋予它以共同语言,通过对于对象的正确而深入的研究,艺术终于达到了一个目的地,在这里,它以一种与日俱增的精密性领会了事物的性质及其存在方式;最后,它以对于依次呈现的形象的一览无遗的观察,就能够把各种具有不同特点的形体结合起来加以融会贯通的模仿。于是，这样一来，就产生了风格。这是艺术所能企及的最高境界，艺术可以向人类最崇高的努力相抗衡的境界。"①

关于艺术风格，中西艺术史上曾经出现过两种有影响的学说，"风格即人"与"文如其人"。法国博物学家布封在他入选法兰西学院时发表的关于风格的演讲中指出："风格应该是刻画意思的。"但是，如果意思表达得不好，很快就会被忘记。因为"这些东西都是身外之物，风格却就是人。因此，风格既不能脱离作品，又不能转借，也不能变换；如果它是高超的，典雅的，壮丽的，则作者在任何时代都将被赞美"。布封所强调的风格既是文章的内容，也是文章的表达方式，但又超架在二者之上，即文章整体所呈现的一种精神。"风格是当我们从作家身上剥去那些不属于他本人的东西，所有那些为他和别人所共享的东西之后所获得的剩余或内核。"②

"文如其人"是中国古代文论的一个重要观点。西汉扬雄的《法言·问神》中就写道："言，心声也；书，心画也。声画形，君子小人见矣。"

但是，这种人品等于文品的理论在实践中是站不住脚的。双重人格的艺术家一方面创作义正词严的作品；另一方面做低级下流的举动。这在历史上并不罕见。因此，文如其人不得不再做进一步的限定。钱钟书先生在他的《谈艺录》中指出：

> 心声心画，本为成事之说，实愍先见之明。然所言之物，可以伪饰：臣奸为忧国语，热中人作冰雪文，是也。其言之格调，则往往流露本相；猖急人之作风，不能尽变为澄淡，豪迈人之笔性，不能尽变为谨严。文如其人，在此不在彼也。

钱钟书把"文如其人"从对文章内涵的把握转向对笔调、语言、格调的把握，这就把人的内涵从道德转向气质、性格，更准确地阐释了艺术风格与艺术家的关系。从某种程度上说，这个解释与"风格即人"的观点较为接近。

"风格即人"与"文如其人"这两种观点，从传统意义上说，它们有相近的一面：二者都侧重探求艺术与艺术家的关系，强调二者之间的联系。但

---

① [德]歌德：《文学风格论》，3页，上海，上海译文出版社。1982。

② [法]布封：《论风格》，载《译文》，1957(9)。

它们又不尽相同："文如其人"重在人的道德品质与文的思想内涵的对应，而"风格即人"更关注人的个性与艺术个性之间的对应。

艺术风格与艺术家的个性之间确实存在着密切的关系，这是毫无疑问的。但是，艺术风格与艺术家的个性并不是一回事，有时还会产生相当大的差异。因为艺术创作不仅是艺术家主体精神的表达，也是对客观世界的观照，是审美主客体的统一。同时，艺术风格可能表现于艺术作品的内涵，也可能呈现于艺术作品的形式。正如普列汉诺夫所说："描写同构思愈符合，或者用更普通的话说，艺术作品的形式同它的思想愈符合，那么这种描绘就愈成功。"①因此，艺术风格的形成不是一个简单的现象，而是多种元素碰撞融合的结果。

二、艺术风格形成

艺术风格形成的原因非常复杂。首先，艺术作为主体精神的表达，艺术家的气质、性格、禀赋、艺术趣味、才能甚至怪癖对艺术风格的形成都有密切的关系。艺术家对艺术作品的素材进行选择、分析、加工、组合，不可能不带有主观特征，这些自然而然会融进艺术作品里去。

中国古代的艺术家早就注意到这个问题。曹丕说"文以气为主"，刘勰在《文心雕龙·体性》里专门谈到艺术家的素质与文学的关系：

> 夫情动而言形，理发而文见；盖沿隐以至显，因内而符外者也。然才有庸俊，气有刚柔，学有浅深，习有雅郑；情性所铄，陶染所凝，是以笔区云谲，文苑波诡者矣。故辞理庸俊，莫能翻其才；风趣刚柔，宁或改其气；事义浅深，未闻乖其学；体式雅郑，鲜有反其习；各师成心，各异其面。

他认为，风格是才、气、学、习的结晶，既要先天禀赋，也需后天修炼。风格起源于人的内心，不同性情的人创作的作品也不会一样。

明代李贽也在他的《焚书·杂述·读律肤说》里写道：

> 性格清彻者音调自然宣畅，性格舒徐者音调自然舒缓，旷达

---

① ［俄］普列汉诺夫：《没有地址的信——艺术与社会生活》，288页，北京，人民文学出版社，1962。

者自然浩荡，雄迈者自然壮烈，沉郁者自然悲酸，古怪者自然
奇绝。

　　这说明艺术家的气质、性格、才情等个性与艺术风格有着内在的关系。
中国现代作家汪曾祺在《晚翠文谈·自序》中讲："一个人的气质，不管是由
先天还是由后天形成，一旦形成，就不易改变。人要有一点自知。我的气
质，大概是一个通俗抒情诗人。我永远只是一个小品作家。我写的一切，
都是小品。就像画，画一个册页、一个条幅，我还可以对付；给我一张丈
二匹，我就毫无办法。"①这就形象地说明了艺术家气质与艺术风格的关系。
法国画家德拉克罗瓦说："艺术的独特风格——这就是人自己，这是千真万
确的。风格——就是人。"②我们还以李白为例，他天赋超常，性格豪迈，
加以嗜酒如命，号称饮中八仙。他拒绝参加科举考试，而以隐居、壮游扬
名，高标独立，傲然不群。所以他的诗酣畅淋漓，元气饱满，气势飞扬，
清新飘逸。这种独特的艺术风格是无法通过学习得到的，因为它与李白的
个性特征联系在一起。

　　其次，艺术家的身世、经历、人生经验、艺术观念和艺术风格也有着
深刻的联系。这些常常渗入艺术作品的主体精神或形式美学，构成艺术风
格有机的元素。明末清初画家八大山人是明王室的后裔。清朝建立之后，
他拒不合作，却无法改变自己的命运，只能在作品中宣泄对清朝以及降清
之士的鄙视。因此，他的画冷傲之中夹杂着激愤，形成了别具一格的画风。
"扬州八怪"之一的金农画风奇特，历经数变，每次改变都和他人生体验的
不同境界息息相关。他早年喜欢画竹，画的价格百倍于竹子。中年改而画
马，并且都是西域进口的大宛马，风鬃雾鬣，桀骜不驯。这正是他画名远
播、"布衣雄世"的时代。此后，生活困顿，人情冷暖，对世情有了更多、
更深入的了解，笔下的马又是另一番模样。金农自己说："今予画马，苍苍
凉凉，有顾影酸嘶自怜之态，其悲跋涉之劳乎！世无伯乐，即遇其人，亦
云暮矣！吾不欲求知于风尘漠野之间也。"（《冬心画马题记》）晚年，他看破
红尘，万念俱焚，画的马又发生了变化，现实的马被梦中的马所取代。而
且，他开始画佛。他的画风与人生经历始终紧密地结合在一起。毕加索也

---

①　汪曾祺：《晚翠文谈》，2页，杭州，浙江文艺出版社，1988。
②　[法]德拉克罗瓦：《德拉克罗瓦论美术和美术家》，322页，沈阳，辽宁美术出
版社，1981。

是如此。他的艺术风格历经数变,从蓝色时期、玫瑰色时期、黑人时期、分析时期、综合时期到愤怒时期以及牧歌时期,而每一次变化都和社会生活经历有关。蓝色时期他是一个无名画家,怀才不遇,穷困潦倒,有时连房租都交不起,颜料也短缺。他与社会下层的穷苦人接触较多,画面上是大片的蓝色,透示出一种悲哀、忧愁的情绪。如《人生》(见图49)。玫瑰色时期,生活略有改善,又有了"洗衣舫"和伴侣费南德·奥莉微埃,画面由冷变暖,从蓝色转向玫瑰色,增添了一些抒情成分。《流浪艺人的一家》是这时期的代表作。1906年,他认识了美国诗人格特鲁德·斯坦因兄妹,售画大增,生活开始富裕起来。画面上的愁绪消失,他醉心于物体及其空间的形态,这就是黑人时期。1907年,他画《阿威尼翁姑娘》(见图50)时激动地说:"让风雅见鬼去吧!"这幅画破坏旧的形体,重新组合,运用黑人雕刻的艺术语言,带着明亮爽快而又骚动不安的节奏感。1937年4月26日,德国纳粹轰炸了西班牙小镇格尔尼卡,他怒不可遏,创作了《格尔尼卡》(见图45)。画面只有黑、白、灰三色,强烈、刺激、紧张。从以上的画家经历可以看出,艺术家的阅历、人生经验对艺术风格的形成有着直接推动作用。

再次,艺术风格的形成得力于艺术题材的选择。有些艺术家专注于某些艺术题材,不厌其烦地研究,最终以这一独特的题材创造了自己的艺术风格。中国有很多这样的艺术家,如画葡萄、石榴、牡丹等,像齐白石的虾、徐悲鸿的马、黄胄的驴等,都是画家艺术风格的代表。唐代的边塞诗有一种独立的艺术风格,主要源于艺术题材的选择,高适和岑参因为对边塞大漠风光的描绘建立了自己的艺术风格。这些特殊的题材就构成了艺术家的核心意象。一位成熟的艺术家往往有自己珍视的核心意象,成为他灵魂的寄托。这些核心意象透示了艺术家的心灵秘密。如凡·高画笔下色彩浓烈、富有运动感的向日葵(见图51),正是凡·高心灵的写照。那种燃烧的激情,那种醉人的欲望,那种生命的渴盼,都熔铸在向日葵的意象之中。

当然,艺术风格的形成还和艺术语言、艺术体裁、艺术材料、艺术方法有着密切的关系。艺术风格的生成不仅在于艺术作品所表达的内涵,也在于艺术作品的表达方式。同样的题材,不同的艺术家创造的是不同的艺术形象。这常常和表达方式的选择联系在一起。以建筑为例,古代建筑材料主要是石料和木料,而现代建筑材料转变为钢筋水泥,由于艺术材料的不同而生成了两种艺术风格。如巴黎的埃菲尔铁塔(见图52)和雅典的巴台农神庙(见图47),抛开二者功用上的不同,首先是建筑风格的明显差异:埃菲尔铁塔是现代科学技术的产物,它摒弃了传统建筑柔软的诗意装饰,凸出工业文明的优越感，无情地宣告一个人类新时代的到来。它的美正在于它的现代性——它已经取代巴黎圣母院成为现代巴黎的象征。据说，莫泊桑为了逃避埃菲尔铁塔的俯视，经常中午到铁塔中间吃午餐。巴台农神庙是典型的古希腊柱式建筑，全部用石料建成。它的柱子是陶立安式风格，粗犷有力，富有男性的刚劲，坚硬的材质与简练的构架使得巴台农神庙显得高大、神圣、崇高。这两座建筑物艺术风格的差异，很大程度上源于艺术材料的不同。

总而言之，艺术风格的形成既和艺术家的气质、性格、修养、人生经验、艺术观念有关，也是艺术题材、艺术体裁、艺术语言、艺术材料、艺术方法等所有构成艺术作品的元素汇通交融的结果。

三、艺术风格特性

作为艺术最高境界，艺术风格是艺术家追求的目标；作为一种重要艺术现象，艺术风格又是艺术研究、艺术鉴赏中不可回避的问题。因此，把握艺术风格的特性，对于艺术家和艺术研究者、艺术鉴赏者都有重要意义。

艺术风格的主要特性是独创性、稳定性和多样性。

1. 独特性

独特性是艺术风格的灵魂。一种艺术风格之所以成立，关键在于它为艺术史提供了新的创造。由于它的出现，艺术史变得更为丰富，人类艺术的进程继续延伸。我们赞美艺术史上的艺术大师，就是因为他们创造了绚丽多彩的艺术风格。古希腊雕塑"一种高贵的单纯和一种静穆的伟大"[1]（温克尔曼语），古埃及建筑的稳固永恒，中国民间剪纸的大胆热烈，现代摇滚乐的疯狂迷醉与内在焦灼，四大名旦梅兰芳的雍容优雅，程砚秋的深沉委婉，荀慧生的俏丽清新，尚小云的刚劲婀娜……这些艺术风格都是人类艺术心灵与艺术智慧的创造。他们的不朽是因为这些艺术风格的独创性价值，是任何别的人所无法取代的。

艺术风格的独特性与艺术家的创造精神密不可分。一位优秀的艺术家决不简单地模仿自然，而是从自然汲取美的元素，加以提炼，创造出比自然更完美的艺术品。国画大师黄宾虹说："画中山川，经画家创造，为天所不能胜者。"（《黄宾虹语录》）法国画家高更明确阐述道："如果艺术家想完成一个创造性的作品，他不应模仿自然，而是他必须取自然的元素创造出一

---

① 宗白华：《宗白华美学文学译文选》，2 页，北京，北京大学出版社，1982。

新元素来。"①以高更的作品为例，他对于学院派绘画深为失望，甚至厌倦了都市文明，渴望一种野蛮的力量，像原始艺术家那样接近自然的力量。因此，他跑到南太平洋的塔希提岛，与岛上土著居民一起生活。在那里，他培育了自己的艺术风格：神秘观念与梦幻图像的完美结合。他解释《我们从哪里来，我们是谁，我们往哪里去》（见图 53）说："我在我死之前把我的全部精力放了进去，不加任何修改地画着，一个那样纯净的幻象，以致不完满的消失掉而生命升了上来。我的装饰性绘画，我不用可理解的隐喻画着和梦着，或者缺乏文学修养，……在我的梦里和整个大自然结合着，立在我们的来源和将来的前面。在觉醒的时候，当我的作品已完成了，我对我说：我们从哪里来，我们是谁，我们往哪里去？"②

艺术风格的独特性同艺术家的创作个性联系在一起。阿根廷现代诗人、小说家博尔赫斯曾说："我以为，一个作者最重要的是他的音调，一本书最重要的是作者的声音，这个声音通过书本到达我们的耳中。"③莱辛说莎士比亚作品"最小的优点也都打着印记，这印记会立即向全世界呼喊：我是莎士比亚的！"④清代画家石涛鄙薄模仿，重视艺术风格的独创性。他说：

> 夫画，天下变通之大法也，山川形势之精英也，古今造物之陶冶也，阴阳气度之流行也，借笔墨以写天地万物而陶泳乎我也。今人不明乎此，动则曰：某家皴点，可以立脚；非似某家山水，不能传久。某家清澹，可以立品；非似某家工巧，只是娱人。是我为某家役，非某家为我所用也。纵逼似某家亦食某家残羹耳，于我何有哉！……我之为我，自有我在。古之须眉不能生我之面目，古之肺腑不能入我之腹肠；我自发我之肺腑，揭我之须眉，纵有时触著某家，是某家就我也，非我故为某家也。天然授之也，我于古何师而不化之有？（《苦瓜和尚画语录》）

从石涛的艺术经验我们可以看出，艺术风格是不能模仿的。一位艺术

---

① 宗白华：《宗白华美学文学译文选》，234 页，北京，北京大学出版社，1982。

② 同上书，233 页。

③ ［阿根廷］博尔赫斯：《拉丁美洲文学丛书·散文选》，昆明，云南人民出版社，1990。

④ ［德］莱辛：《汉堡剧评》，374 页，上海，上海译文出版社，1981。

家独特艺术风格的成熟过程肯定要向前代艺术家学习。但是，学习的是创造精神，而不是模仿他们的艺术风格。正如齐白石所说："学我者生，似我者死。"

2. 稳定性

稳定性是艺术风格的一个重要特性。一种艺术风格一旦形成，它就会在一定的时期内保持相对的稳定性。这种稳定性并不是说一种艺术风格的艺术品千人一面，而是指主体风格的大致相近。譬如，我们说李白的诗歌豪放飘逸，这只是就他的总体艺术风格而言，并不是说李白所有作品都是这种风格。他的《静夜思》就委婉深情：

> 窗前明月光，疑是地上霜。
> 举头望明月，低头思故乡。

但是，最能代表李白艺术成就的、最富有艺术个性的艺术风格无疑是豪放飘逸，如《蜀道难》《行路难》等作品。

如果一位艺术家的每一幅艺术品都是不同风格，那就表明他还没有找到自己的艺术风格，而是处于艺术风格的流浪时期，尚未定型。这在艺术史上并不罕见。有的艺术家偶尔也有成功的作品，却远远没有形成自己的风格。这说明这位艺术家还没有成熟。

对于艺术家来说，艺术风格的稳定性并不意味着一生的艺术实践都得遵守一种艺术风格，而是一种艺术风格在一定时期里保持相对稳定。有的艺术家善于探索，不断开拓艺术的新领地，他的艺术风格也随之发生变化。但是，在某一时期，他的艺术风格依然保持了相对的稳定性。以西班牙画家毕加索为例，他的艺术探索经历了蓝色时期、玫瑰色时期、黑人时期、分析时期、综合时期、愤怒时期和牧歌时期等几个阶段，每一个时期都有较为稳定的艺术风格，但他的一生艺术风格历经了多次变化，每次变化都是一次艺术探索的推进。

3. 多样性

多样性是艺术风格的一种天然属性。它既是指个体艺术家在一生的艺术创作中所创造的多种艺术风格，更是指艺术风格本身的多样性。它与艺术风格的独创性密切相关。

艺术风格的多样性首先来源于艺术家丰富多彩的创作个性。世界上没有两片相同的树叶，更不可能有两个个性完全相同的艺术家。他们在气质、性格、修养、民族、地域、时代以及人生经验等各个方面的差异必将导致艺术风格的变异。艺术作品宛如一座自然的花园,每一种花都摇曳着别具风采的身影,释放出不可重复的芳香。同样是画竹,苏轼画的竹子无节,而石涛画的竹子则抱节。同样是关于黄河的歌曲,陕北民歌《黄河船夫曲》和光未然作词、冼星海作曲的《黄河大合唱》就是两种绝然不同的艺术风格。《黄河船夫曲》苍凉沉郁,唱出了黄河船夫世世代代的心声:

> 你晓得
> 天下黄河几十几道湾哎
> 几十几道湾里几十几条船哎
> 几十几条船上几十几根杆哎
> 几十几个艄公哟他把船儿扳
> 他把船儿扳
>
> 我晓得
> 天下黄河九十九道湾哎
> 九十九道湾里九十九条船哎
> 九十九条船上九十九根杆哎
> 九十九个艄公哟他把船儿扳
> 他把船儿扳

　　苍天乌云密布,黄河怒浪滚滚,一群船夫艰难地摇桨。他们一边扳船,一边唱歌,向着无际的天,向着无尽的水。这是他们对命运的迷惘与探问。相比之下,《黄河大合唱》是一曲民族觉醒与抗争之歌:

> 风在吼,马在叫,
> 黄河在咆哮!
> 黄河在咆哮!
> 河西山冈万丈高,
> 河东河北高粱熟了,
> 万山丛中,抗日英雄真不少。
> 青纱帐里游击健儿逞英豪!

急速旋转的韵律与坚定刚强的节奏表达了一个觉醒的民族正在从历史的灰烬里站起来，走向新世纪。《黄河大合唱》正如壶口瀑布，怒涛拍打着堤岸，一泻而下，气势磅礴。两首关于黄河的歌曲在艺术风格上的差异是显而易见的，一者苍凉沉郁，一者高亢激昂。

其次，艺术风格的多样性也来自社会生活与自然生活千变万化、包罗万象。这就为艺术家的创作提供了取之不尽、用之不竭的源泉。以 20 世纪为例，世界发生了空前巨大的变化，好像所有重大事件都争相挤进 20 世纪的舞台。仅仅就"二战"而言，世界上产生了艺术风格各不相同的电影作品。美国的《大独裁者》《魂断蓝桥》《卡萨布兰卡》《辛德勒名单》，法国的《虎口脱险》，意大利的《罗马，不设防的城市》，苏联的《雁南飞》《士兵之歌》《这里的黎明静悄悄》《合法婚姻》，中国的《平原游击队》《铁道游击队》《一个和八个》《南京大屠杀》等喜剧、悲剧、正剧等各种形式的电影。这些影片艺术风格姿态万千，变化多样，成为世界电影艺术中一片独好的风景。倘若细致分析，我们会发现每一部影片的艺术风格都不一样。虽然它们的题材都取自"二战"，但是，它们观照战争的视角不尽相同。有的直接表现战争，有的描写战争背景下的人民生活，有的表现正面战场，有的描绘敌战区的斗争。总之，它们都从对战争的特殊视角找到了艺术风格的支点。

再以大自然为例，沙漠、高原、江河、森林、山岳、平原、海洋，等等，还有日月星辰、风雨雷电，可谓应有尽有、包罗万象。单以中国的山而言，泰山的雄伟，峨眉的秀丽，青城的幽邃，华山的奇拔，等等，都有自己的性格。反映在中国画里，黄宾虹爱画黄山，范宽以华山画见长，林风眠善画江南水乡。千姿百态的大自然在绘画里成为千变万化的艺术风格。

再则，艺术风格的多样性来自鉴赏主体的复杂性与多层次。作为艺术受众的欣赏者是广大的社会群体。这里有年龄、性别、性格、民族、气质的自然差异，也有教育、修养、审美趣味、人生经验、社会地位等后天形成的不同层次。他们对艺术的需求也是各种各样：从探索艺术到通俗艺术，从政治艺术到爱情艺术，从童话到杂文，从电影到木偶，等等。与社会群体构成的复杂性相对应，艺术风格也应该是多种多样，这样才能适应社会群体之中不同阶层的不同需求。唐太宗喜欢王羲之的《兰亭序》，死后随葬。列宁喜欢托尔斯泰，《安娜·卡列尼娜》读了不下 100 遍，写了 7 篇关于托尔斯泰的评论文章。齐白石看了徐文长的画，表示愿意在青藤门前做一只狗。欧洲流传一种说法：少年人爱读雪莱、拜伦，老年人喜欢荷马史诗，只有莎士比亚，所有人都爱读。从年龄特点上说明了艺术受众对艺术风格的要求。

四、时代风格、民族风格与地域风格

艺术风格不仅呈现于艺术家和艺术作品，也呈现在不同的时代、民族和地域所生成的时代风格、民族风格和地域风格。

1. 时代风格

当我们流连于人类艺术的历史长廊，就会发现艺术风格随着时间的脚步悄悄改扮自己的容颜。秦汉的雄浑、魏晋的清峻、大唐的豪盛、明清的细腻，每一个时代都有不容重复的独特品格。这就是人们常说的时代风格。

所谓时代风格是指特定时代的艺术风格。它常常是一个时代的主导艺术风格，以此区分不同时代的艺术特征。

艺术总是产生于特定的时代，它不可避免地要烙上这个时代的印记。当时代完成新的转换，艺术风格也会跟随时代的节拍调整自己的舞步。艺术的时代风格往往与社会的时代风俗、文化思想、美学思潮以及政治、经济发展状况密不可分。欧洲从公元4世纪到公元18世纪之间出现的拜占庭艺术、罗马式艺术、哥特式艺术、巴洛克艺术和洛可可艺术等艺术风格嬗变充分证明了这一理论。

拜占庭艺术发生在公元4世纪至公元15世纪，以拜占庭帝国的首都君士坦丁堡为中心，扩散在欧洲和西亚地区。拜占庭艺术以基督教为指导思想，艺术风格上融合了古希腊艺术和东方艺术的特征。它以教堂建筑的长方形布局上的拱顶和造型艺术里的马赛克效果著称，建筑上服从实体、实体和空间的相互作用、希腊十字形布局的采用和穹隅、突角拱等建筑手段的运用。最有代表性的是君士坦丁堡的圣索非亚教堂(见图54)。

罗马式艺术(Romanesque)被法国艺术史家巴赞称为真正的文艺复兴，[①]它发生于公元11至12世纪的法国，影响了西班牙、意大利和德国等没有为拜占庭艺术所笼罩的国家，重新赓续了古希腊的艺术传统。罗马式艺术教堂建筑的特征是拉丁十字形布局、交叉拱顶、厚实的石或大理石墙、圆拱和方形门口，门楣上常有取自《旧约》、衬以异物和动物形象以及叶饰的

---

① [法]热尔曼·巴赞：《艺术史——从史前到现代》，165页，上海，上海人民美术出版社，1989。

浮雕，恢复了理性思维、人物塑像和浮雕技术。典型的如意大利的比萨大教堂(见图 55)。

哥特式(Gothic)艺术起源于公元 12 世纪中叶法国的伊尔德法兰西，逐渐传遍欧洲。13 世纪进入鼎盛时期，直至 16、17 世纪才渐渐衰落。哥特式原是意大利人对北方哥特族的贬称，后来成为一种艺术风格的名称。哥特式艺术的主要成就在建筑上，它改变了罗马式教堂的半圆形拱门，采用线条轻快的尖拱券、造型挺秀的小尖塔、轻盈通透的飞扶壁和修长的立柱或簇柱，配以彩色玻璃的花窗，造成一种超越尘世、飞往天国的幻觉。它将中世纪的古典传统与情理融为一体，表明基督教世俗化的趋势。哥特式艺术是欧洲中世纪艺术的顶峰，巴黎圣母院(见图 56)是其卓越的代表。

巴洛克(Baroque)艺术是公元 17 世纪形成于意大利的一种艺术风格。巴洛克一词出于西班牙或葡萄牙语，意思是"不圆的珍珠"，原是贬义，指过于靡丽的艺术。巴洛克艺术来源于意大利风格主义，它追求艺术风格的豪华、浮夸、运动感与装饰性。巴赞转述瑞士海因里希·韦尔夫林教授的意见比较古典主义和巴洛克风格的特征：

> 古典主义——力求在形式中保持平静，因为其构思一方面出于理智，另一方面则出于对自然的直接观察——在集中的构图——通过保持着明显统一性的各组成部分的严格安排——中表现出来，古典主义的形式是可衡量的和静态的，服从庄重的法则，而运动受节奏的主宰，可以缩减到和谐的韵律。在另一方面，巴洛克则表现不宁静和对自由的渴望，在开放性的构图和世界的断片中，而不是在自身的世界中展现自己，它超越画框的限制。巴洛克的形式无法估量，没有重量，在空间中飞扬，带着迫使人们眼睛向四面八方观望的运动穿过空间，远远超出了实际上所显示的；巴洛克式构图的统一性并不是理智的秩序，而是有机的、活生生的、综合的，导致形式紧密地相互依存。在极端的巴洛克式中，深度的追求将形式引向完全融化在周围的环境之中。古典主义意味着凝聚，它将自然缩减到人类的尺度，它是一种本质的状态；而巴洛克则是一种发生的状态，一种分散的状态，如此地迷恋自然，以至于将人类吸入宇宙的节奏。巴洛克力图描绘人的激情、悲伤和痛苦、爱和死、男女老少；而古典主义仅对年富力强

的、成熟的人感兴趣，他的全部理智才能由头脑所支配。巴洛克所喜爱的媒介是绘画或音乐，古典主义则在建筑和雕塑中得到充分的表现。①

巴洛克艺术的主要代表是意大利画家米开朗琪罗、提香、拉斐尔的绘画和雕塑，德国音乐家巴赫和亨德尔的音乐等(见图 57)。

洛可可(Rococo)艺术是从巴洛克艺术的晚期发展而来的。洛可可在法语中意为"假山"，后引申为一种艺术风格。它在 17 世纪末至 18 世纪流行于欧洲，主要特征是纤细、轻巧、华丽和烦琐的装饰性，多用 C 形、S 形和旋涡形的曲线，轻淡柔和的色彩。洛可可艺术适用于宫廷，与路易十五时代戏剧和化装舞会有直接关系。洛可可艺术大多表现在绘画、建筑、雕塑和音乐上，风景画是此期的一个重要现象，主题以幻想和牧歌为主，如德国画家费雪设计的奥顿布伦修道院内景(见图 58)。

从以上的分析可以看出，每一个时代都有自己艺术的时代风格，而艺术的时代风格又随着时代的变换而迁移，形成了人类艺术的风格画廊。

2. 民族风格

世界上有数千种民族，每一个民族都有自己的民族性格。具体表现在艺术上，民族特征就更为鲜明，譬如建筑，中国故宫和法国香榭丽舍宫就相去甚远，印度的泰姬陵和埃及的金字塔也风格迥异。这就是艺术的民族风格。

所谓民族风格，是指特定民族的艺术风格。它来源于特定民族的自然环境、社会结构、文化传统、风俗习惯、精神特性、民族心理、审美观念以及艺术积淀等各种要素汇通的结果。

民族风格是民族艺术的标志。法国哲学家伏尔泰说："从写作的风格来认出一个意大利人、一个法国人、一个美国人或一个西班牙人，就像从他的面孔的轮廓，他的发音和他的行动举止来认出他的国籍一样容易。"②以中国画和西洋画为例，明确传达了两种不同的民族风格。中国画的哲学基

---

① ［法］热尔曼·巴赞：《艺术史——从史前到现代》，632～633 页，上海，上海人民美术出版社，1989。

② ［法］伏尔泰：《论史诗》，见《西方文论选》，上册，323 页，上海，上海文艺出版社，1963。

础是天人合一与生生不息、阴阳化合以生万物，西洋画的哲学基础是古希腊的数学、几何学与哲学，一种理性的思维方式；中国画不讲透视，没有光影变化，西洋画重透视与解剖；中国画的最高境界是气韵生动，西洋画的最大成功是模仿自然。试看威廉·考尔夫的《静物》写生(见图59)，虾在盘子里，水果在筐子里。而齐白石的虾却在水中游动。中国画往往没有底色，只有虾在游，但一般不画水，让人感到空白全是水。空白，这是中国画的一个重大特征，画面空灵，气韵生动。而西洋画大多是画面充实，几乎不留空白，并且都要画上底色。中国画是物我一体，虾即是我，我就是虾；西洋画虾是虾，我是我，二者是对立的。中国人在有限里找到了无限，一丘一壑、一花一草便是无限的宇宙。不是人追求世界，而是世界来亲近我；欧洲人是在刻意追求无限，是勇往直前的浮士德，他只要停步便立即死亡。这些不同的民族精神呈现在艺术作品里就会生成不同的民族风格。

法国艺术史家丹纳认为种族是决定艺术的三个要素之一。他说："越是伟大的艺术家，越是把他本民族的气质表现得深刻；像诗人一样，他不知不觉的给历史提供内容最丰富的材料。"[①]民族风格总是和民族的生活密切相连。从艺术史我们可以得知，古希腊的裸体艺术非常发达，著名的如《拉奥孔》(见图60)。而中国不管古代还是现代，裸体艺术都不发达。这源于两个民族的生活习惯和生活观念的差异。丹纳在他的《艺术哲学》里曾谈到这个问题：

> 雕像多半是裸体或差不多是裸体，所以雕塑家必须使雕像的躯干与四肢显得和头部同样重要，必须对肉体生活像对精神生活一样爱好。——希腊文化是唯一能做到这两个条件的文化。文化发展到这个阶段这个形式的时候，人对肉体是感兴趣的；精神还不曾以肉体为附属品，推到后面去；肉体有其本身的价值。观念对肉体的各个部分同等重视，不问高雅与否。……他们看到裸体毫不奇怪。贞洁的观念还没有变作大惊小怪的羞耻心；在他们身上，心灵并不占着至高无上的地位，高踞在孤零零的宝座之上，贬斥用途不甚高雅的器官，打入冷宫……在敬神的赛会中间，当着长官们的面，一群年轻姑娘捧着生殖器的象征游行，甚至还被

---

① [法]丹纳：《艺术哲学》，372页，北京，人民文学出版社，1994。

人当作神明呢。①

正是源于这种灵肉一体的观念和普遍的裸体体育运动习惯，古希腊的裸体雕塑达到了艺术顶峰，形成了鲜明的民族风格。而中国很早就在儒家"男女授受不亲"的观念笼罩下进入了礼教社会，裸体艺术几乎缺席。

民间艺术常常是民族风格的重要领域。以中国黄土地上的剪纸来看，由于上千年的社会封闭，陕北保存了其他地区早已灭绝的艺术传统。靳之林先生发现农民剪纸艺术家白凤兰的《牛耕图》（见图 61）与绥德出土的汉代画像石《牛耕图》（见图 62）艺术风格完全一样。他们的艺术作品至今还保持着鲜明的民族风格。

艺术的民族风格是民族艺术传统的积淀，它在艺术史上呈现为一条波涛汹涌的历史长河。只要这个民族没有彻底灭亡，它的艺术传统就不会断流，艺术的民族风格就永远存在。但是，艺术的民族风格也并非一成不变，而是在时代的转换中不断吸纳一些新的元素又扬弃一些旧的内涵，有的甚至在世界一体化的潮流中趋于消亡。以中国的建筑为例，中国古代建筑与欧洲古代建筑在民族风格上的差异一目了然：中国建筑以木结构为主，欧洲建筑以石结构为主；中国建筑往往不是一个孤立的个体，而是一个建筑群，以整体气势取胜，欧洲建筑大多是独立建筑，以高度取胜；中国建筑是为活着的君主建设的，木料可亲，可居，可游。欧洲建筑是为神明建造的，石料的冷正象征了天国的威严。但是，随着时代的推移，钢筋水泥为材料的现代建筑打通了中西在建筑材料上的差异。原来的民族风格已经消失，世界建筑呈现了一体化趋向，从北京到巴黎，从香港到布宜诺斯艾利斯，现代化的居民楼已看不到多大的差距。民族风格正在一些领域减缩乃至消灭。对于艺术发展而言，也许这并不是一个好的预兆。艺术的民族风格的消亡也就意味着一个民族独立精神品质的消亡。

3. 地域风格

倘若你在中国游览，一定会发现辽阔的国土上有各种各样的建筑：蒙古草原的蒙古包，华北平原的四合院，东北林海的木屋，黄土高原的窑洞，江南水乡的小楼，云南傣家的竹楼……这些饱含明确地方特色的建筑呈现了姿态万千的地域风格。

所谓艺术的地域风格，是指特定地域的艺术风格。它源于特定地域的

---

① ［法］丹纳：《艺术哲学》，293～295 页，北京，人民文学出版社，1994。

风土人情、地理特征、气候环境、文化积淀以及独特的社会生活结构。

即使同一国家、同一民族的艺术，也会因为地理特征的不同而导致艺术风格的差异，尤其在版图辽阔、人口众多的国家，更是如此。中国最大的地域风格是北方与南方的差异。中国北方气候干燥，风沙大，山上少树，以气势取胜；南方气候湿润，和风细雨，林木青翠，以情调见长。北方的建筑以皇家园林为主，如故宫、颐和园、圆明园、北海等。故宫（见图63）是世界上最大的皇家园林，它由前后两个部分组成，前面是三大殿，太和殿、保和殿与中和殿。作为建筑中心的太和殿高大威严，前面有广阔的空间，两侧是低矮的朝房，供大臣休息。后面部分称内廷，主要有乾清宫、交泰殿、坤宁宫和御花园，两侧是东六宫和西六宫。内廷供皇帝居住和处理政务。整体建筑布局谨严，左右对称，庄重的大屋顶、高大的斗拱、鲜明的琉璃瓦、雄伟的廊柱和洁净的汉白玉台基，显示了皇家的尊严与气派。而南方园林小巧玲珑、曲折有致。以苏州的拙政园（见图64）为例，它在布局上分为三个部分，东区、西区和中区。中区以水面为主，荷花池上堂、轩、桥、亭、楼、阁、馆错落逶迤，其中远香堂单檐歇山顶，造型精巧。坐在这座没有一根柱子的厅堂里，水池四周的景色尽收眼底。

再以民歌为例，西北民歌粗犷豪放，如黄土地的信天游，信口而出，声音高亢，站在黄土高坡上向青天狂吼。像大家熟知的《走西口》，描写一个少女送情郎走西口的心情。她不愿意让情郎远走，但迫于生计又不能不去走西口谋生。歌里她反复数说路上应该留心的事情，情真真，意切切。她要情郎走大路、喝流水、歇小树、住大店、坐船头，以免发生意外。即使由女声唱出的信天游也是声音高亢。江南民歌大多是少女用吴越软语细声唱出来的，著名的《采茶舞曲》音韵绵柔，余音袅袅。少女们在湖中划着小船，手上采莲，口中唱歌。这与黄河船夫在波涛汹涌的黄河里所唱的《黄河船夫曲》完全是两种迥然不同的地域风格。《梁山伯与祝英台》是一个更为典型的例子，它在陕北广为流行，在江南也家喻户晓。然而，两地演唱《梁山伯与祝英台》的艺术风格却大相径庭。地域风格在文学上的表现也是非常明显的，如老舍的京味小说、李劼人的川味小说、赵树理的山西风味、贾平凹的陕西风味等。而戏剧上的地域风格更为突出，几乎每一个地区都有自己的地方戏，带着鲜明的地方色彩，如京剧、沪剧、河北梆子、河南豫剧、山西晋剧、陕西秦腔、浙江越剧、四川川剧等。虽然这些地方戏都是汉族群众的艺术形式，但由于中国地域的辽阔，每个地方又形成了带有鲜明艺术个性的地方戏，这些品质各异的地域风格成为中华民族艺术之林里一片美韵独具的风景。

艺术的地域风格丰富了艺术风格的内涵，为艺术的繁荣与发展提供了质的推进。一个民族艺术的地域风格越多，它的艺术风格就越繁富，民族艺术的前景就越广阔。

第二节　艺术流派与艺术思潮

在艺术史上，曾经出现过林林总总的流派与各种各样的艺术思潮，它们构筑了绚丽多彩的艺术花园，是艺术理论上的重要现象。这里，我们就艺术流派与艺术思潮的形成、特征，艺术思潮、艺术风格与艺术流派的关系进行探讨。

一、艺术流派

人们在谈论艺术时常常提及艺术流派，如中国的扬州八怪、岭南画派、创造社，法国的象征派、野兽派、印象派、左岸派，美国的意象派，英国的浪漫派、湖畔诗派，俄国的巡回画展派，等等。那么，究竟什么是艺术流派？

所谓艺术流派，是指艺术史上一些思想观念、美学主张、创作方法和艺术风格相近或相似的艺术家群体。

艺术流派并不是自古就有，而是随着艺术史的推进而生成的。在原始艺术里，我们没有发现艺术流派，因为原始艺术家所崇信的是集体意识，表现在艺术作品里也是一种集体风格，甚至不同民族之间的原始艺术在主题、题材与艺术风格上都有惊人的相似。伴随人的觉醒，自我意识萌生，艺术家开始培育个人风格，这为艺术流派的生成提供了土壤。

艺术流派的出现是艺术史的进步。它往往与艺术大师或新的艺术观念、艺术风格结合在一起。如京剧大师梅兰芳开创的梅派风格，反对古典派而崛起的浪漫派，不满足于自由放纵、倡导格律意识的新月派等。

艺术流派的命名大致有四种情形。

其一，以艺术大师的名字来命名。像京剧大师马连良开创的马派艺术、苏联戏剧大师斯坦尼斯拉夫斯基所创立的斯坦尼斯拉夫斯基体系等。这些艺术流派是由艺术大师开创的艺术风格。

其二，以艺术流派或艺术家所产生的地区命名。像法国电影的左岸派、中国的扬州八怪、岭南派、意大利的佛罗伦萨画派等。一个流派的艺术家大多聚居或出生于某一地区。

其三，以艺术创作方法、艺术风格、艺术主题或艺术题材命名。像古典派、象征派、印象派、边塞诗派、唯美派等。这些艺术流派得名于艺术品的方法、思潮、题材、倾向或主题。

其四，以艺术流派诞生的杂志、社团、图书或特定的活动和标志来命名。像中国的新月派、创造社、法国的电影手册派、俄国的巡回画展派等。这些名称与艺术流派所产生的杂志、社团或特定的活动有关。

不管艺术流派是如何命名的，它的形成都遵守了两种基本方式：自觉的与自发的。

自觉形成的艺术流派大多生成于近代，尤其 19 世纪以后。一群艺术思想与艺术趣味相近的艺术家自觉结合在一起，成立组织，发表宣言，创办杂志，宣传自己的艺术思想与美学主张。为了达到目的，有时还不惜与其他流派进行论战。以未来派为例，它的创始人是意大利的菲利波·托马索·马里奈谛。1909 年 2 月 20 日，他发起了未来派组织，在法国《费加罗报》发表了《未来主义的创立和宣言》。他聚集了一批诗人、音乐家和画家，如乌姆伯托·波丘尼、卡洛·卡腊、卢伊吉·鲁索洛、贾科莫·巴拉、吉诺·塞弗里尼等。此后，他们相继发表了未来派画家宣言、戏剧宣言、电影宣言与音乐家宣言，甚至超出了艺术的范畴，闯入社会生活领域，成为一场跨越国界的艺术思潮。这种自觉的艺术流派在近现代世界艺术史上大量存在。如中国的创造社、新月派、文学研究会等，外国的达达主义、超现实主义、表现主义等艺术流派。

自发的艺术流派是指艺术家在创作时并未意识到要创立艺术流派，没有艺术宣言或组织，有些同一流派的艺术家甚至都不认识。但是，由于艺术风格、艺术思想、美学主张与创作方法等方面的相近或相似自然形成了艺术流派。有的是当时人归纳的，有的是后人归纳的。如唐代的边塞诗派，高适、岑参等人并不知道他们属于边塞诗派，只是因为他们诗歌的题材都取自边塞，诗风又都趋于粗犷豪放，被后世的文学史家称为边塞诗派。法国电影的左岸派也是如此，以阿仑·雷乃为代表的一批导演倡导电影艺术探索，以电影进行思考和艺术实验。由于这些相近的电影意识与艺术风格，恰好他们又都住在巴黎塞纳河的左岸，于是就被称为左岸派。扬州八怪更为奇特，人们至今还在争论究竟哪八位画家属于扬州八怪。前后列入名单的有汪士慎、李鱓、金农、黄慎、高翔、郑燮、李方膺、罗聘、华嵒、高凤翰、边寿民、闵贞、李勉、陈撰、杨法等，数量超过一倍。现在通行的说法是取前八名。扬州八怪在生活道路上较为相似，他们大多出身贫寒，生活坎坷，又都胸怀抱负，艺术上特立独行。其中黄慎、高翔、汪士慎与罗聘终生没有做官，金农被荐博学鸿词科，却未被选中，一生未仕。郑燮、李方膺与李鱓都曾做过县令，又先后被罢官。这样，他们相继来到扬州，过着卖画为生的日子。他们之所以被称为扬州八怪，主要是因为他们的绘画作品不符合当时的画坛正宗。清代画坛的正宗是取法于古，他们认为古人的艺术已经尽善尽美，无须创新，学画只要向古人学习就可以成功。被誉为山水画圣的王翚说："以元人笔墨，运宋人邱壑，而泽以唐人气韵，乃为大成。"①。而扬州八怪不师成法师造化，如金农所说"冬心先生年逾六十始学画竹，前贤竹派，不知有人，宅东西种植修篁约千万计，先生即以为师。"②他们不仅不模仿前人的成法，彼此之间也以独创为乐，自立门户。郑板桥曾说李鱓："花卉翎羽虫鱼皆绝妙，尤工兰竹，然燮画兰竹，绝不与之同道，复堂喜曰：是能自立门户者。"③因此，扬州八怪成为清代卓尔不群的一个艺术流派。

艺术流派的形成固然有着重要的生活主观原因，同时也是艺术发展的必然。艺术流派有它自己的生成与消失周期，它的生成与消失往往与艺术发展有直接关系。一般说来，艺术流派在它兴起时是有生命力的、创造的、充满探索意识的。而当它经过一个时期的发展之后，大多就开始衰落，最后流于僵化与腐朽，成为新的艺术流派反叛的对象。如法国以雨果为代表的浪漫派在反对古典派时充满了活力，尤其1830年2月25日《欧那尼》在巴黎法兰西剧场上演时，双方的冲突公开化。戈蒂耶等浪漫派艺术家穿着大红背心，在剧场里狂热地鼓掌；而古典派的信徒则嗤之以鼻。当戏剧闭幕时，古典派已经在全场沸腾的欢呼中丧失了曾经鼎盛一时的领土，浪漫派取得了绝对胜利。然而，经过充分发展之后，浪漫派的作品开始趋于滔滔不绝的呼唤与无穷无尽的预言式的宏词中，艺术上走向没落。"浪漫主义的逃兵"戈蒂耶扬起帕纳斯派的大旗，要求艺术克制夸张的激情与语言，逃避伤感与伦理说教，应该"为艺术而艺术"，在一首名为《艺术》（载诗集《珐琅和玉雕》）的诗里，他阐述了帕纳斯派的艺术主张。

---

① 王翚：《清晖画跋》，见《扬州八怪》，15页，北京，文物出版社，1981。
② 金农：《画竹题记》，同上书，16页。
③ 郑板桥：《题画》，同上书。

形式的难度越大，/产生的作品往往/更佳/诗、云石、玛瑙、珐琅。/不要无理的限制！/

　　但为了走得准确，/缪斯/要穿上厚底紧靴。/格律不可太简易，/像那太宽的鞋子/样式/对任何脚都合适！/……去锉，去凿，去雕塑；/把你的动摇的梦/封入/持久的金石中！

　　对于矫正浪漫派的过度感伤，帕纳斯派的艺术主张无疑是一副对症的良药。然而，它本身又陷于过分的冷漠无情与矫揉造作。很快，象征派就兴起了，迅速取代帕纳斯派成为诗坛新的主导艺术风格。

　　从法国艺术流派的变迁我们可以看到，任何一个艺术流派都有它的生长周期。当然，并不是所有的艺术流派都是在与前面艺术流派的斗争中生成的，有的艺术流派生成于艺术发展的竞争和开放。有些艺术流派同时出现在一个历史时期，彼此之间互补互益，共同创造了繁荣的艺术局面。如中国京剧四大名旦梅兰芳、程砚秋、荀慧生和尚小云分别创立了自己的艺术流派，但彼此之间没有取代与被取代的关系，而是艺术风格各异的四个艺术流派一起就了中国京剧的鼎盛时代。

　　艺术流派之间的竞争是艺术发展所必需的。繁荣的艺术时代绝不是独家艺术流派的一枝独秀，而是众多艺术流派的万花争妍，这正是"百花齐放、百家争鸣"的基本精神。

二、艺术思潮与艺术流派、艺术风格

　　在人类艺术史上，除了艺术风格、艺术流派之外，还有一种重要艺术现象，即艺术思潮。

　　所谓艺术思潮，是指在社会思潮和哲学思潮影响下，发生在艺术领域里的重要美学潮流和创作倾向。

　　艺术思潮往往与社会思潮和哲学思潮密切相关。如 17 世纪欧洲古典主义是一种重要艺术思潮，它崇尚理性与理智，讲求共性与规则，美学上要求典雅、和谐，艺术上结构严谨。表现在戏剧上就是三一律：

　　　　但是我们，对理性要服从它的规范，
　　　　我们要求艺术地布置着剧情的发展；
　　　　要用一地、一天内完成的一个故事
　　　　从开头到末尾维持着舞台充实。

　　这是当时法国批评家布瓦洛在《诗的艺术》中所强调的艺术原则。莫里哀和高乃依的戏剧作品是古典主义艺术的典范。这和法国当时的政治制度与社会精神有直接联系。法国的君主专制制度非常强大，政治稳定，民族统一，社会各阶层处于相对和睦时期，矛盾暂时得到缓解。因此，从当时社会的主流意识形态来说，它要求一种与之相对应的艺术模式，这就是古典主义。而随着资产阶级的兴起与1830年7月革命的爆发，社会要求新的精神，浪漫主义正是顺应了这一潮流，一跃成为压倒古典主义的新的艺术思潮。浪漫主义尊崇天才和个性，提倡情感的自然抒发，反对古典主义的理性与僵化。这次艺术思潮首先发源于英国，新兴资产阶级要求打破古典主义的束缚，树立自己的艺术形象。拜伦、雪莱、济慈、华兹华斯是其主要代表。其后，浪漫主义传到法国，雨果、缪塞在文学上率先冲决古典主义的樊篱，席里柯、德拉克洛瓦和吕德又在绘画上取代了学院派古典主义绘画，他们创作了《梅杜萨之筏》《自由引导人民》和《马赛曲》（见图65、图66、图67）等杰出作品。《梅杜萨之筏》的画面上波涛汹涌，狂风肆虐，一片孤筏，漂泊在茫茫的大海上。哪里是生命之路？筏上的人有的死去，有的狂吼，挣扎，呼唤，期待着远方的船影——生命的绿洲，它描绘的是发生在1816年7月的一起海难，满载法国移民、官员、军人的巡洋舰在驶往西非塞内加尔途中沉沦。船长和官员霸占6艘救生艇逃命，150多人被弃在临时扎捆的木筏上，漂流了13天，只有15人上了岸。波旁王朝竭力掩饰，席里柯走访幸存者和死者的家属，创作了这幅作品。《马赛曲》的女神身穿铠甲，展开双翅，挥剑向前，修长的战裙显示了疾风式的动势和威力。这幅作品雕刻在凯旋门上，描绘了1792年普奥联军干涉革命、巴黎人民奋起保卫祖国的英勇事迹。《自由引导人民》上的自由女神手执毛瑟枪，高举三色旗，站在街垒上，引导人民向前。它记录了1830年的法国七月革命，巴黎人民连续三天战斗，推翻波旁王朝。席里柯、吕德和德拉克洛瓦的作品想象大胆奇特，色彩浓烈，激情奔突，富有运动感。音乐家柏辽兹的《希腊革命康塔塔》《葬礼与凯旋交响曲》等作品表达了强烈的斗争精神。浪漫主义在德国发展为以歌德、席勒为代表的文学狂飙运动和以舒曼为代表的音乐，他们的作品表达了一个新兴民族对天才、自由和未来的向往。

　　同样，20世纪现代主义艺术思潮的生成与尼采哲学、弗洛伊德的精神分析学以及西方现代社会思潮有着紧密联系。尼采大声宣告：上帝已经死了！从根本上动摇了西方人的信仰，而弗洛伊德的潜意识学说又是继哥白尼的日心说、达尔文的进化论之后对人类自身一次最遥远的放逐：不仅地球不是宇宙的中心，人类与猿猴同宗，并且，人类也不是自己家里的主人，潜意识对于人的作用远远大于意识。加上19世纪以来象征主义的审丑意识和康德、柏格森等人关于艺术的无功利性、艺术是直觉等学说，现代主义在理论上和艺术传统上获得了生成基础。世纪末思潮、第一次世界大战、工业文明对于人的异化、人类与自然的矛盾恶化等社会思潮为现代主义的生成提供了丰厚的土壤。这样，现代主义作为一种艺术思潮就在20世纪初诞生了，并且很快获得了全球性影响，成为一个国际性艺术思潮。

艺术思潮也有它的生长周期。一般说来，艺术思潮总是伴随着社会思潮和哲学思潮而兴起、生长、衰落。而且，艺术思潮也和不同的国家、民族和社会制度有着密切的关系。因此，艺术思潮的生成、鼎盛与衰落是一种复杂的艺术现象。以现代主义这一国际化艺术思潮在中国的命运来考察，就可以看出其中的复杂性。现代主义艺术在西方诞生之初就传到中国，1916年中国诞生的第一首新诗《鸽子》就是一首典型的意象派作品，20世纪20年代以后，现代主义对中国艺术发生了大面积影响，鲁迅、郭沫若、曹禺、李金发、戴望舒、施蛰存、何其芳、卞之琳、冯至、穆旦等大批作家在作品里进行了现代主义实验，取得了相当的成果。但是，20世纪50年代以后，现代主义艺术在中国内地消失，因为它的基本精神与社会主义的艺术观念不相符。就在此时，现代主义艺术在中国台湾地区登陆，相继在诗歌、小说、音乐、电影和建筑等领域展开一场有声有色的艺术思潮。20世纪80年代，历经动乱的中国开始改革开放，现代主义艺术思潮又在中国大陆萌生，迅速在诗歌、绘画、音乐、建筑、雕塑、电影等艺术门类开展探索，形成一场规模宏大的艺术思潮。

上面我们讲述了艺术风格、艺术流派和艺术思潮。那么，这三者之间是一种什么样的关系呢？

一般说来，艺术风格是指艺术作品所呈现的美学特征，艺术流派是指艺术风格相近的艺术家集团，而艺术思潮则是指一定历史时期的艺术潮流。艺术流派有自己的艺术风格，但艺术风格并不就是一个艺术流派，更不是一种艺术思潮。一个艺术流派可能成为一种艺术思潮，但是，一种艺术思潮常常包含多种艺术流派与艺术风格。艺术思潮往往跨越艺术门类的界限，而艺术流派一般局限于一种艺术门类。

还以现代主义为例，作为一种艺术思潮，它兴起于20世纪初，衰落于20世纪50年代，延伸至今。其间生成了未来主义、达达主义、表现主义、超现实主义、立体主义、抽象主义、后期象征主义、意象主义、荒诞派等多种艺术流派，形成了多种艺术风格。其中有的艺术流派还可以分出更细的艺术流派，如未来主义又分为两支，意大利以马里内蒂为代表的法西斯未来主义与苏联以马雅可夫斯基为代表的革命未来主义。如果按照艺术门类区分，还可以具体分出诗歌、音乐、电影、绘画、建筑、雕塑、舞蹈等各种具体艺术门类中的现代主义的呈现，如超现实主义电影、表现主义电影等。从这里可以看出，一种艺术思潮并不一定是一种单纯的艺术思想或美学倾向，也可能相互矛盾，甚至产生内部论争。

艺术风格、艺术流派与艺术思潮是艺术史上存在的复杂现象，它们与社会思潮、哲学思潮有紧密的关系，但又绝不是一种简单的对应与图解，因为艺术发展有其自身的规律。因此，我们不能粗暴地、简单地把艺术风格、艺术流派和艺术思潮归入社会学理论框架，从而作出违背艺术规律的阐释。

[基本概念]

艺术风格　时代风格　民族风格　地域风格　艺术流派　艺术思潮

[思考题]

1. 简述艺术风格的主要特性。
2. "文如其人"和"风格即人"有哪些联系与区别？
3. 简述艺术的时代风格和民族风格。
4. 简述艺术流派的形成原因。
5. 试论述艺术风格、艺术流派与艺术思潮之间的关系。

第七章
艺术接受

艺术的四个元素中最后引起艺术理论界关注的是受众。人们最早注意到的是艺术对世界的模仿，即艺术作品所反映的内容。中国很早就有知人论世之说，欧洲自从法国批评家圣佩夫注重从艺术家的视角观照艺术作品以来，艺术家的生平与性格成为艺术研究的一项重要课题。20 世纪之后，艺术研究本体化趋势明显，以新批评和形式主义理论为代表的艺术理论主要从艺术的文本来观照艺术，如艺术语言与艺术形式等范畴。这样，在两千多年的艺术研究史上，艺术理论相继观照了艺术所反映的世界、艺术创作主体——艺术家和艺术作品——文本。直到 20 世纪 60 年代，人们才注意到艺术的最后一个重要元素：观众，即艺术接受。

根据马克思关于艺术生产的理论，艺术像物质生产一样，也要经过生产——消费的过程。艺术接受正是艺术消费，通过消费最终完成艺术创作。艺术消费也对艺术生产构成制约作用。正如马克思所说的："艺术对象创造出懂得艺术和能够欣赏美的大众，——任何其他产品也都是这样。因此，生产不仅为主体生产对象，而且也为对象生产主体。"①德国接受美学理论家瑙曼从马克思艺术生产理论出发，认为艺术也存在艺术生产——艺术品——艺术消费过程，接受美学的主要任务是研究艺术消费。现象学、阐释学与接受美学都开始关注艺术接受问题。其中接受美学在艺术接受方面的研究尤其富有成果。

接受美学创始人、德国学者伊瑟尔和尧斯提出艺术研究应侧重于观众的审美再创造过程。美国学者菲希在艺术接受上更进一步，提出读者是文学的本体。

艺术接受主要有三方面内涵。一是作为普通观众的艺术鉴赏；二是作为特殊观众的艺术批评；三是作为艺术商品价值实现的艺术消费。

第一节　艺术鉴赏

艺术鉴赏是连接艺术家、艺术作品与艺术观众的桥梁。一个艺术家的作品如果没有观众，他就会感到非常失望，因为他的艺术品不能实现自己的价值，也就等于作品没有完成。因此，艺术鉴赏在艺术活动中占有重要的位置。这里，我们就艺术鉴赏的性质与价值、艺术鉴赏的过程与艺术鉴

---

① ［德］马克思：《〈政治经济学批判〉导言》，见《马克思恩格斯选集》，第 2 卷，95 页，北京，人民出版社，1972。

赏的心理机制进行探讨。

一、艺术鉴赏的性质与特征

遥远的春秋时代，有一个美丽的艺术故事：

音乐家伯牙在海边高山上弹琴，一曲奏到中间，一位樵夫慨然说道：巍巍乎高山！伯牙继续弹奏，过了一会儿，樵夫又说道：洋洋乎流水！伯牙惊奇地询问他的姓名，樵夫答曰：钟子期。二人结为知交。相约一年后再在这里见面。一年后，伯牙再次来到这里，却不见钟子期的身影。伯牙相信钟子期不会失约，他不来肯定是有什么缘故。于是，伯牙到钟子期居住的村子里寻访。村里人告诉他：钟子期早已离开了人间。伯牙把琴摔碎，痛曰：钟子期死，我还为谁弹琴?! 从此，伯牙终生不复弹琴。

后人把这首曲子命名为《高山流水》，把伯牙和钟子期的故事命名为知音。

伯牙和钟子期的故事美妙而完整地阐释了艺术鉴赏的基本原理：艺术创作是由艺术家与观众一起完成的。没有艺术家，艺术鉴赏就不会有可供鉴赏的艺术品；没有观众，艺术鉴赏就失去了鉴赏主体。因而，完整的艺术创作需要艺术家和观众共同完成。英国艺术理论家科林伍德说：

> 我们因袭了一个悠久的传统，它从18世纪晚期对天才的崇拜开始，持续贯穿整个19世纪，这个传统是不利于这种合作的。但是，我已经说过，这一传统正在消亡。艺术家们不像他们所习惯的那样喜欢摆架子了，有许多迹象表明，他们比过去，甚至比一代(30年)之前更愿意把观众看成是合作者了。……艺术家的确把观众当成他们的合作者，从而共同努力回答下面的问题：这是否算一部真正的艺术作品。他所从事的艺术工作并不是代表他私人的努力，而是代表了所属的那个社会的公共劳动。他对情感所作的任何表现，是从一个不言而喻的"标题"开始的，它不是"我感到"而是"我们感到"。严格来说，这甚至并不是由他代表社会而从事的一种劳动，而是他邀请社会共同参加的一种劳动；因为观众的职能并不是被动地接受他的作品，而是为他们自己再创作一遭。
>
> ……在他看来，观众永远是他艺术工作中的一个因素，并不是作为一个反审美因素，由于考虑到名誉和酬金而腐蚀了作品的真挚性；而是作为一个审美因素，它确定他作为一个艺术家试图

解决的问题是什么，即他要表现什么样的情感，以及对问题的解
决是由什么构成的。①

由此可见，观众意识觉醒是 20 世纪艺术接受学的一个重大进步。艺术
鉴赏正是建立于艺术接受之上。

艺术鉴赏是指人们对艺术形象进行感受、理解和评判的过程。它常常
伴随着强烈的情感活动与复杂的心理机制。艺术鉴赏是艺术家与艺术观众
之间的双向交流，是观众的审美再创造。

根据马克思的艺术生产理论，艺术品如同物质产品一样，也要进入消
费市场。艺术消费和物质消费是不是具有完全相同的性质呢？不是。艺术
消费除了要遵守生产消费的一般原理之外，还有特殊的规律，因为艺术生
产有着自己的特征。从消费性质来看，物质消费是以实用为目的的一次性
纯粹消费，消费主体对消费客体仅仅是使用其所提供的功能，不参与物质
生产；艺术消费是一种审美再创造，它不是以实用为目的的一次消费，而
是永久性消费。消费主体以审美为旨归，对消费客体进行创造性消费，与
产品生产者一起完成艺术创作。我们买了面包和苹果，食用之后就失去了
原来的存在形式，我们也不会与面包生产厂家和苹果栽培者一道生产。而
我们面对一件艺术品如一首歌或一幅画，却可以永久性地欣赏，随着年龄、
环境的变化，它会给我们带来不同的艺术享受，不同的人也会产生不同的
艺术感受。换句话说，一件艺术作品由于消费主体的变易——不同消费主
体或消费主体的变化——会产生不同的艺术效果。因为观众在进行艺术鉴
赏时融入了自身的人生经验与审美趣味。之所以说艺术鉴赏是一种审美再
创造，因为艺术鉴赏是艺术创作里不可缺少的一个环节，它构成了艺术创
作的有机组成部分。

首先，艺术鉴赏是艺术创作完成过程的最后一环。没有艺术鉴赏，艺
术创作就无法完成。艺术作品是为观众创作的，不管艺术家宣布是纯粹自
我娱乐或为大众服务，所有艺术作品都有自己的观众对象。只是有的艺术
家在创作之初就明确是为了哪些观众，有的是隐含在艺术家的潜意识里，
正是伊瑟尔所说的"隐含的读者"。

在艺术创作上有两种基本态度，一是明确宣布艺术创作是有目的的。

---

① ［英］科林伍德：《艺术原理》，319～322 页，北京，中国社会科学出版社，
1985。

一是宣布艺术创作是无目的的,是为艺术而艺术。前者在人类艺术史上占了多数,史前艺术是为了达到巫术目的,宗教艺术是为教义服务的,封建时代的官方艺术是为了歌功颂德、粉饰太平,商业时代有很多艺术品是为了卖钱。许多艺术家毫不掩饰自己的艺术目的,托尔斯泰创作是为了拯救民众的苦难,鲁迅创作是为了唤起中国人的灵魂,米开朗琪罗创作是为了上帝,白居易创作是为了皇帝等。"为艺术而艺术"是在 19 世纪以后兴起的唯美主义、象征主义、现代主义等艺术流派与思潮高悬的大旗。但是,自我表现也构成了他们创作的目的,并且,他们也并非希望自己的艺术作品没有观众。因此,观众对艺术的鉴赏是艺术创作完成的重要环节。没有观众,绘画仅仅是一堆线条与色彩,电影仅仅是光波与电波,诗歌仅仅是文字的组合,雕塑仅仅是冰冷的石头,艺术作品的审美价值只有在艺术鉴赏中才得以实现。所以,钟子期死了,伯牙不再弹琴。司马迁的《史记》在当时无法获得读者,他要"藏之名山,传之其人"。贾岛写了"独行潭底影,数息树边身"两个得意的句子,在旁边注道:"两句三年得,一吟双泪流。知音如不赏,归卧故山秋。"艺术史上不胜枚举的故事说明,没有艺术鉴赏,艺术创作就无法完成,而艺术家与艺术鉴赏者所达成的知音是艺术鉴赏的最高境界。

其次,艺术鉴赏不是被动地接受,而是能动地进行审美再创造。艺术作品仅仅是一个情感结构,只有观众以自己的情感充实进去才是完整的艺术创作。艺术作品并不像结构主义或形式主义理论家所说的那样,是严密的结构和语言组合,而是存在着大量的空白点,需要观众以自己的审美体验去补充。这是接受美学研究的主要课题。艺术作品完成之后,还没有和观众见面之前,称之为第一文本。经过观众艺术鉴赏之后就变成了审美对象,成为第二文本。第二文本是观众审美再创造的结果。

波兰现象学美学家英加登认为艺术作品有"空白点",它是一种形而上品质,难以言喻而无所不在。必须依靠观众的填充才会获得意义。杜夫海纳认为,艺术作品本身只是自然物,只有被观众体验时才构成审美对象。德国阐释学家加达默尔提出艺术存在于读者与文本的对话之中,文本是一种吁请、呼唤,读者积极地响应,与文本形成一种对话。并且,这种对话不是一次完成的,而是无限的对话,生成了艺术作品意义的多重性。所以,艺术作品是开放的、流动的,随着不同读者的参与对话,一部文本会生成无数不同的第二文本。

与阐释美学仍然以文本为中心不同,接受美学提出了以观众为中心的艺术接受理论。伊瑟尔认为，任何艺术作品都有隐含读者。文本只是一个不确定的召唤结构，它期待读者最大限度地发挥再创造的才能。

同西方的接受美学相比，中国古代艺术理论很早就提出了兴味说。孔子说"诗可以兴"，钟嵘在《诗品序》里提出"滋味"说，诗的美学功能在于"味之者无极，闻之者动心"。司空图进一步指出诗的妙境在于"象外之象""景外之景""韵外之致""味外之旨"。在宋代发展为严羽的"兴趣"说，"盛唐诗人惟在兴趣，羚羊挂角，无迹可求。故其妙处莹彻玲珑，不可凑泊，如空中之音，相中之色，水中之月，镜中之象，言有尽而意无穷。"其后，王士禛标举神韵说，王国维拈出境界说，宗白华提出意境说，这一脉理论思路的共同特点是强调诗的灵魂不在于道理，而在于韵味。这种韵味必须用心灵去体验，仿佛参禅式的顿悟，不能用逻辑推理的方式来捕获。"诗有别材，非关书也；诗有别趣，非关理也"（严羽语）。以个人心灵去感悟艺术必然会对同一作品产生不同的审美体验，因为每人都有自己独特的感觉方式与人生经验。因此，中国古典诗学强调"诗无达诂"，否定了诗的唯一解释或权威解释。这一脉关于艺术鉴赏的学说与西方现代接受美学所谓的召唤结构有很近似的地方。

西谚云：一千个读者有一千个哈姆雷特。中国也有"一千个读者有一千个林黛玉"的说法。鲁迅曾这样谈起他的林黛玉："我们看《红楼梦》，从文字上推见了林黛玉这一个人，但须排除了梅博士（指梅兰芳——引者注）的《黛玉葬花》照相的先入之见，另外想一个，那么，恐怕会想到剪头发，穿印度绸衫，清瘦，寂寞的摩登女郎；或者别的什么模样，我不能断定。但试去和三四十年前出版的《红楼梦图咏》之类里面的画像比一比罢，一定是截然两样的，那上面所画的，是那时的读者心目中的林黛玉。"[①]

由此可见，艺术鉴赏不是简单地接受艺术品，而是观众对艺术作品的能动接受，是审美再创造。艺术鉴赏和艺术创作一样，都是人的本质力量对象化。艺术家通过艺术创作实现了自己的审美创造，观众通过艺术鉴赏同样完成了自己的审美再创造，获得了审美体验。从艺术生产的角度来观照，艺术鉴赏正是艺术创作的有机组成部分。

二、艺术鉴赏的素质——艺术鉴赏力

所有的人都可以进行艺术鉴赏。然而，并不是所有的人都可以对所有

---

① 　鲁迅：《看书琐记》，见《鲁迅全集》，第 5 卷，531 页，北京，人民文学出版社，1981。

的艺术样式进行艺术鉴赏。艺术鉴赏的一个基本素质是艺术鉴赏力。

作为艺术鉴赏的主体，应该具备基本的艺术鉴赏素质。否则，就无法感受艺术作品，也就不可能进行艺术鉴赏。正如马克思所说的："对于不辨音律的耳朵说来，最美的音乐也毫无意义。"①中国古语"对牛弹琴"形象地说明了艺术鉴赏力在艺术鉴赏中的重要性。

艺术鉴赏力就是进行艺术鉴赏的能力。这种能力既有天赋的因素，更是后天培育的结果。每个时代与民族都有自己的艺术鉴赏趣味与艺术鉴赏力，既有相通之处，也有明确的差异。而艺术鉴赏力的发展是人类艺术经验积淀的结果。

艺术鉴赏力首先是指人们的艺术感受力。艺术的思维方式是感性的、具象的、非逻辑推理的，与科学的演绎归纳的严谨思维方式迥然不同。因此，人们进行艺术鉴赏时应该遵守艺术思维的基本规律，这样才能感受艺术的魅力。如果对艺术作品进行非艺术理解，就会南辕北辙，背道而驰，离艺术越来越远。历史上曾经发生过许多这样的事情。宋朝科学家沈括在他的《梦溪笔谈》中对杜甫的《武侯庙柏》里的"霜皮溜雨四十围，黛色参天二千尺"发难："四十围乃是径七尺，无乃太细长乎？"而黄朝英为杜甫辩解，"古制以围三径一，四十围即百二十尺。围有百二十尺，即径四十尺矣，安得云七尺也？若以人两手大拇指合为一围，则是一小尺即径一丈三尺三寸，又安得云七尺也？武侯庙古柏，当从古制为定，则径四十尺，其长二千尺宜矣，岂得以细长讥之乎？老杜号为诗史，何肯妄为云云也。"②（黄朝英）指责与辩护同样荒唐，因为他们都违背了艺术的基本规律。艺术可以夸张，可以变形，可以采用修辞手法与艺术技巧，所以李白才有"白发三千丈，缘愁似个长"、苏轼才有红色的竹子、毕加索才有立体多面人。如果以科学的尺度来衡量，这一切都将被宣判为错误。因此，艺术鉴赏力首先是艺术思维，在艺术的法则里进行艺术鉴赏。在艺术里重要的是艺术真实，而不是生活真实，生活真实只有经过转化才能成为艺术真实。

其次，艺术鉴赏力要求观众既需要健全的主体精神，又需要丰富的艺术知识。健全的主体精神是指观众应该具有自我意识与生命激情，有一颗健全的心灵。人们在艺术鉴赏里得到的是审美体验，只有富有健全主体精神的人才可能获得。我们知道，艺术是生命幻象，只有生命才能与生命对

---

① ［德］马克思：《1844 年经济学—哲学手稿》，79 页，北京，人民出版社，1979。

② 参见《苕溪渔隐丛话》前集卷八所引《缃素杂记》。

话。当然，丰富的艺术知识会帮助观众进入艺术鉴赏的境界，尽可能全面、深刻地进行审美再创造，甚至杰出的技巧也会令人感动，像俄罗斯画家列宾为《庞贝城的末日》"辉煌的技巧"感动得哭起来。但是，这样的情况一般发生于特殊观众——艺术家身上，他们心里积累了艺术技巧的酸甜苦辣。因而，面对杰出的艺术技巧会感到心灵的震动。而对于广大的普通观众来说，艺术技巧仅仅是完成艺术鉴赏的媒介，绝不是目的。也许，有的人并不太熟悉某一门类艺术的具体技巧。可是，这并不意味着他就无法进行艺术鉴赏，他凭借生命激情和心灵高度与艺术进行对话，依然会获得丰厚的审美体验。相反，如果仅仅从技巧角度去进行艺术鉴赏，所得到的也只是技巧，而不是审美体验。学院派艺术作品往往是纯熟技巧与平庸情感的结合，缺乏震撼心灵的艺术魅力。学院派艺术鉴赏也太多地关注艺术技巧，而忽视生命激情，这就导致艺术鉴赏的技巧主义倾向。梁启超曾说，他读李商隐诗歌常常是不明白诗里说什么，也无法分析诗的句子与技巧，只是感受到那种不可抵挡的魅力。他举《锦瑟》《碧城》等作品为例："这些诗，讲的什么事，我理会不着；拆开一句一句的叫我解释，我连文义也解不出来。但我觉得它美，读起来令我精神上得到一种新鲜的愉快。"正如陶渊明笔下的五柳先生，"好读书，不求甚解；每有会意，便欣然忘食"（《五柳先生传》）。而萧统笔下的陶渊明也正是如此："渊明不解音律，而蓄无弦琴一张，每酒适，辄抚弄以寄其意。"（《陶渊明传》）这种无技巧的艺术鉴赏完全是心灵的沟通。当然，完美的艺术鉴赏力应该源于健全主体精神与丰富艺术知识的汇融。比如雕塑，假使一个人对雕塑的技巧、历史和艺术风格有了一定的掌握之后，他就更快也更深入地进行雕塑艺术鉴赏，获得更饱满的审美体验。反之，艺术鉴赏的质量就会受到影响，没有基本的艺术专业知识很难对艺术品进行深入的理解与恰当的判断。总之，艺术鉴赏力需要主体精神，也需要艺术基本知识。

再则，艺术鉴赏力的培育需要一定的艺术鉴赏经验和人生经验的积累以及社会文化修养。艺术鉴赏力的培育得力于艺术鉴赏经验的积累。一个人只有在艺术鉴赏实践里才能尽快培育自己的艺术鉴赏力。看得多了，自然就有了比较，有了鉴别，形成自己的艺术尺度。在绘画里培育色彩与线条的感觉，在音乐里培育节奏与旋律，在电影里培育运动与组合，这样，艺术鉴赏力就会随着艺术经验的丰富而提高。与此同时，人生经验也是非常重要的。正如辛弃疾所说的"少年不识愁滋味"，对有些寄托深厚的艺术作品往往不能理解。而有了一定的人生经验，尤其与艺术作品里相近的人生经验之后，则会更易于深入到作品的深层内蕴。鲁迅年轻时不理解向子期《思旧赋》为什么刚开头就收了尾，待自己亲身经历了文字狱之后，便明白了向子期的苦衷。但是，并不是所有的艺术作品都需要丰富的人生经验，有的艺术品只有单纯热情、富于幻想的青年人才能欣赏，而随着年龄的增长、阅历的丰富，却无法进入艺术的情境了。以爱情题材的作品为例，如《少年维特之烦恼》，青年人很容易沉浸在小说的艺术情境里，而老年人阅世既深，一般不会为这些恩恩爱爱、卿卿我我的作品真实地感动。此外，一定的社会文化修养也是必要的，因为艺术无所不包，大千社会的斑斑点点都会映照在艺术作品里。艺术发展积成了一部丰富多彩的历史，假如我们有了这些关于艺术的社会文化修养，就能更好地进行艺术鉴赏。

艺术鉴赏力的培育和提高是一个不断积累的过程，不可能在一夜之间造就一个艺术鉴赏家。只要多多地参与艺术鉴赏实践，丰富自己的艺术文化知识，磨炼自己感受艺术的心灵，就会提高自己的艺术鉴赏力。

三、艺术鉴赏过程

艺术鉴赏是一项复杂的审美活动，伴随着强烈的心理活动。因此，艺术鉴赏过程并非截然可分。不过，艺术鉴赏过程与艺术作品的层次相对应，是一个由浅入深、由表及里的过程。一般说来，它可以分为艺术语言感知、艺术形象重建与艺术意蕴体悟三个阶段。

1. 艺术语言感知

当我们面对一幅艺术作品，首先进入视线的是什么？艺术语言。如果是电影，在一片漆黑的电影院，只有银幕收集了所有的目光与精神，因为那里是光波和声波汇成的视听高峰；如果是音乐，一派静寂里唯一的声音升起；如果是绘画，色彩和线条在自然空间里划分出自己的独立世界；如果是雕塑，它的形状、色彩和材质会集中我们的视线；如果是诗歌，我们必须通过文字的吟诵感知它的节奏、意象和韵律。在艺术鉴赏过程中，我们首先接触的是艺术语言。

艺术语言感知是指在艺术鉴赏过程中对艺术作品的艺术语言进行感受和理解。

在艺术作品中我们讲到，艺术作品的构成层次第一层是艺术语言。因此，观众在进行艺术鉴赏时也最先面对艺术语言。不管是时间艺术，还是空间艺术，抑或时空艺术，观众对艺术品直接感知都从艺术语言开始。以电影这种时空艺术为例，观众需要一个镜头一个镜头地欣赏，注意镜头的构图、色彩，同时还要听与画面相配的声音，全景暗示了故事的背景，中景暗示了故事的人物关系，特写指示了人物心理。这样积累起来，观众慢慢地明白了故事发生的背景、原因、人物和事件，开始有了情节期待。在故事的展开过程中对人物培育了爱憎情感，怀着对故事结尾的期待和疑惑进入影片的叙事。如《黄土地》，观众随着摄影机眼睛进入黄土高原，坼裂的土地像是在静止着，结婚的人群宛若一道黑色的小河流过荒芜的大地。然后，观众结识了顾青、翠巧、憨憨和翠巧爹。自然光、几乎凝滞的画面、不规则构图和近乎听不到的声音传达了一种信息：这是一片古老而贫瘠的土地。在画面的推进中，观众知道了翠巧的心事，也明白了顾青的无力。但是，这部影片不以故事为中心，重要的是画面和声音所塑造的黄土高原形象。宏大的腰鼓场景、浑浊的黄河、粗犷而悲怆的民歌、只有一线天的黄土，这些画面和声音也许并没有讲故事，却构成了影片中无法忘记的片段，从而形成一种直接的艺术冲击力。

空间艺术的鉴赏也是从艺术语言开始的。当然，空间艺术易于令人产生直观性的第一印象，如绘画并不是次第呈现，而是整体性地呈现在观众面前。这样，观众就会对作品产生一种整体的直观性印象，常常在瞬间决定喜欢与否。即使如此，整体直观的印象也来自绘画语言，色彩、线条与造型特征。

对于实验艺术（包括形形色色的先锋艺术、前卫艺术、探索艺术等）来说，艺术语言感知往往更为重要。一般来说，实验艺术大多富有叛逆色彩，反抗既定艺术模式，创建新的艺术范式。而叛逆的和创新的部分常常是艺术语言——这是实验艺术的突破口与立足点。因此，艺术语言感知在实验艺术鉴赏里占据了更为突出的位置。如康定斯基的《构成第 4 号》（见图 68）。

一部成功的艺术作品往往在艺术语言上引起观众的鉴赏兴趣。而艺术水准较低的作品在艺术语言上的陈旧、平庸、复制与粗糙则会引起观众的抵触，失去继续鉴赏的兴趣。一旦观众对艺术语言产生了兴趣，就会进入艺术鉴赏的第二个阶段：艺术形象重建。

2. 艺术形象重建

对于艺术作品，艺术语言仅仅是表达手段，用以塑造艺术形象的媒介。艺术鉴赏也是如此，它借助艺术语言，通过想象重建艺术形象。这两个艺术形象——艺术家塑造的艺术形象与观众重建的艺术形象——并不是一回事儿，正如科林伍德所说的："作为理解者的观众，他们力图在自己的头脑里准确地重建艺术家的想象性经验，他们从事无穷无尽的探求，他们只能部分地完成这种重建工作。"①因为重建的艺术形象已经融入了观众的主体精神。

艺术形象重建是指观众在艺术鉴赏过程中借助艺术语言，以自己的想象重新塑造艺术形象。它以艺术作品里的艺术形象为原型，却又加入了观众的个人经验和美学趣味，形成一个新的艺术形象。

艺术鉴赏里的艺术形象是在艺术作品的基础上生成的，不可能脱离艺术作品而存在。没有第一文本就不会有第二文本。因而，在艺术鉴赏里，林黛玉可能会有一千种面貌。但是，林黛玉永远不可能变成薛宝钗。艺术形象的基本性格和美学特征是由艺术作品本身所提供的。观众在艺术作品基础上展开自己的想象，塑造带有个人特色的艺术形象。

同时，重建的艺术形象又决不会与艺术家在艺术作品里塑造的艺术形象完全一致。艺术鉴赏里的艺术形象与艺术作品中的艺术形象之间的差异构成了艺术鉴赏里的变异现象。变异现象在艺术鉴赏里表现为两种情况：

一是顺向变异。观众重建的艺术形象与艺术家的创作意图大致相符，但又延伸或转向，赋予艺术形象以新的美学意味和思想内涵。如白居易的"野火烧不尽，春风吹又生"往往在不同的读者、不同的情境下发生顺向变异。革命战士在残酷的斗争中以此自勉，相信革命终将胜利；一位因妻子嫌贫爱富而离婚的人再次结婚时，在门口贴了副对联，也把这句诗写上。

二是逆向变异。观众重建的艺术形象与艺术家的创作意图完全逆反，生成了新的艺术形象。逆向变异是一种误解，这种误解又可分为两种情形：正误与反误。

所谓正误是指观众重建的艺术形象虽然与艺术家在艺术作品里塑造的艺术形象产生了逆向变异，但是，这种误解是符合艺术鉴赏规律的，它发展了艺术作品里的艺术形象，赋予它新的美学意味和思想内涵。例如刘禹锡的诗句"沉舟侧畔千帆过，病树前头万木春"，在诗人的创作意图里是形容自己的失意，"沉舟"和"病树"是指自己。而这句诗在现代被赋予新的内涵，用以形容新生事物不可阻挡，旧的东西必将没落。这就完全颠倒了刘禹锡的原意。赵树理的小说《小二黑结婚》塑造了一位徐娘半老、风韵犹存的三仙姑。虽然她的女儿小芹已经是大姑娘了，她还是喜欢擦脂涂粉，打扮得妖冶妩媚。这在赵树理和中国读者心目里是一个反面形象，是受讽刺的对象。可是，美国青年读者认为三仙姑体现了个性解放的精神，值得赞

---

① ［英］科林伍德：《艺术原理》，318 页，北京，中国社会科学出版社，1985。

美。这对赵树理的初衷来说，正是反其道而行之。不过，这没关系，因为读者赋予它的新内涵来源于文本所提供的情境，符合艺术鉴赏的规律。

反误是指观众重建的艺术形象脱离了艺术作品所规定的艺术情境，无意或故意地穿凿附会，导致歪曲艺术作品的误解。有的反误出于观众的无知或艺术鉴赏力低下，或对艺术规律缺乏了解，得出令人发笑的读解。如杜牧的《赤壁》"折戟沉沙铁未消，自将磨洗认前朝。东风不与周郎便，铜雀春深锁二乔。"宋代有人讥讽杜牧说："社稷存亡，生灵涂炭却不问，只恐捉了二乔，可见措大不识好恶。"①有的反误是故意的，观众出于某种目的对艺术作品进行误读，从而达到某种效果。这种反误在中国历史上比比皆是，屡见不鲜。有的是以政治、伦理、道德等视角来观照艺术，得出与艺术作品相悖的读解。如朱熹解释《关雎》是赞美后妃之德，把一首情诗读解为政治教化宣传品。而古代的文字狱更是大搞影射艺术，令人啼笑皆非。清朝徐骏因"明月有情还顾我，清风无意不留人"招致杀身之祸，"清"字被读解为清朝政府。文化大革命中，中国艺术家也备受误读之苦，不知多少人惨遭迫害，家破人亡。丰子恺先生的《满山红叶女郎樵》画上的三片红叶被说成是诬蔑三面红旗，攻击总路线。事实上，这幅作品创作于解放前。那时，三面红旗还没有诞生。与正误相比，反误是对艺术的无理歪曲或粗暴践踏。

艺术形象重建是一个复杂的心理过程，不能粗暴地、简单化地对待艺术读解。只有符合艺术规律地重建艺术形象，才有可能进入艺术鉴赏的最高境界——艺术意蕴体悟。

3. 艺术意蕴体悟

艺术作品的最高层次是艺术意蕴，艺术鉴赏过程的最后一站便是艺术意蕴体悟。但是，并不是所有的艺术作品都有艺术意蕴，因而，并非所有艺术鉴赏都能达到艺术意蕴体悟。

艺术意蕴体悟是指观众在艺术鉴赏过程中获得的最高审美体验，它往往表现为情景交融、物我一体的艺术境界，具体特征表现为共鸣与顿悟。

艺术意蕴是艺术作品里呈现的一种形而上美感，有的表现为哲理性思考，有的表现为艺术意境，有的表现为独特韵味甚至禅机。总之，这是一种只可意会、不可言传的审美体验。面对这种不可言说的艺术意蕴，我们无法用理性语言来表述，只能以心灵去体验。这种审美体验与美国心理学家马斯洛所讲的"高峰体验"——人在自我实现过程中达到的最为激荡人心

---

① 见宋·许颉《彦周诗话》。

的体验，如痴如醉、惊心动魄——有些相像，他说："这些美好的瞬间体验来自爱情，和异性的结合，来自意义重大的领悟和发现。"①在艺术鉴赏的高峰体验里，鉴赏主体与艺术作品浑然一体，物我两忘。鉴赏者心灵得以净化，精神得以提升，获得了高度的审美体验。

艺术意蕴体悟所达到的审美体验呈现为共鸣、顿悟和净化。这是艺术鉴赏的高潮。

所谓共鸣，是指艺术鉴赏过程中鉴赏主体与艺术形象达成的情感共振。它常常伴随着强烈的情感活动和丰富的想象力。

共鸣一般发生于情感强烈的艺术作品里。它的生成既要求艺术作品蕴涵着丰富情感和高超艺术魅力，也需要鉴赏者怀有相同或相近的情感和心态。二者在一种特殊的情境里达成契合，实现心灵的沟通。共鸣的出现往往需要鉴赏主体与艺术形象在人生经验、心理状态、情感意愿、理想期待等方面有着相同或相近的向度。《世说新语》记载"王仲处每酒后，辄咏'老骥伏枥，志在千里。烈士暮年，壮心不已'。以如意打唾壶，壶边尽缺。"王仲处的心理状态与诗里所呈现的情感产生了共鸣，以至于把壶边都打缺了。德拉克洛瓦在日记里记载说："当席里柯在画他的《梅杜萨之筏》的时候，允许我去看他工作，它给我这样强大的印象，当我走出画室后，我像疯人一样地跑回家，一步不停，直到我到家为止。"②同样作为法国浪漫派画家，德拉克洛瓦与席里柯在艺术观念上相互沟通，而席里柯在艺术主题与艺术语言上的创造对德拉克洛瓦有震撼效果。因此，他才这样为之共鸣。清代陈其元在《庸闲斋笔记》里记录了这样一个故事：

> 余弱冠时读书杭州，闻有某贾人女，明艳工诗，以酷嗜《红楼梦》，致成瘵病。当绵惙时，父母以是书贻祸，投之火，女在床，乃大哭曰：奈何烧煞我宝玉！遂死。杭州人传以为笑。

这位女子可谓《红楼梦》最忠实的读者，共鸣至深，为之而死。而《少年维特之烦恼》更是让多少青年人为之痴迷，以至造成"维特热"，不少人穿上维特的衣服，学习维特自杀。

共鸣也与特定的社会心态有密切的关系。在贪官污吏横行的时代，包

---

① ［美］马斯洛：《人的潜能与价值》，368页，北京，华夏出版社，1987。

② 吴志达编：《德拉克洛瓦》，17页，上海，上海人民美术出版社，1958。

公戏观众最多。国难当头之时，抗敌艺术最受欢迎。梁启超在清末国势羸弱的情况下最喜欢陆游的诗歌，他激动地在陆游的诗集后面写道："集中什九言兵事，亘古男儿一放翁。"

所谓顿悟，是指艺术鉴赏过程中鉴赏者对艺术作品的理解所产生的豁然开朗的瞬间飞跃。它往往以突如其来的方式产生，呈现为一种直觉思维特征。顿悟与禅宗的悟道有些相像。

顿悟一般多发生于哲理性较强或艺术意境高拔的艺术作品里。它要求艺术作品的内蕴有高度的形而上品质，能够引发鉴赏者的鉴赏趣味；鉴赏者也需要有悟性，二者达到契合才会生成顿悟现象。

顿悟很像释迦拈花、迦叶微笑，是心灵交流。艺术作品所呈现的形而上意蕴往往是不可言说的，正如中国古代诗论里所讲的"不著一字，尽得风流"或"羚羊挂角、无迹可求"，中国哲学所推崇的大道无名、大象无形，只有以智慧的心灵才能抚摩到那些形而上的美韵，刹那之间穿越精神历程，获得天人合一的审美体验。一则佛教故事颇能说明顿悟的特征：

六祖惠能曾经与师兄一起参禅，师父请他们各自占一佛偈，测试一下他们的悟性，以便决定将袈裟传给谁。师兄先占一偈曰：

> 身是菩提树，心是明镜台。
> 时时勤拂拭，勿使染尘埃。

惠能也占一偈曰：

> 身非菩提树，心非明镜台。
> 本自无一物，何处染尘埃？

师父把袈裟传给了惠能，惠能便是六祖。他的诗偈明显高出一筹，因为他的悟性更易于接近禅境。明镜、菩提固然高洁，但毕竟还有色身，还是一种有形的存在。惠能则完全超脱，"本自无一物"，一尘不染。

艺术鉴赏里的顿悟也是这样，它是一种直觉的、不经过推理而直接到达艺术本质、获得审美体验的鉴赏能力。顿悟是观众与艺术作品之间达到的高度精神契合，是灵魂与灵魂的拥抱。

总之，艺术鉴赏是观众与艺术作品的对话，是一种审美再创造，它伴随着丰富的想象、强烈的情感以及复杂的心理活动。艺术鉴赏过程也正是美感生成的过程，因为艺术鉴赏是一种审美活动。艺术鉴赏的成功不是艺术作品或观众单方面的问题，而是取决于观众和艺术作品之间达成和解的程度。

第二节　艺术批评

艺术批评是艺术接受的高级阶段，也是艺术生产的重要活动。它是关于艺术作品的评价，伴随着艺术诞生而出现，拥有久远的历史。在艺术作品传播中起着不可替代的作用。艺术批评是艺术学的重要组成部分。这里就艺术批评的性质、功能、主要类型等有关问题作一简要介绍。

一、艺术批评的性质与功能

艺术批评是以艺术理论为指导、对艺术作品和艺术活动进行分析、总结、评价的活动。

艺术批评以艺术作品和艺术活动为对象。从人类艺术史上可以发现，没有艺术作品和艺术活动就不会有艺术批评，艺术批评与艺术作品和艺术活动相伴而生。浪漫主义、象征主义、现代主义等艺术思潮都有自己的艺术批评。这些艺术批评是在一定艺术理论指导下进行的，如伦理批评、心理学批评、社会历史批评等，都有独特的艺术理论和批评方法。

艺术批评是艺术接受的一个环节。它以艺术鉴赏为基础，但又不止于鉴赏，而要更上层楼，对艺术作品进行分析、研究和总结，作出科学评价。以贝多芬的音乐作品为例，许多人喜爱、陶醉、共鸣，这是艺术鉴赏。也有人研究贝多芬音乐的背景、内涵、美学特征、艺术风格以及他在世界音乐史上的地位等问题，这就是艺术批评。因此，艺术批评是艺术接受的高级阶段。

艺术批评与艺术理论、艺术史等艺术学其他学科一样，属于人文科学范畴。艺术批评应该尊重艺术的特殊规律，以科学态度对艺术作品和艺术活动进行批评；否则，就无法进行真正的艺术批评，甚至误解和歪曲艺术。这在艺术史上并不罕见。如唐代诗人、画家王维曾经画了一幅《袁安卧雪图》。袁安是后汉人，性格耿介，大雪日闭门不出，忍饿僵卧床上。洛阳令巡游到他门口，看到门前没有脚印，就扫雪而入。洛阳令问他何以如此，他说"大雪人皆饿，不宜干人"。洛阳令大为感动，举他为孝廉。王维在雪里画了芭蕉，把不同季节的花卉置于同一画面。唐代绘画批评家张彦远在

《画评》中说："王维画物，多不问四时，如画花往往以桃、杏、芙蓉、莲花同画一景。"①语中似有不以为然之意。更有人以"雪中芭蕉"嘲笑这幅画。沈括、惠洪都认为这画虽然与自然季节不相吻合，却符合诗家的道理。宋朝人朱翌在《猗觉寮杂记》上用实证方式为王维辩护：

> 《笔谈》云"王维画入神，不拘四时。如雪中芭蕉"。故惠洪云"雪里芭蕉失寒暑"。皆以芭蕉非雪中之物。岭外如曲江，冬大雪，芭蕉自若，红蕉方开花。知前辈虽画史亦不苟，洪作诗时未到岭外，存中亦未知也。

对于王维的"雪中芭蕉"，指责者以生活真实向艺术真实发难，缺乏对艺术真实的理解；而朱翌以地域造成的季节差异为王维辩护（他忘记了王维画的是洛阳，并非岭外），也同样出于对艺术规律的无知。这种艺术批评违背艺术的特殊规律，造成了对艺术作品的误解。这样的误解乃至于歪曲曾经在艺术史上造成过灾难性恶果，如艺术影射、文字狱等。只有尊重艺术自身规律，才可能进行真正的艺术批评。

艺术批评通过对艺术作品和艺术活动的分析、研究和总结，探讨艺术作品的审美特征和艺术发展规律，促进艺术繁荣。艺术批评是沟通艺术作品和观众的桥梁。它提高观众的鉴赏能力，使人们进入真正艺术鉴赏，实现艺术作品与观众的拥抱。普希金说："批评是揭示文学艺术作品的美和缺点的科学。"②艺术作品——尤其富有创新精神的艺术作品发表后，并不是大多数人都能理解，甚至可以说，创新的艺术作品往往不被公众理解。这时需要批评家站出来用艺术批评来阐发艺术作品的审美特征，引导人们认识其价值之所在。20世纪80年代初，朦胧诗刚刚出现时，许多人不理解，也有很多人坚决反对。爆发了一场激烈的文学论战，前后发表了数百篇艺术批评，或批评，或赞同，或分析，或研究，从各个侧面和角度阐发朦胧诗的内涵和美学特征。经过论战之后，朦胧诗为广大群众所接受，有些原先反对朦胧诗的人也开始理解它。事实上，几乎每一次新的艺术思潮或艺术流派的出现都伴随着一场论战，艺术批评是论战双方共同的武器。浪漫

---

① 龙协涛编：《艺苑趣谈录》，504页，北京，北京大学出版社，1984。

② ［俄］普希金：《论批评》，见《古典文艺理论译丛》，第2册，153页，北京，人民文学出版社，1961。

主义、象征主义、现代主义等艺术思潮都诞生于激烈论争。由此可见，艺术批评在艺术发展中占据着重要地位。

艺术批评对艺术家的创作也有重要影响。艺术家在艺术创作中需要听取各种意见和反响，尤其艺术批评，这样才能客观地认识自己的缺点，提高自己的创作水平。当然，错误的或恶意的艺术批评完全无益于创作。鲁迅在《我怎么做起小说来》中写道："我每当写作，一律抹杀各种批评。因为那时中国的创作界固然幼稚，批评界更幼稚，不是举之上天，就是按之入地，倘将这些放在眼里，就要自命不凡，或觉得非自杀不足以谢天下的。批评必须坏处说坏，好处说好，才于作者有益。"①鲁迅虽然不看中国批评家的文章，却常常看外国批评家的艺术批评，从中获得教益。鲁迅认为艺术批评应该"坏处说坏，好处说好"，而不是捧杀，或棒杀。丧失艺术批评的精神，也就不会对艺术家的创作有什么帮助。

艺术批评是艺术理论建设的重要内容。艺术理论不是具体的艺术批评，但它来自具体艺术批评。通过艺术批评，总结艺术创作的得失，研究艺术发展的共同规律，从而完善艺术理论建设。艺术在发展，艺术理论也在发展。为了把艺术发展的新经验纳入艺术理论范畴，就需要借助艺术批评，了解艺术发展新情况，使艺术理论与艺术创作保持同步发展。

艺术批评是一门科学。批评家应该实事求是，在分析、研究的基础上提出论点。艺术史上旧的艺术样式在衰落，新的艺术样式在生长，艺术总是处于发展变化之中。艺术是百花齐放，而不是一枝独秀。对于一时不明白、不理解的艺术样式和与自己美学趣味不一致的艺术作品或艺术思潮要有适度的宽容，不应该采取粗暴的"棒杀"态度。艺术史实践证明，创新是艺术发展的根本规律，没有创新就没有艺术的发展。因此，实事求是和宽容是艺术批评家应该具有的基本态度。

艺术批评不仅是科学，也是艺术。艺术批评的对象是艺术作品和艺术活动，所以，它要遵从艺术的特殊规律，真正进入艺术作品。艺术是一种审美创造，包含了复杂的精神活动和心理机制。如果完全用理性工具来解剖艺术品，其后果不堪设想。因此，艺术批评不仅是科学，也是艺术，是科学与艺术的合体，艺术批评本身就应该是艺术创作，具有审美价值。许多艺术批评具有艺术作品的审美特征。如杜甫的《戏为六绝句》是以诗体写成的，司空图的《二十四诗品》可称为诗化艺术批评——它本身就是美丽的

---

① 鲁迅：《鲁迅全集》，第 4 卷，514 页，北京，人民文学出版社，1981。

诗歌。如关于"典雅"的描述：

> 玉壶买春，赏雨茅屋，坐中佳士，左右修行。
> 白云初晴，幽鸟相逐，眠琴绿阴，上有飞瀑。

艺术批评是艺术作品与受众之间的一道彩虹，是艺术活动中不可缺少的组成部分，在艺术生产中发挥着重要作用。

二、艺术批评的主要形态

艺术批评由来已久，几乎与艺术一同诞生。在漫长的历史发展中，形成了形形色色的艺术批评形态，如伦理批评、社会历史批评、审美批评、心理学批评、语言批评、原型批评、诠释学批评、现象学批评、结构主义批评、女权主义批评等。这里介绍一些常见的艺术批评形态。

1. 伦理批评

伦理批评是以道德为标准对艺术作品进行评价的一种批评形态，其基本范畴是善、恶，它以是否符合道德标准为尺度，衡量艺术作品，重视艺术的教化功能。在伦理批评中，善美合一：凡是美的，必是善的；凡是善的，必是美的。伦理批评是发源最早的一种艺术批评形态，具有悠久历史和广泛影响。孔子谈到《诗经》时说："诗三百，一言以蔽之，曰：思无邪。"在他看来，《诗经》最大的特征是善，即没有邪恶意味。郑卫之声"淫"，就要"放郑声"。《毛诗序》继承了孔子的艺术观念，认为诗歌的作用在于"经夫妇，成孝敬，厚人伦，美教化，移风俗"。这个观念对中国艺术批评影响甚远。唐代张彦远在《历代名画记》中称绘画是"有国之鸿宝，理乱之纪纲"，他说："夫画者，成教化，助人伦，穷神变，测幽微，与六籍同功，四时并运。"这几乎是《毛诗序》的翻版。他还引曹植语提出绘画的功能：

> 观画者，见三皇五帝，莫不仰戴；见三季异主，莫不悲惋；见篡臣贼嗣，莫不切齿；见高节妙士，莫不忘食；见忠臣死难，莫不抗节；见放臣逐子，莫不叹息；见淫夫妒妇，莫不侧目；见令妃顺后，莫不嘉贵。是知存乎鉴戒者，图画也。

在伦理批评看来，劝善节恶是艺术的主要功能。这并不等于说它没有关注到艺术的情感力量，正是出于对艺术煽情功能的恐惧，柏拉图才把诗人从《理想国》里赶了出去。荷马因为诗歌的巨大魅力而被柏拉图视为危险分子。柏拉图认为艺术应该培育人的道德品质，有理性，而荷马的诗歌却有一种令人失去理性的"魔力"，所以必须放逐。

由于道德是一个浮动概念——不同时代、不同民族、不同国家有不同的道德观念。即使同一时代、民族和国家的人也会因利益的驱使而确立不同的道德观念，因此，关于一部艺术作品的伦理批评也会产生截然相反的结论。如《红楼梦》，在封建统治者看来，是诲淫诲盗之作——当时有位大臣建议把它传到海外，报复鸦片的遗毒；在今日读者看来，它是爱情的颂歌，应该赞美。

伦理批评总是和特定时代、民族和国家的主流意识形态结合在一起，往往占据艺术批评的主潮。直至今天，伦理批评依然是艺术批评的重要力量，发挥着相当大的作用。

2. 社会历史批评

社会历史批评是以艺术与社会的关系为基准评价艺术的一种批评形态。它认为，艺术是社会生活的再现，其主要功能是认识功用和历史价值。这种批评方法以艺术作品为中心，联系艺术家的生平和作品的时代背景进行分析研究。

社会历史批评也是产生较早的批评形态。孟子的"知人论世"学说是这种观念的最早代表。他说："故说诗者不以文害辞，不以辞害志，以意逆志，是为得之。"同时，他又说："颂其诗，读其书，不知其人可乎？是以论其世也。"（《孟子·万章》）他既强调艺术作品的内涵，又重视艺术家和艺术作品产生的时代和社会。这就比较全面地论述了社会历史批评的内涵和特征。这种批评形态在中国影响很大，成为中国艺术批评的主要传统。鲁迅曾说："我总以为倘要论文，最好是顾及全篇，并且顾及作者的全人，以及他所处的社会状态，这才较为确凿。要不然，是很容易近乎说梦的。"[1]他认为陶渊明并不是全身都静穆，也有怒目金刚的一面。马克思主义艺术批评也是社会历史批评的延伸和发展。长期以来占据中国艺术批评的主要批评形态就是社会历史批评。

西方的社会历史批评也很发达。柏拉图、亚里士多德就关注到艺术作品和社会的关系，意大利历史学家维柯在1725年出版的《新科学》系统地研究了《荷马史诗》与诗人的生平、古希腊社会的关系，开创了社会历史批评

---

① 鲁迅：《鲁迅全集》，第6卷，334页，北京，人民文学出版社，1981。

学派。19 世纪法国的狄德罗、斯达尔夫人、圣·伯夫和丹纳是社会历史批评的主要代表人物。丹纳在《〈英国文学史〉序言》和《艺术哲学》中提出制约艺术发展的三要素：种族、环境和时代。他说："要了解一件艺术品，一个艺术家，一群艺术家，必须正确的设想他们所属的时代的精神和风俗概况。这是艺术品最后的解释，也是决定一切的基本原因。"①他分析艺术作品和艺术思潮总是和艺术家所属的种族、所生活的地理环境和社会风俗结合起来，从中找出艺术作品美学特征的来源和内在动因。

20 世纪语言批评和审美批评的崛起使社会历史批评显得有些陈旧。但是，它现在还是艺术批评的一个重要学派，依旧发挥着相当作用，因为它有一种不可取代的独特价值。

3. 心理学批评

心理学批评是指借用现代心理学成果对艺术作品或艺术家的心理进行分析，从而探求艺术作品原型、真实意图与内在架构的一种批评方法。心理学批评有许多流派，如实验心理学批评、格式塔心理学批评、精神分析学等。这里主要介绍精神分析学。

精神分析学是由弗洛伊德创立的艺术批评学派。他认为，人的精神活动是由意识、前意识和无意识组成的。无意识是人的本能，如性欲等，它构成了艺术创作的最初动机与原动力。艺术是白日梦，它把现实中无法实现的愿望以艺术来完成。他往往通过对艺术形象的分析揭示出其心理状态，如他提出俄狄浦斯情结是一种恋母情结。用这个理论来分析劳伦斯的《儿子与情人》十分恰当，虽然劳伦斯并不欢迎这种理论。当然，弗洛伊德的精神分析学过多地强调性欲对艺术的作用，带有泛性论色彩，呈现了明显的偏颇。他的学生荣格提出集体无意识学说，对他的理论进行修正，发展了精神分析学。

精神分析学是 20 世纪艺术批评的重要学派。它为艺术研究深入人类的心灵，尤其无意识状态开辟了新道路，为人类向未知领域的探索提供了有益的尝试。

4. 审美批评

审美批评是以艺术作品审美内蕴和审美价值为中心对艺术进行研究的一种批评方法。它关注艺术作品的美感在观众身上引起的反应，如愉悦、升华、畅神甚至高峰体验等。审美批评最早依附伦理批评和社会历史批评

---

① ［法］丹纳：《艺术哲学》，7 页，北京，人民文学出版社，1994。

而存在，并不是一种独立的批评形态。但是，孔子已经意识到艺术中内容与形式美学的关系。他说"言之无文，行而不远"，并认为"文质彬彬，然后君子"。这表明他已认识到艺术的审美特征：没有审美特性，艺术就失去了功能。自然，他衡量艺术的最终标准是道德。魏晋时期，美的意识觉醒，自钟嵘"滋味说"始，韵味、神韵、意味、妙悟、境界、意境学说相继发展起来，司空图、严羽、王士禛、王国维、宗白华等美学家一脉相承，建立了中国艺术的审美批评。中国古典艺术批评强调通过"品""悟"而得到"味""神"，这主要表现在诗、书、画等艺术样式上。

西方审美批评兴起于文艺复兴时期，至黑格尔、康德发展为系统学说。黑格尔提出"美是理念的感性显现"，康德认为审美判断是一种"无目的的合目的性"。他们已经认识到艺术美的独立价值。席勒在《论美书简》中指出"形式或表现的美仅仅是艺术所特有的"①。现代艺术理论家克莱夫·贝尔提出一个耐人寻味的命题：艺术是"有意味的形式"，他认为所谓"意味"就是审美情感。苏珊·朗格则认为艺术是人类情感的表现性形式。总之，情感与表现构成了审美批评的核心概念。

审美批评主要关注艺术作品的情感表现、美学形式以及审美价值，是一种非功利性艺术批评。审美批评对艺术本体研究较为深入，是现代艺术批评的一种主要形态。

艺术批评是艺术学的组成部分。中国古典艺术批评非常发达，创立了完整艺术理论体系和艺术批评体系。20 世纪以来，中国现代艺术批评大量借鉴西方艺术理论和艺术批评，取得了很大成就，但在中国古典艺术理论和艺术批评的现代转化上却显得迟缓无力。中国现代艺术批评应该植根于现代艺术发展状况，实现西方艺术理论本土化和中国古典艺术理论现代化，创建中国现代艺术批评体系。

第三节　艺术消费

假如说艺术鉴赏与艺术批评是一种审美行为，那么艺术消费就是一种商业行为，也许为了审美目的，也许为了经济目的，动机可能超出我们的想象。当前，艺术消费不仅仅是个别富人或艺术家的事情，而已经成为一

---

①　伍蠡甫、胡经之主编：《西方文艺理论名著选编》，上卷，497 页，北京，北京大学出版社，1985。

种日常消费形态。居室布置、周末消遣甚至平凡的日子里也留下艺术的踪迹，买一幅画，看一场电影或者戏剧，听音乐会，参观画展，都属于艺术消费行为。艺术消费不仅创造了艺术产业，也反过来影响了艺术生产，改变了艺术家的生存状态和创作方式。

一、艺术消费行为

艺术消费行为是指艺术品作为将商品进行交换的行为，而艺术市场则是艺术消费发生的场所。艺术市场形成后，艺术消费行为才有可能发生。

艺术消费并非自古有之，早期艺术大多是出于巫术或实用目的的，而不是用来交换的商品，艺术家既是艺术品的创造者，又是普通劳动者。奴隶社会和封建时代的艺术绝大多数为官府和富人所垄断，即使艺术家从普通劳动者中分离出来，成为官府或富人的艺术奴隶或职员，他们出卖的仍是自己的劳动力，并非用艺术品平等交换金钱。从中国古代艺术家看，屈原、王羲之、李白、杜甫、苏轼等都不是靠诗歌、书法或绘画谋生，靠艺术谋生的画工、乐工、舞姬也都是官府、富人雇佣的劳工，艺术品也并不是可供出售的商品。中国艺术市场的形成始于唐宋时期，西方艺术市场始于文艺复兴时期，艺术家通过出售艺术品获得生活资料，艺术品也就成为商品，如明代画家唐伯虎说，"写得一副青山卖，不用人间造孽钱"，后来的扬州八怪也大多以卖画为生。

即便如此，非市场艺术依然是一种重要艺术形态，如民间艺术大多为了祭祀、禳病、节日、红白喜事、美化环境或者抒发情感，中国严肃艺术如京剧、昆曲、舞蹈团、乐团等大多是国家资助，更多的人以艺术自娱自乐，并不用来出售，市场艺术只是艺术的一部分。不过，随着社会发展，艺术消费越来越日常化，艺术市场越来越完善，市场艺术也越来越发达，非市场化艺术也可能向市场化艺术转化。

艺术消费是艺术品实现商业价值的一种方式，主要包括两种形态，拥有艺术品实物，如绘画、雕塑、工艺品等，或者欣赏艺术品，如表演艺术、画展等。

艺术市场包括纯艺术商品交易市场和艺术衍生产品市场。纯艺术商品是指作为商品的艺术品和作为商品的艺术活动，像绘画、雕塑、电影、音乐演奏会、舞蹈表演等；艺术衍生产品是指艺术品衍生的相关产品，比如唱片、音像、画册等。

目前，中国艺术市场正在迅猛发展。2006年，拍卖公司举行的689场中国文物与艺术品拍卖中，成交额达 146 亿元，整个中国艺术产业正在崛起。

艺术一旦进入消费系统，就与非市场艺术大不相同，形成艺术消费的某些特征。

二、艺术消费特征

艺术消费是艺术生产的一个最终环节，把艺术品变成艺术商品，实现了艺术品的商业价值，实现了艺术生产由生产、分配、交换到消费的循环。艺术消费与普通物质消费有相似的一面，如通过货币进行交换，但也并不完全相同，而是形成了一些独立的特征。

其一，艺术消费是一种精神消费、非刚性消费。

对于人类而言，吃穿住行等基本的生活消费属于刚性消费，失去这些消费便无法生存。而艺术消费却并非生存的必需品，而是精神消费，属于非刚性消费。换言之，没有艺术消费，人还可以生存。人类消费物质产品的方式是把物质消耗掉，而艺术品不能消耗，而是欣赏、玩味、体验——属于审美活动。因此，只有当社会物质文明发展到一定程度时艺术消费才可能开始。对于一个温饱尚未解决的社会来说，艺术消费是一个奢侈的梦想。

根据现代社会发展情况看，一个国家艺术市场的建立与社会发达程度有直接关系。一般说来，人均国民产值达到一千美元时艺术市场就会启动，人均国民产值超过五千美元时，公众有可能大规模地消费艺术，文化产业就会兴起，世界各国艺术市场莫不如此。美国、英国、法国、日本的艺术市场基本上都是这样。目前，随着中国进入小康社会，艺术消费正在蓬勃兴起。

其二，艺术品商业价格与艺术价值的分离原则。

艺术品是商品，却又不是普通商品，其价值的主观性与价格的随意性都无法按照一种客观的标准进行评价。总体来看，艺术品的价值与价格评定秉承的是一种无法对等的分离原则。

普通商品的价值与价格是可以换算的，原料加人工，再加上市场行情，就可以得出大致价格。即使涨落，总是以价值为轴心上下浮动。一斤大米在极端状态下可能卖出十斤米价，却不可能卖出黄金价格。然而，一件艺术品的价格浮动幅度却可能从零到数千万不等，原因在于艺术作品价值认定的主观性决定了价格的随意性。艺术的审美价值取决于受众的审美能力与审美趣味，因时代、民族与特定人群的不同而发生变异，无法量化，也无法推理。有些艺术家生前得意，名满天下，作品价格很高，死后声名寂寥，价格一落千丈；有些艺术家生前默默无闻，死后备受推崇，作品卖出天价，最典型的便是荷兰画家凡·高，生前一幅画都没卖出去，死后他的《向日葵》卖到 3992 万美元，《鸢尾花》更高达 5390 万美元，成为作品价格最高的画家之一；有些艺术家非常幸运，身前死后都享受盛名，作品一直受到市场追捧，如西班牙画家毕加索，他的作品从 20 世纪初期为格特鲁德·斯坦因收购开始，一路高扬，1953 年油画《海边》卖到 253 万法郎，1977 年法国政府验定他的遗产高达 2 亿 4 千万美元。

其三，艺术消费是一种文化消费，其核心是一种价值观认同。

艺术消费不是单纯的经济行为，而是一种文化消费，艺术消费的核心是一种价值观认同，艺术市场的主导产品必然呈现最有影响的价值观。因此，艺术消费不仅是国家富裕程度的体现，也是文化强弱的象征。

三、艺术消费对于艺术的影响

艺术消费的兴起对于艺术家、受众与艺术生产都产生了巨大影响——既有正面的，也有负面的。

对于艺术家来说，艺术消费为艺术家摆脱经济依赖、争取人格独立提供了平台，艺术家完全可以依靠自己的作品生活，获得创作自由。不过，艺术家也可能为了迎合市场而制造千篇一律的媚俗之作。

对于受众而言，艺术消费丰富了精神生活，提升了生活质量，使平凡的日子过得色彩斑斓。不过，艺术消费尤其是流行艺术往往让没有辨别力的人迷失自我，如青少年追星族，而天价拍卖常常把一些艺术珍品藏之豪门，公众失去观赏的机会。

艺术消费刺激了艺术生产，也改变了艺术生产方式，工业化生产方式取代传统创作过程，艺术个性削弱，感官刺激和程式套路强化，复制成为艺术的常规策略。德国学者瓦尔特·本雅明在《机械复制时代的艺术作品》中就敏感地意识到艺术的变化，"艺术作品的即便是最完美的复制品也缺少一种因素：它的时间和空间的在场，它在它碰巧出现的地方的独一无二的存在"。因此断定"在机械复制时代凋萎的东西正是作品的光环"[1]。最典型的例子莫过于好莱坞电影大片，除了少数富有人性内涵的作品之外，多数

---

① ［德］瓦尔特·本雅明：《机械复制时代的艺术作品》，载《世界电影》，1990(1)。

是针对人类感官的视听轰炸机，像《纽约大劫案》《生死时速》《天崩地裂》，等等。

　　艺术消费是一把双刃剑，一方面把艺术从权力的怀抱中解放出来；另一方面又把艺术推给金钱。因此，商品属性不是艺术的本质属性，只是人类社会发展到一定阶段的时代产物。艺术的天性与自由息息相通，只有人类到达一个更高的阶段才是艺术的真正解放：人人都是艺术家，人人都是消费者。

[基本概念]

　　艺术鉴赏　艺术鉴赏力　第一文本　第二文本　误解　正误　反误
共鸣　顿悟　艺术批评　伦理批评　社会历史批评　精神分析批评
审美批评　艺术消费

[思考题]

　　1. 如何理解从第一文本到第二文本的转换？

　　2. 艺术鉴赏过程分为几个阶段？以具体作品为例论述艺术鉴赏是如何完成的。

　　3. 请简述共鸣与顿悟的特征。

　　4. 简述艺术批评的几种主要形态，并论述艺术批评的作用。

　　5. 简述艺术品价值与价格的关系。

第八章

艺术的本质

艺术的本质是什么，有哪些主要学说，这是艺术理论的基本问题。本章将重点探讨这些问题。

第一节 艺术的本质

关于艺术的本质，人们已经争论了 2000 多年。其间历经时空变迁，世道改易，思想各异，论点纷呈。而究其本质，主要观点大致有三种，即再现说、表现说与形式说，其他一切观念都是从这三种学说滋生出来的分支。美国批评家艾布拉姆斯曾说："每一件艺术品总要涉及四个要点，几乎所有力求周密的理论总会在大体上对这四个要素加以区辨，使人一目了然。第一个要素是作品，即艺术产品本身。由于作品是人为的产品，所以第二个共同要素便是生产者，即艺术家。第三，一般认为作品总得有一个直接或间接的导源于现实事物的主题——总会涉及、表现、反映某种客观状态或者与此有关的东西。这第三个要素便可以认为是由人物和行动、思想和情感、物质和事件或者超越感觉的本质所构成，常常用'自然'这个通用词来表示，我们却不妨换用一个含义更广的中性词来表示——世界。最后一个要素是欣赏者，即听众、观众、读者。"①再现是镜子，重在艺术与世界的关系；表现是灯，重在艺术家与艺术的关系；而对作品本体关注较多的，主要是现代形式主义美学理论；研究艺术与受众的关系则是接受美学兴起之后的新视角。

一、再现说

再现说认为，艺术是对世界的模仿与再现。这个朴素学说是人类最早认识到的艺术特性，成为反映论和镜子说的原型。现实主义艺术是再现说的主要代表。

中国公元前 10 世纪左右的哲学著作《易经·系辞下》写道："古者包牺氏之王天下也，仰则观象于天，俯则观法于地，观鸟兽之文与地之宜，近取诸身，远取诸物，于是始作八卦，以通神明之德，以类万物之情。"说明八卦——也可以代表中国文字与绘画——起源于对世界的模仿。天地鸟兽、世上万物和人的身体都是模仿的对象。现在我们看到原始时代流传下来的

---

① ［美］M. H. 艾布拉姆斯：《镜与灯》，17～27 页，北京，北京大学出版社，1989。

图案几乎是完全的抽象符号。然而，在当时这些都是对动物形体与运动的生动描绘，如旋涡纹像蛇的盘曲，水波纹像蛇的爬行。① 西晋文学家陆机曾说："宣物莫大于言，存形莫善于画。"(见于《历代名画记》)明确地提出绘画是世界的再现。南朝宋国画家宗炳在他的《画山水序》里提出"身所盘桓，目所绸缪，以形写形，以色貌色"的美学主张。他认为山水画是画家对所体验、观察的山水的模仿。唐代画论家张彦远在他撰写的中国第一部美术史《历代名画记》中阐释南齐画家谢赫的绘画六法之一"应物象形"时说："夫象物必在于形似，形似须全其骨气。"要求绘画必须做到再现事物的形状。这个观念对中国绘画影响深远，以至于出现了中国绘画史上一则著名典故：

> 徽宗时，龙德宫成，命待诏图画中屏壁，皆极一时之选。上来幸，一无所放，独顾阁中殿前柱廊拱眼，斜枝月季花，问画者谁，实少年新进。上喜，赐宠，皆莫测其故，上曰：月季鲜有能画者，盖四时朝暮，心蕊叶皆不同，此作春时日中者，无毫发差，故厚赏之。
>
> 宣和殿前植荔枝，既结实，喜动天颜。偶孔雀在其下，亟召画院众史，令图之。各极其思，华彩粲然。但孔雀欲升藤墩，先举右脚。上昧也。众史愕然莫测，后二日再呼问之，不知所对，则降旨曰：孔雀升高，必先举左。众史骇服。

宋徽宗不是称职的皇帝，但作为一位艺术家他是杰出的。他对自然的观察细腻入微，准确如神，对于月季花的四时变化、孔雀飞升时先举左脚这样细碎的事情都能注意到。大概这也是宋代花鸟画取得辉煌的原因之一。

现代美学家宗白华曾经对中国古代绘画的再现理论进行总结："因为古代绘画这样倾向写实，所以，在一般民众心脑中，好画家的手腕下，不仅描摹了、表现了'生命'，简直是创造了写实生命。所以有种艺术神话，相信画龙则能破壁飞去，与云作雨(张僧繇)，画马则能供鬼使的坐骑(韩干)，画鱼则能吹入水中游泳而逝(李思训)，画鹰则吓走殿上鸟雀不敢再来(张僧繇)，以针刺像可使邻女心痛(顾恺之)。由这些传说神话，可以想象，古人认为艺术家的最高任务在于能再造真实，创新生命。艺术家是个小上帝，

---

① 参见李泽厚：《美的历程》，17～27 页，北京，中国社会科学出版社，1989。

造物主。他们的作品就像自然一样地真实。"①

　　在西方，古希腊赫拉克利特第一次提出"艺术模仿自然"的论点，开再现说之先河。哲学家柏拉图也是再现说论者，但他认为终极存在不是自然，而是理式——一种超越客观物质世界之上的最高存在，是神的创造。世界是理式的模仿，而艺术是世界的模仿，因此，艺术是模仿的模仿。他以床为例阐释他的理论："床不是有三种吗？第一种是在自然中本有的，我想无妨说神制造的，也没有旁人能制造它；第二种是木匠制造的；第三种是画家制造的。"②神创造了床的理式即本质，木匠模仿理式，画家模仿木匠，于是画家的模仿与真理隔了三层，是"模仿的模仿""影子的影子"。这是客观唯心主义学说。他的学生亚里士多德认为，艺术是对世界的模仿。他说："一般说来，诗的起源仿佛有两个原因都是出于人的天性。人从孩提的时候就有模仿的本能（人和禽兽的分别之一，就在于人最善于模仿，他们最初的知识就是从模仿得来的），人对于模仿的作品总是感到快感。"③当时，人们对逼真的模仿普遍充满了崇敬。据说，希腊画家曹格西斯画了一枝葡萄，非常逼真，飞鸟来啄它。画家巴哈西斯上来绘了一层纱幕。曹格西斯没有看出纱幕，竟伸手想把它揭去。亚里士多德还根据模仿所使用的媒介、所取的对象和所采用的方式把艺术分为史诗、悲剧、喜剧和酒神颂以及音乐等。他认为，"诗是比历史更哲学的"，因为历史描述个别事件，而诗表现的却是普遍的人生意义。艺术模仿的不是自然的外表，而是事物的必然性，是达到真理的最近的道路。

　　此后，模仿成为西方艺术理论的一个重要原则。文艺复兴时期的艺术家以模仿自然为艺术的至上目标。他们认为绘画是一门科学，画家必须学习解剖学与透视学——事实上，很多画家同时还是科学家，不少人还解剖过尸体。达·芬奇说："绘画是自然界一切可见事物的唯一的模仿者。……绘画的确是一门科学，并且是自然的合法的女儿，因为它是从自然产生的。"④歌德也曾说过："除了从自然摄取形象之外还从哪儿摄取呢？画家显

---

　　①　宗白华：《美学与意境》，206页，北京，人民出版社，1987。
　　②　[古希腊]柏拉图：《理想国》，见《西方文艺理论名著选编》，上册，25页，北京，北京大学出版社，1985。
　　③　[古希腊]亚里士多德：《诗学》，见《西方文艺理论名著选编》，上册，48页，北京，北京大学出版社，1985。
　　④　[意]达·芬奇：《达·芬奇论绘画》，转引自《艺术特征论》，32页，北京，文化艺术出版社，1984。

然地模仿自然。"①这种强调以自然的为模仿对象的艺术理论一直持续到 19 世纪。艺术理论家丹纳认为，诗歌、雕塑和绘画是模仿的艺术，但他反对机械地模仿，而是要"表现事物的主要特征"②。德国古典主义美学家黑格尔认为，"美就是理念的感性显现"③。而艺术正是理念的感性形式。这又回到了柏拉图的客观唯心主义论点，这个"理念"与那个"理式"相去不远。但是，黑格尔不像柏拉图那样讨厌艺术，要把诗人赶出理想国。他对艺术有更深刻的理解，即艺术内蕴与艺术形式、艺术感性与理性的辩证关系。

俄国美学家车尔尼雪夫斯基认为"艺术的目的是再现现实"。④ 他区分了再现现实与模仿自然之间的差距，再现的不仅是形式，也包含内容。然而，他的观点存在机械唯物论的缺憾，即过于抬高现实美而贬斥艺术美。

再现说在现代中国发展为反映论，它认为，艺术来源于生活，是社会生活的反映；同时，艺术反映生活必须由人来完成。因此，艺术反映生活具有积极的主观能动性。

再现说基本上分为两种，一是唯物主义再现说，从中国古代的象形文字起源、八卦理论、以造化为师，欧洲的亚里士多德、达·芬奇、车尔尼雪夫斯基，发展为现代中国马克思主义反映论，强调再现的是自然和社会生活。二是唯心主义再现说，以柏拉图和黑格尔为代表，他们认为在世界之上还有一个更高的存在，即绝对精神，艺术是理念的模仿。应该说，他们的基本出发点是错误的，与马克思主义辩证唯物主义的基本原理相背驰，因为这种超越世界之外的理念世界并不存在。但是，他们对艺术的本质特性和艺术的理性与感性、艺术内涵与形式的关系等问题的思考较为深刻，这对于艺术发展和艺术理论研究有一定启迪。

二、表现说

表现说认为艺术是艺术家审美情感的表现。这是从创作主体——艺术家的视角对艺术进行观照。因此，虽然它与再现说一样古老，但是，作为一种有历史影响的艺术理论，表现说的兴起伴随着人的觉醒。浪漫主义和现代主义艺术是表现说的集中体现。

---

① ［德］歌德：《诗与真》，264 页，北京，人民文学出版社，1983。
② ［法］丹纳：《艺术哲学》，傅雷译，23 页，北京，人民文学出版社，1963。
③ ［德］黑格尔：《美学》，第 1 卷，142 页，北京，商务印书馆，1979。
④ ［俄］车尔尼雪夫斯基：《生活与美学》，86 页，北京，人民文学出版社，1957。

在中国，遥远的春秋时期就产生了"诗言志"之说。《书经·尧典》《礼记·乐记》和《荀子·儒效》都提到了这个理论。不过，这里所谓的"志"并不是艺术家的"志"，而是运用艺术作为表达工具者的"志"，正如孔子对孔鲤的训示，"不学诗，无以言"（《论语·季式》）。《春秋左传》中也记载了大量以诗歌作为外交辞令的历史事实。因而，第一次将创作主体作为考察对象的，是汉代的《毛诗序》：

> 诗者，志之所之也，在心为志，发言为诗。情动于中而形于言。言之不足故嗟叹之，嗟叹之不足故永歌之，永歌之不足，不知手之舞之，足之蹈之也。

这里明确提出了创作主体与艺术的关系，诗歌的"志"源于诗人的心灵，"志"直接引发艺术家的情感，情感的表现形式就是艺术——诗歌、音乐、舞蹈。在原始时代，这三者本来是三位一体。但汉代学者把诗歌、音乐、舞蹈看作逐渐强烈的艺术形式，说明这时三者已经开始走向独立。总之，就我们目前所掌握的历史文献看，《毛诗序》最早在理论上总结了艺术是审美情感的表现这一艺术观念，开中国艺术理论表现说之先河。

但是，汉代艺术作品的审美特征并非个性化，而是一种普遍的风格。艺术家的个体情感掩饰在时代的整体情感之中。因此，汉代艺术虽然有一定的表现性，但以再现为主潮。如最能代表汉代艺术的大赋和画像石，前者主要以铺陈的方式展示人类创造，极尽夸张、炫耀之能事，如司马相如的《子虚赋》《上林赋》华丽铺张，汗漫无边，几乎可以看作一部大型类书或字典；后者以古代神话、历史传说和现实生活相混杂的方式展示了求仙、宴乐、祭祀、狩猎、辟鬼、舂米、说书、杀猪、杂技等各种社会场景，高度的夸张、粗犷的线条和雄浑的轮廓构成了汉代艺术的独特风格。这种风格不是哪个艺术家个人的，而属于整个时代。正如李泽厚所说的，它"并不同于后世艺术中个人情感的浪漫抒发。当时民间艺术与文人艺术尚未分化，从画像石到汉乐府，从壁画到工艺，从陶俑到隶书，汉代艺术呈现出来的更多是整体性的民族精神"[1]。

表现说发育完善已经是魏晋时期。魏晋是中国历史上一个重要时期。哲学上，出现了纯粹的玄学；艺术上，出现了以美为旨归的纯粹艺术。更

---

[1]　李泽厚：《美的历程》，80页，北京，中国社会科学出版社，1989。

为重要的是，这是一个人的解放的时代。长期战乱，异族入侵，王朝变易，汉代以儒学为正宗的思想禁锢被道学、佛学和儒学并存的局面所取代，个性化成为社会的普遍风尚。人格美和山水美的发现使艺术家在狭隘的功利目的之外获得了一个更为广阔的艺术世界。因此，表现人格和心灵成为魏晋艺术的突出特征，陶渊明、谢灵运的诗，王羲之、王献之的字，顾恺之、陆探微的画，嵇康的音乐，云冈、龙门的石窟，这些都是中国艺术的杰出代表。顾恺之的"以形写神"、谢赫的"气韵生动"和钟嵘的"吟咏性情"重在"神""气"和"性情"，这些都是发自艺术家生命内部的主体创造，表现是艺术的主要特征。最能显示这种表现特质的艺术形式是书法，尤其王羲之的行草。美学家宗白华说：

> 晋人风神潇洒，不滞于物，这优美的自由的心灵找到一种最适宜于表现他自己的艺术，这就是书法中的行草。行草艺术纯系一片神机，无法而有法，全在于下笔时点画自如，一点一拂皆有情趣，从头至尾，一气呵成，如天马行空，游行自在。又如疱丁之中肯綮，神行于虚。①

表现说在唐宋艺术中又继续发展，个性精神和个体情感成为诗歌、书法、音乐和绘画的重要特征，"诗言志"的抒情传统在中国艺术里获得了充分的表现。如李白、苏轼的诗歌，怀素、张旭的书法，吴道子、文与可的画，李煜、柳永的词，柳宗元、欧阳修的散文，李龟年、周邦彦的音乐，等等。元代以后，中国绘画逐渐走向写意，具体形象让位于抽象形象，表现性进一步加强。元代画家倪云林说："仆之所谓画者，不过逸笔草草，不求形似，聊以自娱耳"。② 明清的文人画继承这一传统，大多注重意趣、韵味，完全成为一种表现性形式。

西方表现说最早出现在柏拉图的著作里。他认为诗歌不是常态下产生的技艺性作品，而是诗人在迷狂状态里凭借灵感创造的：

> 凡是高明的诗人，无论在史诗或抒情诗方面，都不是凭技艺

---

① 宗白华：《美学与意境》，187页，北京，人民出版社，1987。

② 转引自张安治：《墨海精神——中国画论纵横谈》，22页，台北，台湾东大图书公司，1995。

来做成他们的优美的诗歌，而是因为他们得到灵感，有神力凭附着。……诗人是一种轻飘的长着羽翼的神明的东西，不得到灵感，不失去平常理智而陷入迷狂，就没有能力创造，就不能作诗或代神说话。①

柏拉图的迷狂说是西方艺术理论表现说的开端。这与他说过的艺术是"模仿的模仿""影子的影子"的再现说似乎是矛盾的——这正是那些百科全书式的古代学者的共同特征。他们的学说没有现代学科分门别类的界限，而是无所不包，其中的矛盾也是不可避免的。正是这些矛盾而丰富的思想——而不是统一但简陋的学说——为艺术研究提供了有益的启示。

表现说在其后的一千多年一直没有获得发展的机会。中世纪的思想禁锢压抑了人的生命意识，直到文艺复兴时期，人的觉醒带来了人的解放，作为创作主体的艺术家才受到关注，人的情感才得到健康的表达。18世纪，卢梭反对所有古典主义和新古典主义艺术理论，提出艺术不是对经验世界的描绘或复写，而是情感的自然流露，他的《新爱洛绮丝》集中体现了这些思想。其后，康德受卢梭的影响，进一步提出艺术天才论。康德认为：

> 天才就是那天赋的才能，它给艺术制定法规。既然天赋的才能作为艺术家天生的创造机能，它本身是属于自然的，那么，人们就可以这样说：天才是天生的心灵禀赋，通过它自然给艺术制定法规。②

康德不仅肯定艺术创作的主体性，并且把艺术划归少数天才，只有那些拥有艺术天赋的天才才能创造艺术，为艺术立法。在他看来，自然美是一个美的事物，而艺术美是一个事物的美的表现艺术，艺术创作以天才的想象力与独创性来达到美的境界。艺术的目的就是创造美，而美是无目的的合目的性。因此，艺术是表现的，又是反功利的，自由是艺术的灵魂。他反对模仿，把模仿置于天才的对面。康德的艺术理论对后世影响甚大，成为20世纪形形色色现代艺术流派的理论源头。

---

① ［古希腊］柏拉图：《伊安篇》，见《西方文艺理论名著选编》，上册，7页，北京，北京大学出版社，1985。
② ［德］康德：《判断力批判》，同上书，410页。

　　席勒继承康德的艺术理论，比较自然美与艺术美的区别，认为艺术是表现的：

　　　　自然的产物，如果它自由地表现在它的技巧性中，那么它就是美的。艺术的产物，如果它自由地表现一个自然的产物，那么它就是美的。
　　　　因此，表现的自由是我们这里所要涉及的概念。①

　　席勒承认艺术是自然的表现，但不是模仿。因为他非常看重艺术"表现的自由"，即艺术表现不受制于艺术素材，而是以艺术形式制服艺术素材。"当一切都不是由素材规定的而是由形式规定出来的，那么这种表现就是自由的表现。"他举例说，一个雕塑如果暴露了一部分石头，它的美就会受到损害，只有大理石的自然属性消融在肉体的属性之中，使人不再感到大理石的本性时，这座雕像才是成功的。

　　尼采以为主观意志是世界的主宰，艺术是主观意志的表现。他以日神阿波罗（Apollo）和酒神狄俄尼索斯（Dionysus）来阐释艺术的连续发展。日神冲动与酒神冲动是艺术创作的内在根源，而梦和醉是艺术的两种基本审美特征，它们之间的交替就是艺术的发展。

　　表现说在20世纪发展到顶峰，其标志便是20年代表现主义在德国的兴起。作为表现派的先声，画家凡·高认为，艺术是心灵的表现。"对艺术我还不知有更好的像下面的定义。这定义是：艺术，这就是人被加到自然里去，这自然是他解放出来的；这现实，这真理，却具备着一层艺术家在那里表达出来的意义，即使他画的是瓦片、矿石、冰块或一个桥拱……那宝贵的呈到光明里来的珍珠，即人的心灵。"②我们在凡·高的作品里可以看到，画面上充满了强烈的运动感，一种狂热的生命旋律。他的天空、星斗和云彩都是变形的，翻卷着，汇成色彩的交响。《向日葵》表现的是生命的热力与光芒，自由地喷溢着，宛如无法限定的青春活力。

　　20世纪初，克罗齐提出艺术就是直觉，直觉就是表现的主张。他认为，艺术形象不是逐步完成的，而是艺术家的瞬间直觉，艺术创作正是直

────────────

　　① ［德］席勒：《美育书简》，177～178页，北京，中国文联出版公司，1984。
　　② ［荷］文森特·凡·高：《艺术—生活—自然》，见《宗白华美学文学译文集》，223页，北京，北京大学出版社，1982。

觉—表现的过程。"作为一个艺术家，他既不采取什么活动，也不说明理由，而是写诗、作画、唱歌；简而言之，是在表现自己。"在这一瞬间，艺术的形式与内容合二为一，"内容有其形式，形式充满内容"，"美的事实是形式，仅仅是形式而已。"①这里，克罗齐的艺术理论已经预示了 20 世纪表现主义和形式主义时代的到来。德国表现主义继承了克罗齐的艺术理论，强调艺术是自我表现，而表现内容的是主观幻想。他们认为最高的本质真实是内心幻想，而世界上的事物不过是本质的表象。因此，艺术的本质是表现艺术家的主观幻想。艺术的内容与形式是合二而一的东西，形式之外没有内容。美国现代舞蹈家邓肯说舞蹈是心灵的反映，她宣布她追求的是"一种心灵的泉源，灌注于身体之各部，使之充满活跃的精神；此种中心原动力，即是心灵的反映"②。表现主义诗人哥特弗里特·贝恩认为诗歌就是词汇，内容与形式是一体的："但是形式却就是诗。一首诗的内容和意蕴，譬如忧伤，惶惶惑惑，末日来临之感的喷发，乃是人所共有，人之常情，不过是程度不同、体态各异罢了。而只有当他们有了形式，才产生了抒情诗。形式使内容与自己浑然一体，载负着内容，用言词从内容中创造出魅力。孤立的内容、绝对的内容是没有的。形式就是存在，是艺术家的目的，艺术家存在的任务。"③具体到艺术创作上，他们喜欢运用夸张、变形、荒诞等艺术手法创造奇特的艺术形式，表现自我。

　　与再现说相比，表现说兴起较晚；然而，它在 20 世纪获得巨大发展，成为影响深远的艺术理论。这是和人类的自我关注相伴而生的，尤其在西方科学发展带来的物质主义日益风靡之际，表现说对创作主体的尊宠是有积极意义的。我们不能简单地把一切对心灵的强调都置于唯心主义名下——唯心主义的艺术理论也并不见得全无道理，它们对艺术的审美特征往往认识得相当深刻。当然，表现说过分夸大了人的主观幻想，也有一定的局限性。

---

　　① 　伍蠡甫主编：《西方文艺理论名著选编》，上册，4 页，北京，北京大学出版社，1985。

　　② 　[美]伊丝多拉·邓肯：《邓肯女士自传》，转引自《艺术特征论》，334 页，北京，文化艺术出版社，1984。

　　③ 　[德]哥特弗里特·贝恩：《抒情诗问题》，见《西方文艺理论名著选编》，下册，357 页，北京，北京大学出版社，1985。

三、形式—幻象说

形式—幻象说认为艺术是人类情感的表现性形式，其本质是生命幻象。它侧重从艺术品本身来观照艺术，研究艺术的本质问题。这个学说诞生于20世纪，是目前产生最晚、影响颇大的艺术理论，主要代表人物为英国的艺术理论家克莱夫·贝尔和罗杰·佛莱、德国的恩·卡西尔和美国的苏珊·朗格。

形式—幻象说的第一步——形式说是由克莱夫·贝尔完成的。他提出一个著名观点，"艺术是有意味的形式"。他认为："在各个不同的作品中，线条、色彩以某种特殊方式组成某种形式或形式间的关系，激起我们的审美感情。这种线、色的关系和组合，这些审美的感人的形式，我称之为有意味的形式。"①这个定义的关键词是"意味"与"形式"。所谓意味是指一种特殊的审美感情，"大凡反应敏感的人都会同意，由艺术品唤起的特殊感情是存在的。我的意思当然不是指一切艺术品均唤起同一种感情。相反，每一件艺术品都引起不同的情感。然而，所有这些感情可以被认为是同一类的。……这种感情就是审美感情。"②形式就是纯粹的线条、色彩之间的关系，他称之为"纯形式"。从"有意味的形式"出发，他认为再现不是艺术，只是现实的复制、记叙、描述而已，无法激起甚至会影响、干扰审美感情，因为它们传达的仅仅是思想和信息。由此他认为原始艺术是最高的艺术，是"有意味的形式"。他把"美"也排除在外，因为这个字已经混沌于生活中的功利目的，与欲望和性联系在一起，所以艺术的本质不能规定为美。最终，"有意味的形式"只能导向终极存在——上帝。

贝尔提出一个富有创见的艺术命题，深入到艺术理论的核心。但是，他在"意味"与"审美感情"之间陷于恶性循环，没能圆满地证明这个命题。中国美学家李泽厚考察了原始社会由写实的、生动的、多样化的动物形象到抽象的、符号的、规范化的几何纹饰的演化过程，对贝尔的论点进行修复。他指出："正因为似乎是纯形式的几何线条，实际是从写实的形象演化而来，其内容(意义)已积淀(融化)在其中，于是，才不同于一般的形式、线条，而成为'有意味的形式'。也正是由于对它的感受有特定的观念、想象的积淀(融化)，才不同于一般的感情、感性、感受，而成为特定的'审美

---

① ［英］克莱夫·贝尔：《艺术》，4页，北京，中国文联出版公司，1984。

② 同上书，3页。

感情'."①他分析了中国原始艺术中鸟、蛇、蛙等动物图纹由写实到抽象的演进,从艺术历史发展的角度赋予"有意味的形式"以历史的、生活的内涵,为这个命题提供了更为合理的阐释。

音乐常常易于被看作纯形式的艺术,如奥地利音乐理论家汉斯力克认为,音乐既不模仿世界(世界没有可供音乐模仿的对象),也不表现情感、思想或信念。"音乐的内容就是乐音的运动形式。"②其实,就"有意味的形式"而言,中国书法无疑是最有代表性的。书法如同音乐一样,是一种节奏的艺术。它摆脱了具体字的含义,抽象出线条和结构,以运笔的轻重、虚实、藏锋、中锋、侧锋、出锋、方笔、圆笔,结构的避就、向背、穿插、相让、朝揖、回报、黏合、救应,以及布局的疏密、呼应等手法表达艺术家的情感。尤其草书,完全从实用艺术中离析出来,可以说是最纯粹的艺术形式。如唐代书法家张旭的狂草,字迹不可辨认。但是,我们从飞动的笔势、潇洒的布局上仍能感受到心游天地之间的放达。

在贝尔"有意味的形式"学说基础上,美国艺术理论家苏珊·朗格提出艺术是"创造出来的表现人类情感的知觉形式"③的观点。朗格继承了她的导师卡西尔的符号理论,进一步区分了语言符号与艺术符号的异质,指出语言符号使我们认识周围事物之间的关系以及周围事物与我们自身的关系,而艺术则使我们认识到主观现实、情绪和情感,使我们真实地把握到生命运动和情感的产生、起伏和消失的全过程。因而,艺术符号是拒绝推理的,不是推论形式,它是把人类情感转变为可听或可见的形式的一种符号手段。朗格所谓的情感是人类的一种普遍情感,而不是个体情感,她反对表现说声称的"自我表现","纯粹的自我表现不需要艺术形式"④。她举例说,一个儿童的号啕大哭比一位音乐家表现了更多的情感,但是,人们去听音乐会而不听哭声。苏珊所谓的形式"是指那种更广义的形式了,因为这种形式既接近于那个最普遍和最流行的形式含义(即指事物的形状的那种形式),又接近于科学和哲学中所通用的那种极其专门的形式含义,亦即最抽象的形式。这种最抽象的形式是指某种结构、关系或是通过互相依存的因素形

① 李泽厚:《美的历程》,24~26页,北京,中国社会科学出版社,1989。
② [奥地利]汉斯力克:《论音乐的美》,转引自《艺术特征论》,273页,北京,文化艺术出版社,1984。
③ [美]苏珊·朗格:《艺术问题》,5页,北京,中国社会科学出版社,1983。
④ [美]苏珊·朗格:《哲学新解》,9页,转引自《情感与形式·译者前言》,北京,中国社会科学出版社,1986。

成的整体。更准确地说，它是指形成整体的某种排列方式"①。

与贝尔的"有意味的形式"相比，朗格强调了情感的普遍性，使"意味"不再那么神秘难测，同时，她也坚持了形式理论。更为重要的是，她不仅重视形式，也重视情感，修复了表现说和形式说在表现形式和表现内容上的偏颇，实现了情感与形式的统一。这是对20世纪以来表现说与形式说的整合。

苏珊·朗格的形式说是和生命幻象相联系的，由此形成形式—幻象说。她发现艺术形式和生命形式之间存在一种对应关系，主要表现在有机统一性、运动性、节奏性和生长性。

①**有机统一性** 艺术是有机统一体，每一部分都不能游离于整体之外，它与人类创造情感符号的整个过程同生同在。中国古典艺术最为讲求的是气韵生动，而气正是生命的基本元素。艺术的最高境界是和谐，和谐意味着艺术的每一部分都像生命的组织一样，构成一个统一的有机整体。

②**运动性** 生命是运动的，艺术也是运动的。无论音乐、舞蹈、戏剧等时间艺术的运动还是绘画、雕塑、建筑等造型艺术的心理运动，任何艺术都存在一种运动结构。以雕塑而言，它在物理意义上确实是相对静止的。但是，它却能以姿势造成动感，形成心理运动，即运动幻觉。如里尔克发现罗丹雕塑《青铜时代》的姿态孕育着运动，"这座雕像还在另一点上有深重的意义。它在罗丹的作品中指示出姿势的产生。这生长起来、逐渐发展到那么雄劲的姿势，已经在这里溅射出来，像一道泉水沿着躯体汩汩流出一样。从原始时代的幽暗醒来，这姿势仿佛在发育中跋涉于这作品的广原上，好像已跋涉了几千万年，远超过我们，甚至远超过那些未来的人们。"②

③**节奏性** 生命是有节奏的，如呼吸与心脏跳动，艺术也是如此。在动态艺术中，音乐、舞蹈中的节拍，诗歌的韵律，戏剧、电影的速度，都是显而易见的节奏；在静态艺术中，线条的断续、笔触的行止、色彩的落差、质料的粗细和布局的疏缓都构成了节奏。中国建筑学家梁思成对北京天宁寺的节奏分析饶有兴味。他写道：

> 节奏和韵律是构成一座建筑物的艺术形象的重要因素；……事实上，差不多所有的建筑物，无论在水平方向上或者垂直方向

① ［美］苏珊·朗格：《艺术问题》，14页，北京，中国社会科学出版社，1983。
② ［奥地利］里尔克：《罗丹论》，16页，成都，四川美术出版社，1984。

上，都有它的节奏和韵律。我们若是把它分析分析，就可以看到建筑的节奏、韵律有时候和音乐很相像。……北京广安门外的天宁寺塔就是一个有趣的例子。由下看上去，最下面是一个扁平的不显著的月台；上面是两层大致同样高的重叠的须弥座；再上去是一周小挑台，专门名词叫平坐；平坐上面是一圈栏杆，栏杆上是一个三层莲瓣座，再上去是塔的本身，高度和两层须弥座大致相等；再上去是十三层檐子；最上是攒尖瓦顶，顶尖就是塔尖的宝珠。按照这个层次和它们高低不同的比例，我们大致（只是大致）可以看到（而不是听到）这样一段节奏。①

④**生长性** 生命都有自己的生长、发展和消亡过程，艺术也如此。音乐、舞蹈、戏剧、诗歌、电影是明显可感的，静态艺术也处于这一规律之中。不过，它的生长性表现在心理效果上。例如我们对一幅画的欣赏会造成心理上的情感起伏，它升起于色彩或线条的撞击，导致心灵的波动，最后归于平静。

以生命来研究艺术在中国古典艺术理论中也是极为常见的，如气、骨架、肌理、风神、风骨等艺术理论术语就是取自生命的基本元素。因此，艺术结构与生命结构的相似是对古典艺术理论的继承与发展，为艺术本质的研究提供了根本的突破。苏珊·朗格虽然并不了解中国古典艺术理论，但她的生命幻象说暗合了中国古典哲学。

艺术本质上就是一种有机的生命体，它生气弥漫、气韵生动，如同人类生命一样。然而，艺术的生命在哪里？诗歌的生命就是文字和韵律吗？绘画的生命就是线条和色彩吗？音乐的生命就是音响和节奏吗？如果答案是肯定的，那么，艺术生命如何体现？如果答案是否定的，艺术又在哪里？

英国艺术理论家科林伍德说："音乐不是由听到的音响构成的，绘画不是由看见的色彩构成的，等等。那么，这些东西是由什么构成的呢？显然，艺术不是由形式所构成的，这种形式被理解为我们所听到的各种音响之间或我们所看到的各种色彩之间的关系样式或者关系体系。……真正艺术的作品不是看见的，也不是听到的，而是想象中的某种东西。"②作为一位表

---

① 梁思成：《建筑和建筑的艺术特征》，载《人民日报》，1961-07-26。

② ［英］科林伍德：《艺术原理》，145～146 页，北京，中国社会科学出版社，1985。

现说的艺术理论家,他不失时机地向艺术形式理论放一支冷箭,否定形式是艺术的本质。但是,在形式之外,哪里又有艺术?抛开这一偏颇,他对艺术本质的追问是有道理的。艺术是看不见的,它不是由形式构成的,我们必须寻找艺术的生命之所在。然而,我们无法抛弃形式,因为只有通过艺术形式我们才可以把握艺术的生命,没有形式,艺术就不存在。绘画固然不是线条与色彩。可是,没有线条与色彩也就没有绘画。那么,艺术的本质究竟是什么?

艺术是人类创造的表现性形式,通过艺术形式可以进入生命的幻象。这就是关于艺术本质的形式—幻象说。

生命与艺术的关系前面已经证明,而艺术生命与人类生命的不同之处在于它不是生命的本体,而是生命的幻象,正如歌德所言,"每一种艺术的最高任务即在于通过幻觉产生一个更高真实的假象"(《诗与真》)。它无法像人类的呼吸与脉搏一样直接感触,必须通过直觉或想象才能掌握。苏珊·朗格这样论述幻象:

> "幻象"是艺术中的一个极其重要的原则——一个凭借它就可以不必经过科学抽象中的概括过程就能够取得艺术抽象的中心原则。
>
> 它是艺术的"要素",用这种要素制成的是一种半抽象的,然而又往往是一种独特的和给人以美的感受的表现性形式。我们说艺术形象是一种幻象,这仅仅是指艺术形象是非物质的。这就是说,它不是由画布、色彩等事物构成的,而是由互相达到平衡的形状所组成的空间构成的,在这些形状中蕴涵着能动的关系、张力和弛力,等等。这种空间与实际空间是不一样的,因为在实际的空间中不存在。这种具有一定的组织结构的形象。总之,绘画空间是一种符号性的空间,它那诉诸视觉的组织结构是活生生的情感表现符号。①

所有艺术都是生命幻象,生命幻象是通过艺术形式达到的。没有形式,也就无从进入生命幻象,没有语言就没有诗歌,没有色彩和线条就没有绘

---

① [美]苏珊·朗格:《艺术问题》,28~29页,33页,北京,中国社会科学出版社,1983。

画。由于艺术形式构成材质的不同，艺术幻象的生成方式也各有特色。这就是说，每一门艺术都有它的基本幻象。正是基本幻象的异质区分了艺术的不同种类。

音乐是时间艺术，因而它所揭示的是一种由声音创造出来的虚幻时间，它在本质上是一种直接作用于听觉的运动形式。这个虚幻的时间并不是由生命活动本身标示的时间，而是由声音创造的虚幻时间，这个虚幻时间便是音乐首要的或基本幻象。

绘画、雕塑和建筑是空间艺术，它们展示的基本幻象是虚幻空间。但是，由于这三种艺术形式之间的材质差异，它们各自构成虚幻空间的方式也完全不同。绘画是二维空间的艺术，但在观赏时却生成了虚幻的三维空间，《拾穗者》(见图71)的画面上田野仿佛是向远处延伸的，人站在田野中间，宛如立体空间；雕塑本来是三维的，但是，它以实际体积创造了一个能动体积。也就是说，雕塑在物理上是静态的，可在它所置放的空间就在心理上转化为动态的，并把周围环境笼罩于它的精神之下，生成一个独立的虚幻空间。如寺庙里的塑像(见图72)，它坐立于大殿中央，成为这座大殿乃至于整个寺庙的中心，形成一种精神空间；建筑是最难于证明的空间幻象，因为它常常被看作最实用的艺术——房子是用来居住的。然而，建筑依然是"通过对一个实际的场所进行处理，从而描绘出'种族领域'或虚幻的'场所'"。① 举例来说，一个民族的建筑是和它的民族精神相联系的，如北京的四合院和巴黎的民居就是完全不同的两种民族风貌，一种以暗蓝的砖瓦为材料，稳健、周密，充满了理性精神；一种以石料为主，红顶白墙，活泼、生动，洋溢着开朗气氛。

舞蹈的基本幻象是"一种虚幻的力的王国——不是现实的、肉体所产生的力，而是由虚幻的姿势创造的力量和作用的表现。"也就是说，舞蹈创造的是力的幻象。

综上所述，一切艺术都是幻象，并且是生命幻象，因为艺术与生命同构。生命幻象是艺术的真正本质，也是艺术不朽魅力的源泉。

---

① ［美］苏珊·朗格：《情感与形式》，112 页，北京，中国社会科学出版社，1986。

第二节　中国古典艺术本质论

中国古典艺术理论源远流长，丰富多彩，在漫长的艺术发展中形成了独特的传统，为后世留下了宝贵的遗产，其中诗学、绘画、书法理论尤其发达。中国古典艺术理论植根于中国哲学与中国美学，积淀了丰厚的艺术经验，构成了一个民族特色鲜明的艺术理论体系。尽管中国艺术理论大多散见于艺术家的言论、哲学家的著作或批评家的感性评点，只有很少系统的理论著作。但是，他们以中国哲学为指导，从中国艺术创作实践出发，提出一系列富有创见性的理论问题。这些理论与西方的艺术理论是完全不同的两个系统，无法也不可能包容于西方艺术理论的架构之内。因此，这里着重讲述中国古典艺术理论关于艺术本质的两种主要观点。

一、艺术本质气韵说

中国古典艺术理论与中国古典哲学紧密相连，尤其《周易》的阴阳学说和老庄的道家学说，更是中国古典艺术理论的支点。天人合一是中国古典艺术理论的终极归宿。

气韵说认为，艺术的本质是气韵，气韵是艺术作品中呈现出来的生命律动。

气是中国古典艺术理论中一个最为根本的概念。这个词似乎很玄秘，事实上，它就是人呼吸的自然流通的气，是人类生命不可缺少的元素。气是人的本原，也是宇宙的本原。庄子说，"野马也，尘埃也，生物之息相吹也"(《逍遥游》)，说的是宇宙的生命。孟子讲"善养吾浩然之气也，……其为气也，至大至刚，以直养而无害，则塞于天地之间"(《孟子·公孙丑章句上》)，是指人的主体精神。总之，气是生命的象征。气运用在艺术理论上是指艺术品里呈现出来的内在生命感，是艺术生命与艺术家主体力量的表征。

最早提出"气韵生动"的是魏晋时代的艺术理论家谢赫，他在所著的《古画品录》序中提出"画有六法"，第一条便是"气韵生动"，其余五条骨法用笔、应物象形、随类赋彩、经营位置和传移模写则是具体的绘画技法。气韵在当时主要用于人物品评，谢赫把气韵引入艺术理论，但如何理解气韵的具体内涵，却仁者见仁，智者见智。五代时期，山水画家荆浩在《笔法记》里这样解释："气者，心随笔运，取象不惑。韵者，隐迹立形，备遗不俗。"这句话的意思是说，气是指艺术家的心灵与画笔自然相融，挥洒自如，对于所要描绘的对象没有疑惑；韵是指在完成的艺术形象里不露痕迹，毫无俗念。清代王士祯说"韵谓风神"。总之，韵强调艺术的境界、风姿余味。气和韵在古典艺术批评中时分时合，合起来看，气韵指艺术作品中呈现的生命气象与节奏。

对于气韵的美学形态，清代画家秦祖永在《桐阴画诀》里做了有趣的区分。他说：

> 画家气韵各有分别，大家魄力雄厚，骨格劲逸，气韵从沉着中透露。名家蹊径幽秀，姿态生动，气韵于轻逸处发现。在画者出之无心，目者不仅击节称赏，乃为真气韵。此笔中之气韵，即云林所谓胸中逸气也。功夫到神化时，方能有此境界。如专于墨中求气韵，殊失用笔之妙，为门外伧夫。

他从艺术家的个性出发，研究艺术的美学形态，这已经深入到艺术理论的深层架构。其实，在中国古典艺术理论里，气韵不仅用于绘画，也用于诗歌、散文、音乐、雕塑、书法、舞蹈等其他艺术门类。曹丕在他的《典论·论文》里指出："文以气为主，气之清浊有体，不可力强而致。"对气的形态进行区别。钟嵘在《诗品》中大量使用气这个词，如评刘桢诗"气过其文，雕饰很少"，刘琨"善为凄戾之词，自有清拔之气"。唐代古文家韩愈提出"气盛言宜"说。他认为，"气，水也；言，浮物也；水大而物之浮者大小皆宜"（《答李诩书》）。这些都是从艺术家的主体精神来阐述的。

从古代艺术家对气韵的论述可以看出，气韵是从艺术家的主体精神来对艺术进行观照的。但是，它着重于艺术家的主体精神在艺术品中的自然呈现。因此，艺术的本质是主客体——艺术家的主体精神和它在艺术品中呈现出来的美学形态——的统一，而不是二者的割裂。只有气韵生动的作品才是成功的艺术品。

二、艺术本质二元说

中国古典艺术理论的二元说认为，艺术的本质在于构成艺术本体的两种基本品质的辩证统一，如虚与实、神与形、空灵与充实、神韵与肌理等。二元说源于中国本原哲学的阴阳学说。

空灵和充实可以看作上述几组概念的一种代表，因为就其实质来说，神、虚、神韵都着重于艺术的形而上元素，而形、实、肌理则是艺术形而下的物质形式。宗白华认为，"空灵和充实是艺术精神的两元"①。也就是说，艺术的本质正在于空灵和充实二元精神的和谐，二者相存相生，缺一不可。

空灵是一种什么样的品质？古代的理论著作往往把它说得很玄秘，仿佛不食人间烟火似的。其实，空灵是一种艺术境界，一种形而上的美学意味，生气饱满，自由自在，它提升于具体的形象，但又超拔于具象之外，可感而不可及。宗白华这样阐释道：

> 艺术心灵的诞生，在人生忘我的一刹那，即美学上所谓"静照"。静照的起点在于空诸一切，心无挂碍，和世务暂时绝缘。这时一点觉心，静观万象，万象如在镜中，光明莹洁，而各得其所，呈现着它们各自的充实的、内在的、自由的生命，所谓万物静观皆自得。②

空灵作为一种美学形态，艺术中早就存在了，陶渊明的"采菊东篱下，悠然见南山"（《饮酒》），王维的"行到水穷处，坐看云起时"（《终南别业》），柳宗元的"孤舟蓑笠翁，独钓寒江雪"（《江雪》）就是明显的空灵。司空图的《二十四诗品》也大量描绘了空灵的美学形态，如"空潭泻春，古镜照神""不著一字，尽得风流"等，这说明古代艺术家和艺术理论家已经关注到这个问题。

不过，空灵作为一个美学范畴提出，已是宋代。张炎在《词源》中提出清空的概念，"词要清空，不要质实"。他认为姜白石的词如"野云狐飞，去留无迹"，而吴文英的词却过于质实，"如七宝楼台，炫人眼目，拆碎下来，不成片段"。从张炎的分析可以看出，清空就是不用典故，不黏着于具体物象，审美主客体直接交流；质实就是纠缠于具象，表达上太多地倚重假借，阻塞了审美主客体之间的交流。王国维在《人间词话》中讲的"隔"与"不隔"也正是这个意思。他分析道，"天似穹庐，笼罩四野，天苍苍，野茫茫，风吹草低见牛羊"是"不隔"，而"谢家池上，江淹浦畔"就是"隔"。原因何在？前者直接描绘了自然景色，人们一读就懂，无须其他假借；而后者依靠典

---

① 宗白华：《美学与意境》，228 页，北京，人民出版社，1987。

② 同上书。

故，不知道典故的人就无法明白诗的含义。

清代艺术理论家刘熙载将空灵与充实作为一对艺术理论概念进行讨论。他认为"词之大要，不外厚而清。厚，包诸所有；清，空诸所有也"(《艺概》)。这就辩证地论述了空灵与充实的关系，空灵不是完全空洞，不是言之无物，而是内蕴丰厚，生气灌注；充实不是沉溺于具体的物象之中，以烦琐细屑为能事，而是从具体物象中提升出形而上的美感。他以苏轼的《卜算子·黄州定慧院寓居作》为例：

> 缺月挂疏桐，漏断人初静，谁见幽人独往来，缥缈孤鸿影。
>
> 惊起却回头，有恨无人省，拣尽寒枝不肯栖，寂寞沙洲冷。

刘熙载称赞这首词"语意高妙，似非吃烟火食人语，非胸中有万卷书，笔下无一点尘俗气，孰能至此"(《艺概》)。这正是他的理论的印证。空灵要求艺术境界高妙，不掉书袋，仿佛不食人间烟火的神仙。然而，如果胸中没有万卷书，艺术就达不到这样的境界。并且，他还要求艺术家的人格也要达到"无一点尘俗气"的境界。从这里看，空灵主要是从艺术创作的主体——艺术家来观照的，强调的是艺术家的主体精神内质以及它与审美客体的融合程度。如果艺术家的主体精神没有达到一定的境界，缺乏深厚的内涵或与审美客体隔离，那么，空灵就会失之于肤浅或空洞。因此，艺术不仅要空灵，还要充实。

充实就是艺术的内涵，是构成艺术的情感力量与审美客体的汇融，它是可见可感的具象。也可以说，它是艺术的形式与内容的总和。孟子说，"充实之谓美"(《孟子·尽心章句下》)，充实包含两种意义，一是艺术家的主体精神，一是艺术作品中的具体意象。二者是融为一体、不可区分的，正如王国维所说，"一切景语皆情语也"(《人间词话》)。浩然之气是充实的重要内涵，艺术所要描绘的客观世界也是重要内涵。此外，艺术形式也属于充实的范畴。假如艺术家的主体精神和客观世界不能得到适当的表现，那么，这个艺术是不成功的，空灵也就无从谈起。

综上所述，我们可以看出，中国古典艺术的空灵与充实是虚实相生、相辅相成。正如刘熙载评韩愈时说，"文或结实，或空灵，……试观韩文，结实处何尝不空灵，空灵处何尝不结实。"(《艺概》)以中国画为例，空白是一个重要的技巧，计白当黑，书法也讲究飞白，这自然是虚。然而，如果整幅画面只有空白，根本就没有墨彩和线条，那么，这幅画就不存在。至于那些极端的艺术实践，一味追求空洞无物的空灵或黏着琐屑的充实，往往是失败的，古代艺术家称之为"空疏""空寂""脱窠"或"质实""落实""尘实"。所以，古代艺术家不仅在形而上的层次上探讨艺术的空灵与充实，也在艺术表现上研究任何达到虚实相生境界的具体技巧。刘熙载写道，"山之精神写不出，以烟霞写之；春之精神写不出，以草木写之。故诗无气象，则精神亦无所寓也"（《艺概》）。

中国古典艺术理论关于艺术本质的二元说可以在绘画理论上得到鲜明的阐述，尤其是形和神的关系，几乎是关于艺术本质二元说的缩影。

中国古代学者很早就对艺术中存在的形与神进行关注，《韩非子·外储说左》叙述了这样一个故事：

> 客有为齐王画者，齐王问曰：画孰最难者？答曰：犬马最难。孰易者？曰：鬼魅最易。夫犬马者，人所知也，旦暮罄于前，不可类之，故难。鬼魅，无形者，不罄于前，故易之也。

这个故事说明，当时人们关心的是模仿的逼真程度，即形似问题，而对所模仿的事物的精神还没有引起足够的注意。但是，到了魏晋时期，人们对绘画的要求已经不止于形似。顾恺之提出"以形写神"的主张，要求绘画要传神，由此开始了中国绘画理论上长达一千五百多年的形似与神似之争。形似在悠久的历史长廊里越来越失去理论支点，宋代诗人、书画家苏轼在《书鄢陵王主簿所画折枝》一诗中写道：

> 论画以形似，见与儿童邻。
>
> 作诗必此诗，定知非诗人。
>
> 诗画本一律，天工与清新。

他完全否定了形似理论，斥为童子之见。后代的绘画确实越来越趋于写意，意趣、趣味、神韵成为艺术的最高境界。元代画家黄公望明确地说"画不过意思而已"。[①] 其实，他们所说的不求形似并不是放弃形的描绘，而是追求精神实质的似，不以形的模仿为目标，正如元末画家王绂在他的

---

① 转引自张安治：《墨海精神——中国画论纵横谈》，81页，台北，台湾东大图书公司，1995。

《书画传习录》中所说的，这些所谓的不求形似正是"不似之似"。他的观点对中国绘画的发展产生了深远的影响，齐白石的话可以看作是这个问题的理论总结。他在《题画》中说：

> 作画妙在似与不似之间，太似为媚俗，不似为欺世。①

从形似到不似再到不似之似，最后以"似与不似之间"结束争论，中国绘画以初期的自然模写开始，经过对模仿的反拨，摆脱形的束缚，追求自由自在的写意风格，再到不似之似，在形似与神似之间达成一种和解，终于为艺术找到一条浩荡的大道。这是艺术主客体的高度融合，既不放弃形的准确，也不为形所拘，而是形神兼备，气韵生动，既空灵，又充实，创造了灿烂辉煌的中国文人画。

这不仅是中国绘画，也是中国艺术理论的发展之路。

由此可见，中国古典艺术理论关于艺术本质是空灵和充实辩证统一的观点，不是片面强调主客体的任何一方，而是在审美主客体高度汇融的支点上实现形而上的升华，达到艺术的至境。二者相存相生，共同支撑了艺术的大厦。

从以上的分析可以发现，中国古典艺术理论的终极归宿是主客体的统一，情景交融，物我一体，这正是中国古典哲学天人合一学说在艺术理论中的自然延伸。所以，和谐一向是中国古典艺术的最高理想——也是中国哲学、中国伦理以及中国一切古典理论的最高理想，即孔夫子所说的中庸之道。这与西方艺术理论的要么偏向主体、要么偏向客体各执一词的学说大相径庭，二者之间有着艺术精神乃至哲学精神的本质区别。这种艺术理论上的异质也正是中国古典艺术与西方艺术在艺术观念、艺术特质、美学形态、艺术符号和艺术功能等诸多方面存在不同艺术风貌的根本原因。

第三节　马克思主义艺术本质论

马克思主义艺术理论诞生于 19 世纪 40 年代，是马克思主义学说的组成部分。马克思主义艺术理论的哲学基础是历史唯物主义与辩证唯物主义，

---

① 转引自张安治：《墨海精神——中国画论纵横谈》，31 页，台北，台湾东大图书公司，1995。

它认为艺术是上层建筑中的一种社会意识形态，是由经济基础决定的。艺术是一种生产——艺术生产，它与物质生产既有联系又有区别，既受社会意识形态一般规律的制约，又有自己的特殊规律。反映论是马克思主义艺术理论的核心学说，它认为，艺术是社会生活的能动反映，这是艺术的本质特征。

马克思主义艺术理论是人类艺术理论发展史上的重大成果。自 19 世纪以来，它就成为无产阶级艺术的指导方针，为世界各国社会主义艺术发展指明了方向。

一、马克思主义艺术理论的形成

马克思主义艺术理论的创始人为马克思与恩格斯，他们没有专门的艺术理论论著。但是，他们的书信和哲学、经济学著作中涉及了大量的艺术理论问题，构成了关于艺术理论的一套完整学说。

马克思主义艺术理论不是凭空产生的，它继承了德国古典哲学关于艺术理论的成果，与无产阶级革命实践相结合。马克思主义艺术理论的主要来源是康德、黑格尔和费尔巴哈，马克思和恩格斯对他们的学说进行了革命性改造，从而建立了马克思主义艺术理论。

康德是德国古典哲学的代表人物。他一反过去以客体精神为中心的艺术理论架构，把艺术理论的重点转向艺术创作的主体即艺术家，研究艺术的主体精神，提出天才论。他认为，艺术是由天才创造的，天才通过作品为艺术立法。这种由天才创造的纯粹艺术是一种美的艺术，不涉及任何利害关系，没有功利目的。满足人的生理欲求的官能愉快和满足社会道德要求的伦理愉快以对象的内容为中心，审美愉快与二者不同，它以对象的形式为中心。因此，审美是无客观目的的纯主观活动，审美主体和艺术形式是审美活动的主要元素。这是 20 世纪表现主义与形式主义艺术理论的先声。康德的学说对艺术主体和艺术形式的研究是有价值的，但是，他的出发点是唯心主义的。所以，马克思、恩格斯吸收了他的艺术主体和艺术形式的观点，剔除了他的唯心主义成分。

黑格尔是德国古典哲学的高峰。与康德静态的分析不同，他创建了一个运动的哲学体系，其中心是绝对精神——理念，美是理念的感性显现，艺术以自然为中介，表现理念。因而，艺术美源于自然美，又高于自然美，因为它是人的创造，修复了自然美的缺憾。黑格尔发现了艺术内容与形式的关系，他认为艺术是内容与形式的统一，含纳了感性与理性、主体与客体。这种运动的、辩证的观点构成了马克思主义艺术理论方法论的主要来源。

然而，黑格尔的艺术理论建立于客观唯心主义基础之上，颠倒了自然与精神的关系。德国哲学家费尔巴哈以唯物主义立场论述了艺术本质，他认为艺术不是产生于理念，而是来源于自然的生活，爱是艺术的源泉。费尔巴哈的局限在于他的机械唯物论，忽视了艺术创作的主体。

马克思和恩格斯吸收并改造了德国古典哲学，批判地继承他们的合理内核，结合无产阶级革命的实践，创立了马克思主义艺术理论。

二、马克思主义的艺术生产理论

马克思主义艺术理论建立在历史唯物主义和辩证唯物主义基础之上。它认为，艺术是社会生活的能动反映，属于社会的上层建筑，是一种社会意识形态。它受经济基础的制约，反过来又对经济基础有一定的反作用。因此，艺术是一种生产，由此马克思提出艺术生产理论，这是艺术理论的一个重大突破。

艺术生产理论认为艺术像其他物质产品一样，也是一种生产，它也要遵循生产的一般原理。这样就把艺术作为一个系统来观照，全面地考察艺术的生产与消费过程。艺术创作、艺术产品和艺术消费三个阶段相互影响、相互依存，艺术产品是艺术生产的中间环节，艺术家和消费者通过艺术产品连接在一起。艺术家生产出产品，消费者才能消费，因此，艺术家作为创作主体在艺术生产中起决定作用；然而，消费者的需求又制约着艺术生产，如果作品没有人欣赏，那么，它就无法维持生产。因而，消费者的需求反过来又成为艺术生产的动力。自然，艺术生产又有别于其他物质生产，因为它是一种特殊的精神生产，它有自身的发展规律。它的目的不是满足人们的物质需求，而是为了满足人们的精神需求——审美需求，艺术是人类精神文明的一个重要组成部分。从艺术生产的视角来观照，艺术就成为一个有机整体。相比之下，20世纪以来形形色色的现代理论就缺乏一种整体视角，如形式主义主要关注形式，接受理论只研究受众，表现主义偏重艺术家。当然，这些理论又各自有独到的发现，即所谓偏颇的深刻，从不同的角度推进了艺术理论的发展。

艺术生产理论的提出深刻地揭示艺术的本质和艺术的发展规律。艺术是对社会生活的能动反映，因此，它是审美主客体的统一，既含纳了客观世界的影像，又熔铸了艺术家的主体精神——审美理想和审美情感，二者相互渗透、水乳交融，共同构成了艺术的主体建构。由此，马克思提出人是艺术活动的主体，艺术是人的本质力量对象化的观点。他认为，动物的生命活动是本能的，而人是自由自觉的，"劳动过程结束时所取得的成果在劳动开始时就已存在于劳动者的观念中了，已经以观念的形式存在着了"。① 也就是说，人的劳动是有目的的，他通过劳动把自己的本质力量体现在客体之中，艺术正是人的本质力量的对象化，人通过艺术认识到自己的特性与能力。因此，艺术是人学，人是艺术永恒的主题。

三、中国现代艺术理论的建立

中国现代艺术理论研究长期以来处于落后状态，这不仅表现在"文化大革命"的极"左"思潮和机械唯物论的粗暴干扰，也表现在改革开放后的西化狂潮中的彷徨，至今未能找到一条宽广的艺术理论道路。

马克思主义的一个重要理论就是事物总是在发展中前进，没有一成不变的东西。马克思主义艺术理论也需要丰富和发展，列宁、毛泽东等革命领袖关于艺术的论述就是马克思主义艺术理论的新发展。1942 年毛泽东的《在延安文艺座谈会上的讲话》指出文艺为工农兵服务的方向，提出政治标准第一，艺术标准第二的方针，成为新中国的文艺政策。现在，时代在快速发展，中国的艺术理论也应该追随时代的步伐，走向新的高度。

近年来，中国艺术取得了很大进步，呈现了繁荣局面，尤其在电影、电视、绘画、音乐、建筑、文学等艺术样式中。有的几乎可以称之为辉煌，如 20 世纪 80 年代以来的中国电影。然而，艺术理论的严重滞后却极大地制约了艺术的发展，致使艺术理论不能为艺术的发展提供参考或指导，只不过在艺术发展之后做出不尽如人意的阐释。这种状态亟待改变。

建立中国现代艺术理论体系，应该在马克思主义指导下，坚持以中国艺术实践为支点，实现中国古典艺术理论现代化与世界艺术理论本土化在现代中国的汇融。

中国现代艺术实践是中国艺术理论的出发地与回归地，是中国艺术理论的支点。避开这个现实，任何理论都是空中楼阁。艺术理论只能存在于艺术实践之中，不可能在艺术实践之外还有关于艺术的真理。我们研究中国艺术理论，就无法脱离中国现代艺术的现实。否则，就是无源之水，无本之木。近年来，一些艺术理论家建构了颇为宏伟的艺术理论体系，但居

---

① 《马克思恩格斯全集》，第 23 卷，202 页，北京，人民出版社，1975。

多是为理论而理论，或是一种理论游戏。真正有价值的、与中国现代艺术密切相关的却凤毛麟角。

中国古典艺术源远流长，辉煌灿烂，以其独特的美学思想与美学风格雄居世界艺术之林。在漫长的艺术历史进程中，中国古典艺术建立了独立的艺术传统，形成了别具一格的中国古典艺术理论，这些理论与中国古典哲学和古典美学密切相连。如果要建立中国现代艺术理论体系，古典艺术理论的现代转化是非常必要的。抛弃中国古典艺术理论是不可能的，因为一个民族的艺术总是在自己的传统上发展起来的；完全承袭古典艺术的衣钵更是荒唐，因为时间的流程不允许艺术永远停滞于一个时代。所以，如何激活中国古典艺术理论依然是一个没有解决的课题。

与中国古典艺术理论现代转化的同时，外国艺术理论的引进与借鉴也是不可缺少的。在现代世界，尤其资讯日益发达的今日世界，一个闭关锁国、故步自封的民族必然是愚昧的。我们应该广泛地采集世界各国的艺术发展经验，与中国艺术实践相融合，实现外国艺术理论的本土化。艺术史证明，各民族之间的艺术交流是艺术发展的推动力量，如唐代艺术是在各个民族以及世界各国的艺术交流中发育起来的，它成为中国古典艺术的一个高峰。当然，借鉴外国艺术理论并不是生吞活剥，以外国的尺度量中国的泥土，而是要把它与中国艺术的具体情况结合起来，化作中国艺术发展的营养。

总之，中国现代艺术理论是一种正在发育成长的理论体系，它还需要进一步发展和完善，真正建立一个独立的艺术理论体系，这个体系是现代的，中国的。

[基本概念]

艺术　气韵　空灵　充实　表现　再现　艺术生产　艺术幻象

[思考题]

1. 形式—幻象说的主要观点是什么？
2. 如何理解"艺术是有意味的形式"？
3. 比较表现说与再现说之异同。
4. 结合作品谈谈气韵说与空灵—充实二元说的联系与区别。

第九章

艺术功能与艺术教育

　　艺术是人类的精神食粮，它深入到生活的各个角落，深入每一颗爱美的心灵。任何时代、任何民族、任何人都离不开艺术，都会以这样或那样的方式接近艺术。因此，这里重点探讨一下艺术的功能和艺术教育问题，即艺术以什么样的方式发挥作用，艺术教育与人的全面发展的关系。

第一节　艺术功能

　　艺术的功能是什么？我们且不急于以理性的面孔宣布结论，请耐心温习一下艺术史上的有趣故事：歌德的《少年维特之烦恼》发表后，许多青年模仿维特，穿着燕尾服纷纷自杀；斯托夫人的《汤姆叔叔的小屋》被誉为点燃美国南北战争的巨著；1943年，蒋兆和的《流民图》在北京太庙展出时被日本宪兵勒令撤出，理由是煽动反战情绪……艺术从来都不是孤立存在的，在生活中，它发挥着独特功能。

　　艺术的功能在人类艺术史上处于不断变迁之中。史前艺术并不是作为审美形式出现的，而是为了生活的实际用处。如最早的洞穴壁画是巫术仪式的一部分——企图以它来捕获野兽。史前艺术的巫术功能现在还保留于民间艺术中，如陕北剪纸主要是用来禳灾、辟邪、治病的，审美仅仅是实用功能的附属品。后来，艺术往往作为统治者的教化工具，即载道艺术。在漫长的封建社会，艺术的功能主要是宣传正统思想。而在宗教国家，艺术又为宗教服务，如基督教艺术、佛教艺术和伊斯兰教艺术。总之，艺术的功能在于教化。直到近代，艺术的审美价值才为人注意，人们开始把艺术看作审美形式而不是道德载体。但是，教化依然是艺术的主要功能之一。

　　现在，一般说来，艺术的功能主要表现在以审美价值为中心的审美娱乐、审美认识和审美教育三个方面。

一、审美娱乐

　　审美娱乐是指人们通过艺术鉴赏达到心灵自由、精神愉悦的效果。

　　艺术的审美娱乐功能必须通过其审美价值才能实现。审美价值是艺术的核心，它发源于艺术形象、艺术情感和形式美学。人们接近艺术、在艺术中陶醉，正是因为艺术具有这种不可抗拒的魅力——艺术为人们提供一个情感家园和心灵广场。在这里，人们可以尽情放牧自己的理想、情感、梦幻以及埋藏在潜意识深处的隐秘愿望，实现自我。早在古希腊和春秋时代，人们就认识到艺术的审美娱乐功能，发现艺术具有一种非功利的审美功能，即使想让它发挥教化、认识等实用功能，也必须借助审美功能才能实现。孔子听了《韶乐》，三个月不知道肉的滋味——审美娱乐改变了人的生理感觉。这种审美快感符合了人性的本能愿望。正如亚里士多德所说的："精神方面的享受是大家公认为不仅含有美的因素，而且含有愉快的因素，幸福正在于这两个因素的结合。"①他以音乐为例，审美艺术会使人心畅神怡。尼采用行动证明了亚里士多德的话。他听了比才的歌剧《卡门》之后，当夜就写信给朋友说："我发现了一种新的幸福了，歌剧，比才的《卡门》。我确信这是现今最好的歌剧。"第二次听后，他赞扬《卡门》"是美与热情的精灵，感人至深"②。高尔基读福楼拜的短篇小说《纯朴的心》，完全被迷住了，失去视觉和听觉。他认为小说背后有一种特别的力量："在这里隐藏着一种不可思议的魔术，我不是捏造，曾经有好几次，我像野人似的，机械地把书页对着光亮反复细看，仿佛想从字里行间找到猜透魔术的方法。"③中国古典艺术理论十分关注艺术的审美娱乐功能，强调兴味，讲究意境，追求艺术作品和观众之间的和谐：天人合一。

人们常说，艺术具有一种魔力——让人痴迷，让人发狂，有时还会表现为一种精神病式的幻觉，引导人的灵魂离开理性轨道，进入潜意识状态。这是艺术审美娱乐功能的最高表现：观众和艺术作品在精神深处融为一体。陕北道情是一种悲苦凄凉的幽怨之声，它往往是一种没有词、或听不清词的哼哼唧唧的曲调，听众常常随着曲调的婉转走入迷离恍惚的境界。这是人生命运悲哀而又无奈的音乐抒写，感人至深。陕北道情戏《李翠莲大上吊》在延川、清涧一带影响很大，许多群众看了戏之后泣涕涟涟，一位名演员甚至在演出时真的上吊身亡。柏拉图信誓旦旦地要把诗人从《理想国》里赶出去，正是因为艺术具有这种超奇的"魔力"。他担心艺术引导人们偏离他以为正确的理性之路。

艺术的审美娱乐功能是一个宽阔的领域。因为艺术样式的多样性、艺术境界的多层次和观众的复杂性，人们从艺术中得到的审美娱乐也不尽相同。有的人欣赏歌剧，有的人喜欢文学，有的人偏爱高雅艺术，有的人惯于通俗艺术。不同民族、不同时代的人们也会有不同的艺术趣味——这也

---

① 北京大学哲学系美学教研室：《西方美学家论美和美感》，45 页，北京，商务印书馆，1980。

② 丰子恺：《艺术丛话》，50 页，上海，上海良友图书公司，1935。

③ ［苏联］高尔基：《论文学》，182～183 页，北京，人民文学出版社，1978。

是艺术样式变迁与革新的内部根据。欧洲艺术史上从巴洛克艺术到洛可可艺术的转变就证明了这一点。但是，有一点是相同的，那就是人们在艺术中都找到了自己所渴望得到的审美娱乐。这是艺术生生不息、奔腾向前的内在动力。

艺术以它的审美娱乐为人们提供了一种积极休息形式，这是艺术审美娱乐功能实现的另一种方式。劳动之余，人们需要休息以缓和疲劳，恢复精力。休息不外乎两种方式，一是消极休息，把空余时间打发在无益于身心健康的事情上；二是积极休息，通过休息增进身心健康。艺术鉴赏是积极休息的一种方式。人们在休息日看电影，听音乐会，画画，读书，获得审美感受，实现心理愉悦。恩格斯谈到民间故事书时说："民间故事书的使命是使一个农民做完艰苦的日间劳动，在晚上拖着疲乏的身子回来的时候，得到快乐、振奋和慰藉，使他忘却自己的劳累，把他的硗瘠的田地变成馥郁的花园。"①这正是艺术的审美娱乐功能。

如果说真善美是人间至境，那么，艺术创造的就是美。它为人类营造了一个美的精神时空，一座公共美学花园。当人们从繁杂、琐屑的现实生活中翘首而望，就会发现这美的花园等待着他们：交换心灵的秘语，慰抚焦渴的情感。

二、审美认识功能

审美认识功能是指人们在艺术鉴赏中获得的对社会、自然、人生以及哲学、宗教等方面的认识。

艺术不仅具有审美价值，也拥有认识价值。不过，艺术的审美认识功能必须通过其审美价值才能实现。没有审美价值，再丰富的知识也无法成为艺术，也就不可能发挥审美认识作用。

孔子说"诗可以兴，可以观，可以群，可以怨。迩之事父，远之事君；多识于鸟兽草木之名。"(《论语·阳货》)从这段话里可以知道，孔子已经清晰地意识到艺术的审美认识功能。艺术是生活的百科全书，哲学、宗教、道德、科学、风俗人情等文化学科都在艺术中得到不同程度的表现。许多艺术作品——尤其叙述性较强的——几乎具有史料价值或民俗价值。如宋代张择端的《清明上河图》(见图74)描绘了京都汴梁的风貌，各色人物、车马、房屋等细致地呈现在画卷上，为宋史研究提供了可信的材料。再如《红

---

① 《马克思恩格斯论文艺和美学》，下册，558页，北京，文化艺术出版社，1982。

楼梦》，小说涉及了上至皇妃、下到乞丐的数百人物。就学科而言，它包容了哲学、佛教、园林、烹饪、服饰、宴会礼仪、医药、法术、诗词歌赋等各个方面，还有民俗、官场、乡村等社会生活场景。曹雪芹在《红楼梦》里几乎描写了清朝整个社会百态。即使在抒情性极强的诗歌里也有历史价值突出的作品。如杜甫被誉为"诗史"，他的《三吏》《三别》记录了唐代社会重大事件。

艺术不是社会自然的纯客观记录，它融入了艺术家的主观思考。因此，艺术的审美认识功能不在于艺术中记载了哪些历史事实，而是它通过艺术形象来认识社会、自然的本质，达到对社会自然的深层洞察。马克思、恩格斯和列宁都非常重视艺术的审美认识作用。马克思称狄更斯、萨克雷等人"在自己的卓越的、描写生动的书籍中向世界揭示的政治和社会真理，比一切职业政客、政论家和道德家加在一起所揭示的还要多"[1]。恩格斯说他从巴尔扎克的《人间喜剧》中学到的东西"比从当时所有职业的历史学家、经济学家和统计学家那里学到的全部东西还要多"[2]。列宁认为列夫·托尔斯泰的小说是"俄国革命的一面镜子"[3]。因为它反映了俄国革命到来时的思想和情绪。艺术作品不仅是社会现实的记录，更是艺术家对社会的观察和思考，往往比浮泛的表象记载更深刻地描写了历史的脚步。

不过，这里需要说明的是，艺术包容了哲学、历史、宗教、科学等学科。但是，艺术无法也不可能代替这些学科。这些学科构成了艺术作品的元素，在艺术中不再具备独立特征。如艺术中的历史仅仅是艺术作品的背景或题材，却不能把艺术作品纳入历史学的范畴。艺术具有审美认识功能，但艺术作品并不是为某种具体需要提供援助。我们看《黄土地》显然不是为了考察地形或民俗——虽然看电影时确实也可以顺便留心一下地形的战略位置或民俗场景。艺术的审美认识功能决不是把绘画变为说明图，认识功能附属于艺术的审美特性。否则，就丧失了艺术之所以成为艺术的根本特征。

三、审美教育功能

审美教育功能是指人们在艺术鉴赏中自然而然地接受某种思想、观念、情感或倾向等方面的影响。

---

[1] 《马克思恩格斯全集》，第10卷，686页，北京，人民出版社，1962。

[2] 《马克思恩格斯选集》，第4卷，463页，北京，人民出版社，1972。

[3] 《马、恩、列、斯论文艺》，196页，北京，人民文学出版社，1992。

　　艺术的审美价值使它成为最有力的传播媒介。因此，有意无意之间，艺术往往承担着教化的作用。人们早就认识到艺术的审美教育功能，孔子提出"礼乐相济"的教育思想，强调了"乐"的教育功能。柏拉图意识到艺术的"魔力"，担心荷马诗歌的情感力量会冲决理性大堤。他认为，"我们必须尽力使儿童最初听到的故事要做得顶好，可以培养品德"①。艺术是为了培养品德，这是柏拉图的基本思想。亚里士多德也认为艺术具有教育功能，他说悲剧可以使人"净化"——这正是通过艺术鉴赏达到的精神提升。贺拉斯全面地论述了艺术的审美教育功能："诗人的愿望应该是给人益处和乐趣，他写的东西应该给人以快感，同时对生活有帮助。在你教育人的时候，话要说得简短，使听的人容易接受，容易牢固地记在心里。……寓教于乐，既劝谕读者，又使他喜爱，才能符合众望。"②寓教于乐是艺术审美教育功能的重要特征。

　　艺术具有教育功能，但艺术不是道德教材或布道书，它的教育功能隐藏在审美价值之后。宗教巧妙地利用了艺术的审美教育功能，创造了宗教艺术。不管基督教、佛教还是伊斯兰教，都创作了大量围绕教义的艺术作品。以佛教艺术为例，佛经故事、佛教壁画、佛教雕塑和佛教建筑的影响也许比佛经更大。中国的佛教艺术遍及大江南北，如龙门石窟、云冈石窟、敦煌壁画和雕塑、乐山大佛以及数不胜数的寺庙。唐代的乐山大佛（见图73）是世界第一大佛，以整座山开凿而成，大佛的耳朵可容两人，他的脚上可坐百余人。面对岷江、青衣江和大渡河汇合处开阔的江面，目光宁静而悠远。乐山大佛本身就让人感到佛的庄严与慈悲。宗教就这样利用艺术的审美教育功能宣传它的教义。

　　艺术又常常是爱国主义教育的范本。当民族危亡之际，那些民族意识强烈的艺术作品就成为人们的精神食粮。抗日战争时期，岳飞的《满江红》和书法"还我河山"广为流传，光未然作词、冼星海作曲的《黄河大合唱》，田汉作词、聂耳作曲的《义勇军进行曲》和张寒晖作词作曲的《松花江上》到处传唱，歌曲里的爱国精神和民族情感激励着人们去为民族自由而战。比起那些空洞的口号，这些歌曲更有艺术魅力，更能唤起民众的抗日热情。

---

　　① ［古希腊］柏拉图：《理想国》，见《西方文艺理论名著选编》，20页，北京，北京大学出版社，1985。

　　② ［古罗马］贺拉斯：《诗艺》，见《西方文艺理论名著选编》，108页，北京，北京大学出版社，1985。

　　艺术的审美教育功能是通过艺术审美特征实现的。因此，艺术的审美价值越高，它的教育功能就越强；反之，如果只注意教育功能，忽略了艺术的审美价值，那么，它的教育功能也就无法实现。思想、道德等观念必须融在艺术的有机整体之中，才会具有审美价值。假如把思想和道德生硬地加进艺术作品，那就会破坏艺术作品的审美价值，也就不可能发挥审美教育功能。

　　此外，艺术的实用功能也不可忽略。实用功能曾经是史前艺术的主要功能，而后随着时代推移有所减弱。但是，无可否认，现代艺术依然具有实用功能。这不仅表现在建筑、园林、雕塑和一些具有工艺特点的艺术样式上，更表现在民间艺术上。广阔深厚的民间艺术是艺术的重要组成部分。长期以来，它们默默生长，默默消亡，被职业艺术界和艺术理论界放逐在艺术大门之外。然而，民间艺术在无人关注的边缘地带创造了高度辉煌。民间艺术大多是实用艺术，发源于现实生活。如陕北的布贴画是农村妇女为孩子补衣服时创造的。为了把补丁打得好看，她们在补丁上绣了花，后来就发展为布贴画。民间艺术往往更有资格作为一个民族的代表挺立于世界艺术之林。

　　艺术的审美娱乐功能、审美认识功能和审美教育功能是相互联系的，不能截然割裂。其中，审美娱乐是艺术最基本的功能。没有审美娱乐，审美认识和审美教育也就失去了立足之地。艺术的本性在于其审美特征，失去了审美价值也就失去了艺术存在的支点。所以，艺术的社会功能必须尊重艺术的审美特性。艺术只有具备了审美价值和审美特性，它的社会功能才有可能得以实现。

第二节　艺术教育

　　艺术教育是一个古老问题。孔子教育他的儿子说"不学诗，无以言"（《论语·季氏》）。他提出的"六艺"（礼、乐、书、数、射、御）也包含了音乐。《论语》中常常可以看到孔子师徒弹琴弄乐的故事。亚里士多德也把艺术教育当作教育的一个重要方面。在长达两千年的历史中，艺术教育一直作为道德教育的补充而存在。20世纪初，蔡元培先生提出"以美育代宗教"①

---

　　①　蔡元培：《蔡元培美学文选》，160页，北京，北京大学出版社，1983。

的教育思想。这在中国艺术教育史上具有重大意义。艺术教育由道德教育的附属独立为人生教育的主要内容。

一、艺术教育与人的发展

艺术是人类灵魂的故乡。在那里，人们自由地生长，畅游，战栗，狂欢，冰清玉洁。艺术也将是人类的归宿。只有在艺术里，人类才能获得自由与解放。艺术是人的全面发展的最佳途径。

人的全面发展离不开审美教育，美育的中心是艺术教育。德国哲学家席勒在《美育书简》中讨论了艺术教育与人的发展。席勒认为，工业文明捣毁了人性的和谐，带来了人的异化现象。职业分工把人限制在一种固定位置上，使个人与社会之间形成对抗。人性也发生了感性与理性、物质与精神、现实与理想、心与身、本能与意志等方面的分裂。"国家的越来越复杂的机构使等级和职业更严格的区别成为必然，那么人的本性的内在纽带也就断裂了，致命的冲突使人性的和谐力量分裂开来。……人的活动都局限在某一个领域，这样人们就等于把自己交给了一个支配者，他往往把人们其余的素质都压制了下去。"[①]面对这种人的异化，席勒提出一种解决办法，那就是审美教育。审美教育的核心是艺术教育。席勒把人的意志分为两种冲动，一是感性冲动，"产生于人的自然存在或他的感性本性"[②]。一是形式冲动，"产生于人的绝对存在或理性本性"[③]。感性冲动是人的本能，促使人们从事各种具体活动；而形式冲动（即理性冲动）则为感性冲动提供法则，以规范它的活动。二者互相制约，互相冲突。怎样才能成为一个完整的人呢？席勒提出以游戏冲动协调感性冲动和理性冲动："游戏冲动的目标是在时间中消除时间，使形式与绝对存在相协调，使变化与同一相协调。"[④]游戏冲动使两种冲动都受到了强制，结果使人在精神与身体上都得到了自由，灵与肉、意志与本能、感性与理性等对立的方面都达到和谐。"只有当人在充分意义上是人的时候，他才游戏；只有当人游戏的时候，他才是完整的人。"[⑤]席勒从人的完整、人性的和谐来考察艺术教育，无疑具

---

① ［德］席勒：《美育书简》，50 页，北京，中国文联出版公司，1984。
② 同上书，75 页。
③ 同上书，76 页。
④ 同上书，84～85 页。
⑤ 同上书，90 页。

有重要意义。

马克思对席勒学说进行批判性继承，在《1844年经济学—哲学手稿》中论述了艺术与人的全面发展的关系。马克思认为，人应该得到全面的发展——人的本质力量对象化。但是，异化劳动关系阻碍了全面发展。在分工越来越细的现代社会，劳动成为一种维持生计的手段，人失去了"自由自觉的活动"：

> 　　首先对劳动者来说，劳动是外在的东西，也就是说，是不属于他的本质的东西；因此，劳动者在自己的劳动中并不肯定自己，而是否定自己，并不感到幸福，而是感到不幸，并不由自主地发挥自己的肉体力量和精神力量，而是使自己的肉体受到损伤、精神受到摧残。因此，劳动者只是在劳动之外才感到自由自在，而在劳动之内则感到爽然若失。……结果，人（劳动者）只是在执行自己的动物机能时，亦即在饮食男女时，至多还在居家打扮时，才觉得自己是自由地活动的，而在执行自己的人类机能时，却觉得自己不过是动物。动物的东西成为人的东西，而人的东西成为动物的东西。①

这种异化的劳动使审美活动无法实现。强制劳动使人变成了机器，丧失了主体精神，也就失去了审美愉悦。同时，由于动物性成为人的确证，物质利益必然在人的活动中处于核心位置。所以，审美能力萎缩：

> 　　忧心忡忡的穷人甚至对最美丽的景色都无动于衷；贩卖矿物的商人只看到矿物的商业价值，而看不到矿物的美和特性，他没有矿物学的感觉。②

马克思的论述在席勒的基础上又前进了一步。他认为，一个全面发展的人应该是自由的人，劳动是人的本质力量对象化，而不是维生手段。只有这时，人才能从社会分工中逃离出来，自由自在地进行审美活动——劳

---

① ［德］马克思：《1844年经济学—哲学手稿》，47～48页，北京，人民出版社，1979。

② 同上书，79～80页。

动者和艺术家不再分离，每人都是艺术家。

法兰克福派理论家马尔库塞把艺术与人性解放联系起来。他认为，艺术是对抗异化、反抗压抑的有力方式。异化劳动是压抑人的力量，而艺术则是促进人性完善的："确实，有一种工作能提供高度的力比多满足，从事这种工作是令人愉快的。艺术工作是真正的工作，它似乎产生于一种非压抑性的本能丛，并且有一种非压抑性的目标。"①因此，在压抑性文明的社会里，"艺术就是反抗"②。从艺术对压抑性文明的反抗，马尔库塞发现了艺术的人性价值。他说："一件作品果真表现了无产阶级或资产阶级的利益或观点，这个事实还不能使它成为一件真正的艺术品。这种'题材性'的质量可能使它受欢迎，可能赋予它更大的具体性，但它决不是构成艺术品的要素。……因为艺术预想着一个具体的全称命题，即人性，这是任何阶级，即使是马克思称之为'普遍阶级'的无产阶级也不能体现的。"③这种普遍人性正是艺术的永恒价值之所在。从这个意义上说，艺术的作用与革命相同："艺术表现了一切革命的最终目标：个人的自由和幸福。"④在马尔库塞的乌托邦式理想中，一旦压抑性社会消失了，作为一种精神活动的艺术就不再存在，而是和生活融为一体。

从席勒、马克思到马尔库塞的论述中可以看出，艺术教育绝不仅仅是艺术学范畴的事情，而是关系到人的全面发展的重大问题。现在，全球都面临更多的问题：技术文明已从发达国家向第三世界迅速扩展，商品化倾向日益严重，社会分工加剧，人性分裂不仅没有愈合，反而更加严重。因此，艺术教育的使命正任重而道远。

二、艺术教育与艺术人生

艺术教育分为狭义、广义两种。狭义艺术教育指专门艺术人才的培养，如各种艺术学校，音乐学院、美术学院、电影学院、工艺美术学院、戏剧学院、戏曲学院、文学院等。它们为专业艺术团体输送人才。广义艺术教育指大众艺术教育。他们不以艺术作为谋生手段，而以艺术培育美的心灵，提高自身素质。他们不一定做艺术家，却可以享受艺术人生。这里所说的

① ［德］马尔库塞：《爱欲与文明》，59 页，上海，上海译文出版社，1987。
② 同上书，105 页。
③ 陆梅林选编：《西方马克思主义美学文选》，264 页，桂林，漓江出版社，1988。
④ 同上书，296 页。

艺术教育，主要取广义之说。

艺术教育包括两方面内容。一是艺术理论学习；二是艺术作品欣赏；三是艺术创作训练。艺术理论学习主要是为了增进审美能力，培育审美素质，提高艺术鉴赏水平。它以艺术的基础知识、基本原理、艺术鉴赏为主要内容。艺术欣赏是一种日常化活动，听歌、跳舞、看电影、读小说，甚至居室布置，都是艺术欣赏活动。艺术创作训练主要是为了培养动手参与艺术创作的能力，了解艺术创作的基本规律，学会以艺术方式表达自己的情感和思考。它以艺术实践为主要内容。当然，艺术创作训练也需要一定的艺术理论知识。

艺术和生活是连在一起的。大众需要艺术，接受艺术的过程也就是艺术教育的过程。这一点大家已经取得共识。任何人都不可能一生与艺术绝缘。看电影、看电视、读小说、读诗、看戏、听音乐、看画、看雕塑、逛公园，等等，艺术像空气一样散布在人类四周。就是穷乡僻壤，没有通电，也有说书、唱戏、读书、听故事等艺术样式。居室布置，衣饰美化，乃至生活用品、劳动工具，都离不开艺术。原始人的陶罐今天被视为艺术瑰宝，尚未沾染现代文明的土著部落的生活用具也成了我们的艺术珍品——这些在他们看来只是普通生活用品。只要有人类生活的地方，就有艺术的存在。人类需要物质食粮，也需要精神食粮；人类需要居住，人类的情感和灵魂也需要居住。艺术就是人类的精神食粮和灵魂居所。

大众不仅可以学习艺术理论，进行艺术鉴赏，也可以自己动手参与艺术创作。艺术创作并不神秘，也不是少数有特殊天赋的人从事的特殊工作，每人都有可能参与艺术创作。过年了，娶亲了，孩子病了，陕北农村妇女们就剪一张纸贴在门上、窗上或炕上，这就是剪纸艺术。虽然这些黄土地上的婆姨不识字，也不知道艺术是什么。据画家、陕北民间艺术发掘者靳之林先生说，安塞农村妇女有一半会剪纸，堪称艺术家者有两百余人。她们把艺术和生活融为一体。旬邑县的库淑兰用捡来的烟盒、糖纸和红纸屑剪出了《剪花娘子》，贴满了窑洞——贫寒的窑洞变成了艺术之宫。这些貌不惊人、混在人群中无法辨认的婆姨们没有受过艺术训练，却创作了如此优秀的艺术作品。她们和男人一样参加劳动，上山、下田、采药；回家了，男人休息，女人还要做饭、带孩子、做衣服，剪花只能挤占自己本已可怜的睡眠时间。这充分说明艺术创作是大众的事业，而不是少数人的特权。史前艺术的作者是一群无名无姓的原始人——他们一样要参加劳动，打猎。创作敦煌壁画的艺术家又何尝是艺术家，那些被称作画工的人居住在矮小的洞穴里，有的连自由都失去了，有的为了养家糊口，就是他们，创造了艺术史上的辉煌一页。现代艺术教育的一个重要任务就是唤起大众的创造热情，参与艺术创作。也许，大量艺术杰作将从大众艺术创作中诞生。

从艺术本性来说，非职业艺术家是真正的艺术家。他们不以艺术作为生存的手段，也就不必考虑市场行情和批评家的口味。他们的艺术创作是纯粹的：抒发自己的情感，表现自己的理想。选用什么样的艺术形式、采取什么样的情感格调都决定于创作者的审美理想。这种非功利的艺术作品往往具有鲜明的艺术个性。凡·高的画生前卖不出去，对于他个人生活固然是一件坏事；但对于他的艺术来说，也许是一件幸事。假如他的一幅作品卖了出去，还得了高价，可能他就把自己的艺术风格固定在这一幅画上，凡·高也就不成其为凡·高了。

退一步说，在行业分工日益严密的今天，专业艺术家已经越来越"专"了——国画家不会画油画，小提琴手不会拉二胡，大众在缺乏专业训练的情况下难以达到专业艺术家那样的水平，自然也不可能成为艺术家。这也无妨。即使不能成为艺术家，也可以进行艺术创作。大众的非职业艺术创作不是为了名利，不需要以此谋生，仅仅是为了自我生命的愉悦，过一个艺术人生——艺术不是为了功利目的，而是为了人性的完善。

随着现代文明的发展，钢铁、信息取代了农业和牧业，人类打交道的对象从动物、植物变成了钢铁、机械、电脑等无生命的工业产品。人性分裂成为普遍病症，田园文明的诗意时代已经结束，艺术也在这一社会转型中发生了质的变化。高科技发展带来了精密的复制技术，艺术也被大量地复制，艺术的独创性受到挑战。面对高度都市化、现代化时代的到来，艺术教育就显得愈为急迫。也许，只有艺术才能把人类从现代焦灼中带回诗意的家园，收复散乱无序、流离无依的情感。正如苏珊·朗格所说的："艺术教育就是情感教育，一个忽视艺术教育的社会就等于使自己的情感陷于无形式的混乱状态。"① 从这个意义上说，艺术教育不只是人的全面发展，还有利于社会稳定。通过艺术教育，实现艺术人生，这样就有可能成为一个全面发展的人。

现在，西方发达国家普遍重视艺术教育。美国有一千多所大学设立了艺术系或艺术专业，日本把艺术科学和自然科学、社会科学并列为三大学科。中国也开始重视艺术教育，不少大学设立了艺术专业或艺术课程，有

---

① ［美］苏珊·朗格：《艺术问题》，69页，北京，中国社会科学出版社，1983。

的大学还规定不管什么专业的学生，必须修一门艺术课程才能毕业。大学校园艺术活动也非常活跃，大学生中涌现出一大批优秀艺术人才。艺术教育正在普及和深入。

当然，也应看到，中国的大众艺术教育还远远不够，广大市民和更为广大的农民还缺乏艺术教育，他们的艺术活动大多处于自发状态。因此，要想整体提高国民艺术素质和创造能力，艺术教育还是一个艰巨的工程。

艺术教育可以陶冶性情，培育美的心灵与艺术鉴赏力、想象力和创造力，培育健全心理和人格。总之，艺术教育培育全面发展的人——这正是马克思和恩格斯描述的共产主义社会：人得到了全面发展，分工取消了，艺术也不再是一种职业，因为人人都是艺术家。

［基本概念］

审美娱乐功能　审美认识功能　审美教育功能　艺术教育

［思考题］

1. 简述艺术的主要功能。
2. 论述艺术教育与人的全面发展的关系。

图　　录

图 30. 敦煌壁画《飞天》(局部)

图 31. 库淑兰《剪花娘子》

图 32.［法国］安格尔《泉》

图 33.（汉）画像石《荆轲刺秦王》

图 34.（晋）王羲之《兰亭序》(神龙本)

图 35.（清）八大山人《荷石水禽图轴》

图 36. 弘一法师《华严经句》

图 37.（宋）范宽《溪山行旅图》

图 38.［荷兰］勃吕盖尔《农民的婚宴》

图 39. 齐白石《虾》(之一)

图 40. 齐白石《虾》(之二)

图 41.（清）金农《梅花》

图 42.（清）汪士慎《梅花》

图 43.（宋）文与可《墨竹图》

图 44.（清）郑板桥《竹》

图 45.［西班牙］毕加索《格尔尼卡》

图 46.（商）大禾人面方鼎

图 47.［古希腊］巴台农神庙

图 48.［古埃及］金字塔与狮身人面像

图 49.［西班牙］毕加索《人生》

图 50.［西班牙］毕加索《阿威尼翁姑娘》

图 51.［荷兰］凡·高《向日葵》

图 52.［法国］巴黎埃菲尔铁塔

图 53.［法国］高更《我们从哪里来，我们是谁，我们往哪里去》

图 54.［土耳其］君士坦丁堡圣索非亚教堂

图 55.［意大利］比萨大教堂

图 56.［法国］巴黎圣母院

图 57.［意大利］米开朗琪罗《大卫》

图 58.［德国］米歇尔·费雪《奥顿布伦修道院内景》

图 59.［荷兰］威廉·考尔夫《静物》

图 60.［古希腊］《拉奥孔》

图 61. 白凤兰《牛耕图》

图 62.（汉）画像石《牛耕图》

参考书目

1. ［德］马克思. 1844 年经济学—哲学手稿. 北京：人民出版社，1979.

2. ［德］黑格尔. 美学. 朱光潜译. 北京：商务印书馆，1979.

3. 宗白华. 美学与意境. 北京：人民出版社，1987.

4. 宗白华. 宗白华美学文学译文选. 北京：北京大学出版社，1982.

5. ［俄］托尔斯泰. 艺术论. 丰陈宝译. 北京：人民文学出版社，1958.

6. ［法］丹纳. 艺术哲学. 傅雷译. 北京：人民文学出版社，1994.

7. ［德］席勒. 美育书简. 徐恒醇译. 北京：中国文联出版公司，1984.

8. 伍蠡甫，胡经之编. 西方文艺理论名著选编. 北京：北京大学出版社，1985.

9. ［德］莱辛. 拉奥孔. 朱光潜译. 北京：人民文学出版社，1982.

10. ［法］罗丹. 罗丹艺术论. 沈琪译. 北京：人民美术出版社，1978.

11. ［俄］高尔基. 论文学. 孟昌，曹葆华，戈宝权译. 北京：人民文学出版社，1978.

12. 鲁迅. 鲁迅全集. 北京：人民文学出版社，1981.

13. 李泽厚. 美的历程. 北京：中国社会科学出版社，1989.

14. ［德］歌德. 歌德谈话录. 朱光潜译. 北京：人民文学出版社，1979.

15. ［英］克莱夫·贝尔. 艺术. 周金环，马钟元译. 滕守尧校. 北京：中国文联出版公司，1984.

16. ［美］苏珊·朗格. 艺术问题. 滕守尧，朱疆源译. 北京：中国社会科学出版社，1983.

17. ［美］苏珊·朗格. 情感与形式. 刘大基，傅志强，周发祥译. 北京：中国社会科学出版社，1986.

18. ［英］罗宾·乔治·科林伍德. 艺术原理. 北京：中国社会科学出版社，1985.

19. ［意］克罗齐. 美学原理·美学纲要. 北京：外国文学出版社，1983.

20. 张安治. 墨海精神. 台北：台湾东大图书公司，1995.

21. 靳之林. 抓髻娃娃. 北京：中国社会科学出版社，1989.

22. 靳之林. 生命之树. 北京：中国社会科学出版社，1994.

23. 王小明. 原始美术. 北京：学林出版社，1992.

24. 汪流等编. 艺术特征论. 北京：文化艺术出版社，1984.

25. ［英］冈布里奇. 艺术的历程. 党晟，康正果译. 刘亚伟校. 西安：陕西人民美术出版社，1987.

26. ［美］简·布洛克. 原始艺术哲学. 沈波，张安平译. 朱立人校. 上海：上海人民出版社，1991.

27. ［德］马尔库塞. 爱欲与文明. 黄勇，薛民译. 上海：上海译文出版社，1987.

28. 王一川. 审美体验论. 天津：百花文艺出版社，1992.

29. 李春青. 艺术情感论. 天津：百花文艺出版社，1992.

30. 龙协涛. 艺苑趣闻录. 北京：北京大学出版社，1984.

31. ［法］保·朗多尔米. 西方音乐史. 朱少坤，余熙，王逢麟，周薇译. 北京：人民音乐出版社，1989.

32. 杨蔼琪编著. 外国美术选集. 北京：人民美术出版社，1988.

33. ［意］弗拉维奥·孔蒂. 希腊艺术鉴赏. 北京：北京大学出版社，1988.

34. ［法］热尔曼·巴赞. 艺术史——史前至现代. 刘明毅译. 上海：上海人民美术出版社，1989.

35. ［英］弗雷泽. 金枝. 徐育新，汪培基，张泽石译. 汪培基校. 北京：中国民间文艺出版社，1987.

36. 杨伯达主编. 中国古代美术. 北京：人民美术出版社，1985.

37. 彭吉象主编. 中国艺术学. 北京：北京大学出版社，2007.

初版后记

　　艺术记录了人类心灵探索的美学旅程。从原始洞穴壁画上受伤的野牛、宁静而悠远的维纳斯、飘带漫舞的飞天、庄严肃穆的乐山大佛，到埃菲尔铁塔、剪纸、毕加索的《阿威尼翁姑娘》、卓别林的电影，艺术始终守护着人类的心灵——殷切的期冀、宏伟的理想、隐秘的欲望、难言的疼痛以及无穷无尽的梦幻。在漫长的历史上，艺术曾经服役于巫术、宗教、权力与金钱；但是，它最贴近的永远是人民的心灵。

　　中国艺术拥有过辉煌的一页，灿若星斗的名字布满了历史的天空。但是，现代中国艺术正经历着低谷的阵痛。20世纪以来，中国艺术理论也处于毁灭与创生交织的痛苦状态。现在，市场经济和信息时代又向艺术发出挑战。中国艺术正越过最艰难的沼泽走向新的辉煌。

　　谈论艺术，对我来说是一件奢侈的事。但是，因为教学之故，我不仅谈论，还写了这样的教材。这不能不归功于我的学兄、文艺理论家王一川、李春青先生的大力帮助——没有他们在观念、理论、资料等方面的指导，写作将会更加艰难。同时，我也参照了国内外一些《艺术概论》著作。本书在现行艺术理论的基础上重新调整了框架，又特别加进中国古典艺术和民间艺术的一些理论观念，希望为中国现代艺术发展提供一种参照。

　　《艺术理论教程》曾在艺术专业本科生和专科生的课堂上讲授，吸取了同学们和行家的意见，根据教学实践对内容秩序作了一些修整。本书写作过程也是我的艺术理论学习过程，黄会林教授审阅了书稿，提出不少建设性意见；靳之林教授提供了精湛见解和珍贵图片；我的学生梁红艳、赵慧、毛琦小姐帮我做了大量细致而艰苦的工作，在此一并致谢。突然驶入艺术理论这一浩瀚辽阔的领域，甚感力不从心，缺误与遗憾在所难免，希望同学们和艺术家、艺术理论家提出意见，以便修改。

张同道

1997 年 5 月 18 日于北京

第 4 版后记

时间是一只饕餮怪兽，咀嚼生命，留下历史。不经意间，《艺术理论教程》出版已近 20 年，第 4 版开印在即，编辑执意请我写几句话。

其实，我早已远离纯理论研究。这些年颠沛流离，四海漂泊，用身体体验艺术理论中所述说的情境和范畴，契合时会心一笑，狼狈时淡然苦笑。信知所谓艺术理论者，对于没有艺术体验者不过是一堆干燥冷涩的词汇，唯有以心感悟、以身体验，才能进入审美之境。也因此淡化了年轻时企图建立理论体系的执着，更为留意于点化之处是否贴切，概括之处是否粗暴，本书是否可为年轻读者进入艺术之门辟一小径，哪怕一点方向的指示。

感谢北京师范大学出版社周粟编辑，感谢各位老师和同学——有什么建议告诉我，我敬重你们的意见。

张同道

2015 年 7 月 16 日

说　明

　　本教材配有教学课件 PPT，有需要的教师请与以下邮箱取得联系，获取张同道老师所著《艺术理论教程》(第 4 版)及更多北师大出版社影视艺术与传媒类教材教学课件资源，以供教学使用。

联系人：北京师范大学出版社　李编辑
联系邮箱：899032415@qq.com

扫描查看插图